钱文忠解读《百家姓》

钱文忠解读

《百家姓》

1

钱文忠 主讲

江苏文艺出版社
JIANGSU LITERATURE AND ART
PUBLISHING HOUSE

图书在版编目（CIP）数据

钱文忠解读《百家姓》/ 钱文忠著. — 南京：江苏文艺出版社，2013.5
ISBN 978-7-5399-6201-6

Ⅰ.①钱… Ⅱ.①钱… Ⅲ.①古汉语 – 启蒙读物
②《百家姓》– 研究 Ⅳ.①H194.1

中国版本图书馆CIP数据核字(2013)第077677号

书　　　名	钱文忠解读《百家姓》
著　　　者	钱文忠
责任编辑	郝　鹏　孙金荣
特约编辑	康晓硕　齐文静
文字校对	郭慧红
装帧设计	门乃婷工作室
出版发行	凤凰出版传媒股份有限公司
	江苏文艺出版社
出版社地址	南京市中央路165号，邮编：210009
出版社网址	http://www.jswenyi.com
经　　　销	凤凰出版传媒股份有限公司
印　　　刷	三河市金元印装有限公司
开　　　本	700毫米×1000毫米　1/16
印　　　张	18
字　　　数	231千字
版　　　次	2013年5月第1版　2013年5月第1次印刷
标准书号	ISBN 978-7-5399-6201-6
定　　　价	39.80元

（江苏文艺版图书凡印刷、装订错误可随时向承印厂调换）

目录

钱文忠解读《百家姓》

自序

钱文忠解读《百家姓》

2013 年 1 月 27 日起，中央电视台科教频道《百家讲坛》栏目开始播出由我主讲的《钱文忠解读〈百家姓〉》（第一部），24 集播完，已经是癸巳年的春节了。和我此前在《百家讲坛》录制的《玄奘西游记》《钱文忠解读〈三字经〉》《钱文忠解读〈弟子规〉》一样，无论是收视表现还是社会反响，都让我觉得，为录制这个节目所付出的心血和劳累还是值得的。当然，我清醒地知道，这并不意味着节目在各方面都很令人满意了；实实在在说，这更多地需要感谢观众朋友和媒体朋友的宽容与鼓励。央视新闻频道已经发布了消息："《钱文忠解读〈百家姓〉》计划录制 120 集，分五部，其余四部会在接下来的四个春节期间播出。"这样，我就可以有起码四年多的时间，领受大家的教益，回报大家的厚爱了。

按照《百家讲坛》的传统，现在又到了出书的时候了，我想利用这个机会向大家汇报一下这个节目的来龙去脉，向为电视录制和书籍出版付出了大量心血、做出了极大贡献的朋友表示我由衷的谢意。

　　我在《百家讲坛》讲完《三字经》和《弟子规》后，有感于当下中国大陆"国学热"的方兴未艾，也觉察到社会上有着对传统蒙学读物进行现代解读的渴求，当时就发愿：假如有合适机会的话，就以同样的方式完成《百家姓》和《千字文》的解读，使我个人解读"三百千"的工作形成一个完整的系列。但是，此后的两三年时间，我杂事缠身，因缘并不具足，所以也就没有将上述的发愿付诸实践。

　　金越先生就任科教频道总监后，每次和我见面，都充满激情地提到解读《百家姓》的选题。金越先生是我非常尊敬的学长，是有文化关怀和承担的著名电视人，他期望通过对《百家姓》的解读，以在中国传统文化中占有极重要地位的姓氏文化为切入点，顺着每个中国人对自己姓氏的天然兴趣，激发起追根寻源的意识，从而培育和增强国人对传统的回顾、探寻、尊重乃至敬畏，使得我们在飞速的现代转型中飘荡的身心可以宁静歇宿。我不仅完全认同金越先生的意见，而且为之深深地感动了。于是，我决意收拾心情，集中精力和时间，重返《百家讲坛》，录制《钱文忠解读〈百家姓〉》。

　　对中国源远流长、博大精深的姓氏文化略有了解的朋友都知道，这绝对不是一件轻而易举的事情，更不必说由我这样才疏学浅的愚钝之人来独力承担了。离开了朋友们的帮助，要完成这项工作，几乎形同梦呓。

　　幸运的是，我和《百家讲坛》的团队实在是太熟悉了。毫无疑问，这是当今中国致力于传统文化电视普及的首屈一指的专业队伍。从频道总监金越先生、《百家讲坛》栏目制片人聂丛丛女士、总导演高虹先生、制片吴林先生、执行编导张长虹女士，到化妆师杨静女士以及摄像、剧务等等其他团队成员，都给我提供了巨大的帮助和支持。他们的情谊一如既往，让我铭感五内，不能稍忘。

　　在这里特别需要说明，解读《百家姓》的工作涉及面之广，几乎难测涯岸。所幸我们生活在网络日见发达的信息时代，利用网络进行检索探查，才使得这项工作的推进具备了基本的可能性。尽管我将网络信息主要视作通往姓氏文化幽深殿堂的索道，自己终究还是要做大量的深化、比对、校核、编排工作，并在此基础上根据电视讲坛的特点进行解说，然而，我对提供、丰富网络信息的朋友们的感激之情，是我贫乏的文字无力表达的，尽管我不能知道他们的名字。这是一个共同探讨、共同丰富、共同分享的知识爆炸的时代。

还有一点应该特别说明，很多朋友一定很关注自己姓氏的人口数以及排名，这是人之常情，我完全理解和尊重。但是，就目前状况而言，我们基本没有办法找到明确无误的数字，这种无奈是很遗憾的，这也彰显了中国姓氏文化研究还有待大力深入和推进的事实。所以，我们在书里提供的相关数字，都只能是一个大约数，意在为大家提供比较直观的感受，仅供读者朋友参考，如此而已。希望有朝一日我能为大家提供精确的数字和排名。

节目播出后，有十多家出版机构与我接洽，我对他们的垂青深表谢意。书最后落户在江苏凤凰传媒集团北京凤凰联动文化传媒有限公司。凤凰联动拥有一支非常出色的、敬业的出版队伍，没有他们的投入工作，这本书是不可能以今天的样子出现在读者面前的。

央视国际电视总公司也对电视节目和书籍给予了大力的支持。他们和我签订了一份为期五年的合约，完全由国际电视总公司投入人力物力，在全球范围内推广《百家姓》以及我的解说。这是对我的厚爱，更是对推广中国优秀传统文化的担当，令我感激并且敬佩。祁刚先生为此做了大量的卓有成效的工作。这在节目上或者书里也许看不出来，但是，他们的付出和贡献是实实在在的。

我要感谢的师友还有很多很多，这里无法一一列举他们的姓名，我会永远铭记。我要特别感谢这些师友的代表，他们是央视著名主持人崔永元先生、著名学者和作家乔良将军、《解放日报》著名记者高慎盈先生。其实，冠在他们大名之前的头衔是无法概括他们那令我由衷敬佩的学行的。长久以来，他们对我的帮助和支持，一直都是我人生小舟的桅杆。在繁忙的工作中，他们拨冗出席这本书的首发仪式，更是让我感动。

最后不必说，我要感谢关心、批评、宽容、支持我的读者朋友，感谢你们愿意垂顾我的小书。能够有机会为你们工作，使我温暖地体认到自己的人生并非毫无意义。

此刻，我内心充满了感恩之情。

第 一 讲

您贵姓？

中国有 56 个民族，究竟有多少个姓氏，迄今还是未知数。有人说从古至今，中华民族的姓氏总数有一万个之多，这个说法当然不准确；但可以肯定，《百家姓》收录的姓氏只是冰山一角。如此繁多的姓氏，究竟源自哪里？它们又是如何演化的呢？姓理应是一个人家族系统的血缘符号，通过这个符号，每个人都可以把自己和历史文化联系起来。每一个姓氏都源远流长，丰富多彩，个个都有一番意味深长的来历，蕴含着一段生动有趣的故事，是超越时空、贯通古今的文化活化石。

凡是中华子孙，大概没有人不知道"赵钱孙李，周吴郑王"这八个字的。"赵钱孙李，周吴郑王"，大家张口就来。同时，估计也都知道，这八个字出自一本书——《百家姓》。

　　但是，大家到底是不是真的熟悉这本书呢？这就很难说了。因为，就算你知道"赵钱孙李"，知道"周吴郑王"，那么，请问接下来的内容是什么呢？很多人大概就会愣在那里了。这个情况和《三字经》是一样的，大家都知道"人之初，性本善，性相近，习相远"，起码这几句是张口就来。然而，接下来呢？很多人都会发愣了吧？确实如此，我们对《百家姓》仿佛很熟悉，熟悉到"周吴郑王"已经成了一个俗语，比如："你今天怎么穿得周吴郑王了呀？"穿得一本正经，就叫"周吴郑王"。有一部电影叫《唐山大地震》，我非常喜爱的演员陈道明先生在里面就有一句台词，"你今儿干吗穿得周吴郑王啊？"可见，这都已经成俗语了。但是，这并不意味着我们对《百家姓》就真的熟悉。

　　面对浩瀚的传统文化，今天我们面临的最大困境就是：貌似熟悉，实则陌生。千万不要自以为是地认为，我们对祖宗的东西都很熟悉，恐怕不是的。若不服气，我们就先一起来回答几个问题试试。

⊙ 六问《百家姓》

《百家姓》是什么时候的书？作者是谁？为什么以"赵钱孙李"开头？在众多讲解姓氏的典籍中，为什么偏偏《百家姓》脱颖而出？原来，这其中还有一些有意思的故事。

第一道题，《百家姓》究竟是一本什么书？它究竟有什么用？

答：《百家姓》和《三字经》《千字文》一样，都是童蒙读物，而且是在漫长的历史岁月中，最为流行的童蒙读物，所以并列号称"三百千"，《百家姓》就是当中这个"百"。《百家姓》将中华姓氏排列成四字一句，辅以韵律，供孩子们认字用。合辙押韵，朗朗上口。

第二个问题：在《百家姓》出现之前，有没有类似的书？为什么偏偏是这本《百家姓》最为流行呢？

答：有，不仅有，而且有的是。在这本《百家姓》以前，有关姓氏的文字记载，在甲骨文里就有。战国时期，就已经有一本叫作《世本》的书，专门记载了从黄帝到春秋时期一些诸侯、大夫的姓氏、世系和居邑等。世系就是你爹是谁、你爷爷是谁、你曾祖父是谁；居邑，也就是你住在哪里。《世本》记载的这些信息非常珍贵。可惜，大概到了宋朝，《世本》就不存在了，散佚了。

中华民族历来重姓氏，可以说全世界最重姓氏的大概就数中华民族了。历史上有很多这种书，有些还传到了今天。比如，有一本叫《皇明千家姓》，明朝的，大家可以想一下，明朝的"百家姓"肯定不会以"赵钱孙李"开头了，以谁开头？当然是皇姓"朱"嘛。还有一本，康熙年间的，叫《御制百家姓》，康熙皇帝亲自编纂指导的，它以什么开头呢？孔、孟。为什么呢？这是因为清朝的皇帝要表达自己对汉族传统儒家文化的尊崇，所以用"孔孟"

开始。另外，还有一些兄弟民族文字的"百家姓"，比如《蒙古字目百家姓》，用蒙古文；还有《女真字目百家姓》，用女真文。然而，这些都不能说是童蒙读物，没有成为孩子们的童蒙课本，所以也就没能流行起来。

第三，《百家姓》是什么时候的书？

答：最晚在宋朝。为什么？根据在哪里？著名诗人陆游有一首诗叫作《秋日郊居》，在这首诗后面他做了一段注："农家十月，乃遣子弟入学，谓之冬学。所读《杂字》、《百家姓》之类，谓之村书。"什么意思呢？到了农历十月，没有什么农活好干了，农家子弟就该读书了，这就叫"冬学"，就好比咱们现在冬季的学期。在这个冬季学期里读什么书呢？一本叫《杂字》，都是一个个字，杂的，认字用的；还有一本叫《百家姓》。你看，这不就来了？"谓之村书"——乡村里很流行，不是很高雅，入不了大雅之堂，不是国子监里读的，是农村里读的。可见，在南宋陆游生活的时代之前，《百家姓》已经成为村书了，农村里都找得着了，非常流行了。所以我们说，《百家姓》最晚宋朝就有了，这应该没问题。

第四，最难的问题来了，《百家姓》是谁写的？

答：我们了解一本书，总得知道作者吧。很多人一听这个问题都是一脸茫然，这不奇怪，因为确实是不容易知道。当然，这个不容易知道，不是绝对不知道，是可以推测的。

宋朝有个人叫王明清，他在一部叫《玉照新志》的书里讲，《百家姓》是"两浙钱氏有国时小民所著"。什么意思呢？作者应该是五代十国时期吴越国的一个小民。钱氏吴越国，也就是我们钱家建立过的唯一一个国家，这我后面要为大家介绍。这个小民呢，肯定是一个没有什么名气的人。当然，这个作者肯定还是个读书人，不然不认字嘛。

我们可以仔细思考一下：大家看，"赵、钱、孙、李"，为什么不把"周吴郑王"搁前头，为什么不找别的姓呢？"刘、张、徐、黄"，不都可以吗？

作者这么做，当然是有他的道理的。

因为，当时"赵"是宋朝的国姓，所以"赵"排第一位是理所当然的。至于"钱"嘛，是吴越国的国姓，吴越王钱镠，也就是我们这一支钱姓的始祖，很了不起。当年，他可是割据一方、拥有自己的军队的，不然怎么建立吴越国呢？但是他跟别人不太一样，不太喜欢打仗，打下两浙这块富裕的地方以后，就有点小富即安、上进心不强的意思了。他告诫子孙说，将来如果有可以奉为正朔的人，也就是如果有一个了不起的"王者"出现，就纳土归降好了。所以，到了末代吴越王钱俶的时候，就直接向宋朝纳土归降了。因为没打仗，就没让这片富饶之地变成一片焦土，所以江浙一带的人，都很感念钱家。在《百家姓》里，"钱"就给放在了第二位。现在杭州有座塔叫宝俶塔，大家一定知道，就是为了纪念钱俶而造的。不过，我得提醒大家，鲁迅先生对我们这一支钱姓的始祖钱镠是很不以为然的。

至于第三位为什么是"孙"，也很简单，"孙"是吴越王钱俶的皇后的姓。由此可见，《百家姓》的作者把吴越国看得很重。这毕竟是他自己的家乡或者"属国"嘛。

第四位为什么是李呢？当时和吴越国毗邻的国家是哪个呢？南唐。南唐谁最有名啊？李后主。"春花秋月何时了，往事知多少。小楼昨夜又东风，故国不堪回首月明中"就是这位李后主写的。

所以，《百家姓》的作者把北方宋朝的国姓赵、自己生活的地方吴越国的国姓钱、钱俶皇后家的姓氏孙，以及离自己最近的国家南唐的国姓李依次排列，便构成了《百家姓》的开篇"赵钱孙李"。根据这个，我们就可以推断，作者是吴越国的人，而且他肯定是吴越国纳土归宋之后的人，不然不会把赵姓排在第一。

第五个问题，《百家姓》和《三字经》、《千字文》有什么不同？

答：《三字经》和《千字文》里的每一句话都可以说是一篇有内在含义

的文章。比如,《三字经》的"人之初,性本善,性相近,习相远";《千字文》的"天地玄黄,宇宙洪荒",都有意思。《百家姓》则不一样,它只是把一个一个的姓搁一块而已,你说"赵钱孙李"、"周吴郑王"有什么关系啊?没有多大的关系。当然,读起来却合辙押韵,除此之外,没有任何含义。《百家姓》不像《三字经》那样有什么微言大义:我教育你,人不学,怎么怎么样;幼不学,怎么怎么样。没有这层意思,它仅仅是一种排列而已。

第六,问题又来了,既然如此,为什么《百家姓》会被选做蒙学课本?道理在哪里?为什么那么流行?

答:确实,如果只是为了认字,可选的书,多了去了。但是,《百家姓》汇聚的可不是一般的汉字,而是做姓氏用的汉字,这就大不一样了。以家族为中心,以血缘分别亲疏,这是中国传统文化的核心内容之一,可以说是中华民族最重要的信仰。对不对?在传统中国,姓比名重要。比如,我姓钱,如果我做了一件好事,有人问:"这件事情谁干的?"旁边人回答:"钱家人干的"。如果你干了一件坏事,就会有人这样批评你:"你对得起你这个姓吗?别忘了你姓什么!"对不对?所以姓对于中国人来说太重要了。而且,在古代识字先认《百家姓》还有一个礼节方面的考虑。比如咱们今天见面:"您贵姓啊?""免贵姓钱。"你要是再接着问人家:"怎么写啊?"这一下子就显着你没文化了,而且是对别人的不尊重:你问我姓什么我告诉你了,你居然不知道怎么写!所以,出于礼仪的考虑,小孩子要尽早把别人的姓给记住。因此,《百家姓》也就成为了童蒙读物。

以上六个问题,我不知道诸位是不是都清楚,也许有些朋友原本并不一定清楚,现在大概可以明白些了吧。

⊙ 百家姓氏五千年前是一家

"五百年前是一家"，这话自然是有它的道理的。沿着历史追溯上去，原来我们绝大多数的姓氏都有着共同的祖先——三皇五帝。那么，最初的几个姓是怎么分化成现在这成千上万的姓的呢？

我要强调一点，在中华民族大家庭里，有些兄弟民族是不用姓的。比如，维吾尔族，一般是没有姓的；再比如藏族，严格意义上也是不用姓的。虽然有些民族并不用姓，但是绝大多数还是用的。姓氏强调的是归属感、认同感和一种清晰的自我定位，表明你是哪家的人，当然非常重要。还有什么比归属感、认同感更重要的呢？

那么，问题在于，我们对姓氏文化又了解多少？在讲《百家姓》具体的姓氏以前，请先允许我努力用最简单的方法、最通俗的语言和大家一起回顾一下中国的姓氏文化。

中华姓氏的起源，可以追溯到史前时期，那个时候没有文字记载，我们只能在各种各样的神话传说里去摸索。凡事总有一个起源。中华民族的姓氏文化起源，离不开谁啊？三皇五帝。中华民族有 56 个民族，这是一个大家族，其中的很多民族都以三皇五帝为祖先。我们要注意，哪三皇，哪五帝，是没有固定说法的。比如三皇，造房子的有巢氏大概可以排进去，这是构筑而居的祖先，教我们后代有个屋可以住，有个屋顶可以遮风避雨；燧人氏，钻木取火的；伏羲氏，捕鱼狩猎的；神农氏，播种五谷的；女娲氏，补天造人的。这些应该都是对文明的起始、人群的生存和发展做出过根本性贡献的先民。五帝也是说法不一，《史记》的记载比较清楚：黄帝、颛顼、帝喾、尧帝、舜帝。在这五帝当中，黄帝排第一，影响最大，所以现在我们每年要祭黄帝陵。黄帝姓什么？姓姬，这是中国古老的说法。我们今天讲自己是什么子孙？炎黄子孙。请大家注意，炎帝虽然排在黄帝前面，但是不在《史记》记载的五帝里面。当然了，这些都是传说，但我们都接受、都认同。至于这是不是历史事实，恐怕搞不确定了，其实也没必要太较真。总之，中华姓氏，特别是比较古老的姓氏，都可以追溯到三皇五帝。

姓氏非常复杂，不像我们今天讲的姓名那么简单。上古有姓、有氏，今天我们讲姓氏，其实就是讲姓而已。如果我说"钱就是我的姓氏"，对不对？错了。按照最传统的说法，钱是我的"氏"，而不是"姓"。我们现在对传统文化有好多认识误区，比如我们平时问人家哪里人，文雅点的说法是"您府上是哪里啊？"大家都知道，这是在问人的籍贯。户口本上就有"籍贯"一栏，对不对？如果回答说"我的籍贯是江苏无锡，祖籍浙江临安"。这么说对吗？不对。按照传统说法，"籍"和"贯"是两回事。你老家在哪里，是你的"贯"，不是你的"籍"。那么，"籍"是什么？是身份，也就是士农工商等等。士籍，读书人；兵籍，当兵的。按照中国传统，籍是不能改的，贯是可以改的。改籍要报礼部、户部批准，麻烦大了去了。所以说"籍"和"贯"是两回事，但是现在我们搞混了，不去区分了。

姓氏也是两回事。常有人问：你是什么姓氏？说明姓在前面，姓是族号，表示的是血统，最早来自于部落图腾。什么是图腾？图腾就是原始人群体的亲属、祖先、保护神的标志和象征。比如，地球上有一些民族用熊做图腾，熊便是他们的保护神。因此，在中国的姓氏当中，用动植物名称做姓的比较多，这种姓氏也都比较古老，例如姓熊、姓虎，都很古老。还有，姓华，通"花"，佛经《妙法莲华经》其实是《妙法莲花经》。

接下来进入了母系氏族社会，什么姓比较古老啊？女字旁的姓特别老。比如姬，我在前面说过，黄帝就是姓姬。还有更老的，姚，女字旁吧？姜，我们都叫"美女姜"，有女字吧？嬴，我们平常说"亡口月女凡"，也有女字。

这些都是很古老的姓。像我的姓"钱",就算不上是古老的姓。

那么,姓有了,什么是氏呢?为什么有姓还要有氏呢?随着历史的推移,人类生活水平的提高,人口越来越多了,同一个姓的子孙不断繁衍,可这个地方就这么多地,能养活几个人啊?人越来越多,待不下了,于是就分出很多支系,迁到别的地方。迁走的这个就叫氏。所以,先有姓,后有氏。

到了周代,宗法制度非常严明,只有贵族可以有姓氏,老百姓没姓氏。最早的时候,平民无姓无氏;贵族女子用姓,没有氏;贵族男子,有姓有氏。为什么贵族女子要用姓呢?因为同姓的人是有血缘关系的,而同氏的都是亲戚,对不对?姓只有一个,氏可以很多。所以说姓是用来区别血缘关系的。在古代,同姓、同血缘的不能通婚,这是人类认识的一个巨大进步,已经懂得些"优生学"了,不然都近亲繁殖,这麻烦就大了。养宠物的人都知道,好多狗狗近亲繁殖,虽然保证了血统的纯正,智力却低了,身体也容易生病,对不对?相反,那些串出来的混血狗,身体好,也很聪明,就是这个道理。所以同姓不能结婚。当然,到了今天,大家没那么严格了,要是赵、王、李、张这种大姓,同姓的不让结婚,那剩男剩女不知道得多出多少。像李姓的都快超过一个亿了,你让姓李的都不许和姓李的结婚,这显然不行。

我有一个非常好也是我非常尊敬的朋友,叫李欣,他的太太也叫李欣,两个人名字一模一样。去结婚登记的时候,他在"配偶"一栏填写:李欣;性别,女。婚姻登记处的人说:"您高兴成这样了?连自己性别都搞不明白了?"他说:"我太太当然是女的啊!"他们结婚已经有几年了,非常恩爱。前两天有孩子了,一个宝贝女儿,来问我说:"文忠,我的女儿叫什么名字好呢?"我说:"干脆还叫李欣吧!"好像他们接纳了我的建议,家里三个李欣,非常美满。你说要是同姓不婚,这还了得?现在没有那么严格的。但是,小姓之间的通婚，还是比较少见的。我好像就没有碰到过夫妻都姓钱的，我们这个姓还不能说小呢，应该说是不大不小，人数不多不少。

　　贵族女子，姓比氏重要，到了后来，女子的地位一直不高。传统上，待嫁的女子往往在自己的姓前面加上伯仲叔季的排行，就可以了。比如有个女子叫伯姬，你别以为这是她的大名，"伯姬"是说她是姬家的大闺女；同理，一个女子叫仲子，就是子家二闺女。女子出嫁以后，那就简单了，冠上配偶的姓或封地的名字就行了，比如齐姜，就是本姓姜，嫁给了一个姓齐的人或者嫁到了一个以齐为氏的地方；再比方说秦姬，就是姓姬的女子嫁到秦国去了。在传统中国，女子的闺名，只有自己丈夫和父母才可以知道，生前连子女都不知道。现在我们没有谁不知道妈妈的名字吧？不知道？大不孝。可在传统中国社会，你太早知道了才是不孝。当然，老人家远行的时候，子女会知道，但是平时是不知道的。

　　今天很不一样了，有的孩子跟妈妈姓，有的还以父母的姓拼起来，造就一个新的姓。这种情况太多了，似乎都成时尚了。大概因为妈妈会认为："大家都是独生子女，凭什么孩子非得跟爸爸姓，我也得把我的姓放进去。"前一段我在外边参加一个活动，碰到一个孩子非常有礼貌，过来说："钱老师，您给我签个名。"我说："好，给你签。"他说："您能不能把我的名字给写上？"我说："非常愿意，您叫什么啊？""潘杨一诺。"我说："哦，我明白了，令尊大人姓潘，令堂大人姓杨。令尊大人给了令堂大人千金一诺，我会爱你一辈子。令堂大人也给令尊大人一诺，如果你爱我一辈子，我就给你生个孩子。所以，都是一诺，你就叫潘杨一诺了，对吗？"他说："哎呀，钱老师，你怎么知道啊？"我说："那你有没有想过啊，潘杨一诺同志，你长大了，将来碰到一个女孩叫张王二诺呢？你们生了个孩子叫什么呢？那不就得叫潘杨张王三诺了吗？"这当然是开玩笑了。所以，现在我们的姓氏也在变化当中，这个也可以接受，我觉得没有什么不能接受的，因为法律没有禁止嘛。但是，在传统里可不是这么回事。

贵族男子称氏，不称姓。因为姓可以区别血缘，而氏可以分别贵贱。你是哪个太太生的啊？你这一支迁到哪里了？是不是迁到一个比较好的地方？从氏当中可以看出很多信息，比如诸侯，以封国为氏。郑文公郑捷，郑是氏，不是姓；齐灵公齐环，齐是氏，环是名。卿大夫，比诸侯小一点，一般以居住地来作为自己的氏。比如屈完，姓屈，别人一听，哦，你是封在屈这个地方；比如解狐，就住在解；东门襄仲，很明显，他家就在城东门，一看他的氏就知道了；南宫敬叔，家在宫的南边。这是以地名为氏，还有的人以官名为氏，比如司马。

还有的人以专业技能为氏，比如姓巫，可见其祖先就是做巫师的；姓陶，做陶器的；姓龙，什么技能？我说了估计姓龙的朋友不高兴了，屠龙、杀龙，多威风啊！可是，大家又会说："龙都没有，你怎么杀呢？"其实就是厨师。姓龙的祖先是做厨师的，善于烹调。看到这儿，姓龙的朋友别不高兴，做厨师非常好，我做梦都想有一手烹调技艺，可惜没学到。

战国以后，大家开始以氏为姓，逐渐就姓氏不分了。汉魏以后，姓氏合一，平民百姓也开始普遍用姓，这才有了姓名之说——原来姓一样，用氏分，现在姓都有了，怎么办？用名来分，所以叫姓名。

有人姓毒，有人姓死——中华姓氏知多少

　　原来世上有那么多的姓，多到都没有一个确切的统计数字。这其中，有我们最为熟悉的一个字的单姓，还有两三个字的复姓，但是你听说过九个字的姓吗？听说过姓毒的人吗？这些奇怪的姓又是怎么来的呢？

　　中国传统姓氏文化还有一些要点，我继续给大家介绍一下。

　　第一，中华姓氏源远流长，每个姓都包括非常独特和丰富的文化内涵。它开枝散叶，生生不息，孕育出优秀的中华儿女。每一姓都有它的代表人物，当然，每一姓也都有不肖子孙。姓的出现有早有晚，比如姬姓，非常古老；妘姓，非常古老；姚姓，也非常古老。姓的出现有早晚，底下的人口数也有天壤之别，大姓一个亿，小姓几万，都有。但姓与姓之间没有高低贵贱之分，这个大家千万要搞清楚。

　　第二，我们讲的是中华民族的姓氏文化，不仅仅是汉族的姓氏文化。所以我们关注的是用汉字写下来的姓，那就当然包括兄弟民族的姓，无论这些民族今天是否还存在。比如鲜卑族、女真族，都是为中国文化做出过重大贡献的，虽然今天没有了，但我们也考虑进去。

　　还有一点很要紧：《百家姓》是不是记录了所有的姓呢？如果不是，中华民族到底有多少个姓呢？我用的是最通行版本的《百家姓》，四字一句，一共142句，568个字，是"三百千"里面字数最少的一部。里边讲到的姓504个，单姓444个，复姓60个。可在中华姓氏的大海里边，这是沧海一粟。中华民族到底有多少姓啊？老实说，不知道，说不清楚，我看也没有人说得清楚，尽管现在调查手段已经非常先进。明朝有个人统计过，当

时有 3625 个姓。1978 年，改革开放刚开始时，通过公安户籍系统对姓氏做过一个统计，统计了全国七个大城市，当时的姓氏 2587 个：北京有 2250 个姓，上海比较少，1640 个姓；沈阳更少，1270 个姓；武汉 1574 个姓；重庆 1245 个姓；成都 1631 个姓；广州 1802 个姓。这也都是约数。1984 年，又有学者去搜集，搜集到 5730 个姓。当时还有个台湾学者，搜集到 7720 个姓，但这些都不是确切的数字。

我手头有比较新的数字，在 1996 年的时候，中华民族用汉字记录的姓有 11969 个，而且民间肯定还有很多姓没有包括在内。有些姓匪夷所思。比如毒姓，这个蛮瘆人的——您贵姓啊？我姓毒。在陕西，蹦也是姓。还有用死做姓的。死这个姓在台湾，而且只有一家人，这一家现在很恐慌，因为没有孩子。于是便专门为这事开会讨论，"为死而生"。因为他们只有有了孩子，这个姓才可以延续下去，不然这个姓就没了。有意思的是，我讲的这个节目播出以后，有位观众和我联系，他家乡那里竟然就有姓"死"的，而且人数还不少呢！这是一些极特殊的姓。

常见的姓是一个字，复姓是两个字，那么还有没有字数更多的啊？有的是。根据我们现在掌握的资料，有三字姓、四字姓、五字姓、六字姓、七字姓、八字姓，最高九字姓。三字姓很多，随便举几个吧，虘地干、树若干、独孤浑、奚什卢、破六韩、破多兰、普六茹、壹斗春，很明显，这些都是兄弟民族的姓。四个字的姓，也有不少，爱新觉罗、叶赫那拉，这些大家都知道。五字姓，忽神忙兀歹，这一听就是蒙古族兄弟的姓。最牛的是九字姓，迄今为止发现一个，这个姓怎么念呢？"爨邯汕寺武穆云籍鞲"！想象一下，有两个人路上碰上了："您贵姓啊？""我姓爨邯汕寺武穆云籍鞲。"对方肯定晕了。或者你碰到这么一个朋友，喊他"爨邯汕寺武穆云籍鞲……"，还没叫完，人家早走远了，都没听着。所以，姓文化真是非常的复杂和有趣。

在讲中华姓氏文化的时候，有两点怎么强调都不过分：

第一，所有的姓没有高低贵贱之分。

第二，汉族主要是靠文化来认同，这一点无比重要。汉族的血缘实在复杂，我们大概还找不到绝对确定只属于汉族的姓，每个姓里面都有其他兄弟民族的血缘。当然，有些血缘非常遥远，完全超出我们的想象。

⊙ 说说"变姓人"

> 我们经常说"行不更名，坐不改姓"，实际上，由于多种多样的原因，很多姓都是从别的姓改过来的，有的姓也可以改为别的姓，甚至读音都有很大的变化。所以说，不同的姓往上推几百年，其实是一家人也未可知。

在我们对于姓氏文化的认识里面，还有一个误区，什么误区呢？姓是不能改的：姓怎么能变啊？"行不更名，坐不改姓"，这是一句老话，"好汉都这样！"不对，千万不要以为，姓是老祖宗留下来的，是爷爷奶奶或者爹妈给的，就不能改，不是这样的。在历史和现实当中，改姓的情况相当普遍。有自愿的，有被迫的，有荣耀的，有悲哀的。下面我就给大家介绍几种改姓的情况：

第一，因为避祸、避仇改姓。

桂，这个姓我想很多朋友都知道，比如国民党的海军司令桂永清将军就姓桂。这个姓哪儿来的？原来出自一个字，什么字啊？上面一个曰，下面一个火，昗字。这个字有两个读音，一个念 jiǒng，还有一个就念 guì。

汉代有一个人叫昃横，他有四个儿子，家中遇难，四子走避，其中有一个孩子改姓为桂。这就是一个避祸改姓的例子。

再比如，春秋时候，陈国有一公子叫陈完，避祸外逃，他就不姓陈了，改姓为田。陈和田今天不是一个音，但古音是一样的。大家看"陈"的繁体字"陳"，右边有个田，显然陈完是从陈字中取了一部分改姓田。这是春秋时候改的姓，这一支姓陈的，从那往后便姓田了。

再说个近的，明朝。明成祖朱棣，不是从他侄子手上抢夺的王位嘛，什么借口呢？清君侧。就是说建文帝身边有奸臣，以这个名义起的兵。其中有一个他认为的奸臣叫黄子澄，朱棣在起兵时就点了他的名。后来朱棣夺位成功了，黄子澄的后人为了避祸，改姓田。你看黄下边也有一个"田"字，也是取了一部分。

司马迁我们都知道，大史学家。司马迁受了宫刑，对不对？但有一点要搞清楚，受宫刑前也许人家是有孩子的；或者是后来过继的。反正民间认为司马迁是有后人的。司马迁的孩子后来不姓司马了，起码有两个孩子改了姓，因为爹犯事了嘛。一个改成了冯，马字加两点，不就变成冯了吗？还有一个改的姓诸位想都想不到，"同"，"司"加一竖不就是"同"吗？所以，你现在看到姓同的，基本上他就会自我介绍是司马迁的后代。"同"是个小姓，姓冯的则不是，姓冯的太多了。

辛亥革命之后，爱新觉罗家族的人为了避祸，改出多少姓大家知道吗？最常见的是改姓金，因为"爱新"在满语当中，就是金的意思，所以改姓金；有的改姓王，因为都是王爷的后代；有的改姓罗，这是比较偷懒的，爱新觉罗里面拿个"罗"，就姓"罗"了；有的改姓黄，因为他是皇族啊；还有的改姓艾，等等等等。你看，一个爱新觉罗就改出那么多姓。

第二种情况，比较荣耀，不是避祸，而是帝王赐姓，这种很多。比如刘邦建立汉朝，刘姓成了国姓，在刘邦造反的时候有一个功臣叫项伯，刘邦就赐项伯姓刘。所以现在姓刘的人，不一定祖先都姓刘。还是在汉朝，汉武帝时有一个匈奴王归顺了汉朝，汉武帝便赐姓为金。

七下西洋的郑和原来是姓马的，本名叫马三保，还是回族，后来才被赐姓为郑。这个当然很荣耀，一般的子孙也不会改回去的。也就是说，同为郑姓的人，很可能有不同的血缘关系。

第三种情况，兄弟民族改汉姓。大家都知道北魏孝文帝改革时，拓跋鲜卑族很多人改了姓，比如拓跋氏改成元氏，独孤氏改为刘氏，丘穆陵改为穆氏，等等，非常非常多，这个我们就不介绍了。

第四，汉族人改兄弟民族姓，这个也很多。特别像元朝的时候，因为地位太低，汉人、南人就改了兄弟民族姓，主要是蒙古族和色目人的姓。

第五，还有部分兄弟民族的姓氏，不像我们汉族那么严格，它有时候会变化。

第六，因为避讳而改姓。举一个邱姓的例子吧。在清朝雍正皇帝以前，中国是没有邱这个姓的，一说姓丘就是土丘的丘。但雍正皇帝下令，不许用这个丘了。为什么？因为犯了孔夫子孔丘的讳。于是加了一个偏旁，才有了今天这个邱姓。

第七，由于入赘、过继、收养而改姓，这个就更普通了。大家知道，过去入赘是要随女方姓的。收养，本来不姓这个姓，收养到我家就改我这个姓。

因收养而改姓的，最有名的大概要属钱学森先生的夫人蒋英女士了。钱学森先生的父亲、著名教育家钱均夫先生就钱学森这么一个儿子，看到别人家有闺女，眼红得不得了。老人家看上了蒋百里将军家的蒋英，说："到我家来做女儿吧。"蒋家有五朵金花，同意了。钱均夫先生就办了酒席，还举办了一个仪式，把当时的小姑娘蒋英接到钱家后改名钱学英，跟钱学森先生以兄妹相称长大。后来，蒋百里将军舍不得了，想自己女儿，就又把蒋英给要回去了，改回叫蒋英。当时钱家便提了个要求：要回去可以，兄妹不做了，但是将来得嫁到我家做儿媳。所以后来蒋英女士嫁给了钱学森先生，大家也知道，这是一段极其美满的婚姻。你看，这改来改去的，多复杂。

请大家牢牢记住，并不是每个姓都有单独起源的。中国有那么多姓，都源于几十个非常古老的姓。比如姚姓，统共分出来陈、王、胡、孙、虞、田、袁、车、陆等等 60 多个姓，这些姓之间都是有血缘关系的。当然了，陈与姚不一定就真有关系，因为有的陈姓是从别的姓改过来的也说不定，很复杂。

另外，还有一点，请大家务必注意，在读别人姓的时候，要千万小心。汉字最容易读错的就是别人的姓。比如，区做姓时可是念 ōu，你千万别叫人家 qū 先生，那会把人气着的。比如黑，作为姓读 hè，不读 hēi。再比如，还有一个最常读错的姓，盖做姓时这个字念 gě，不念 gài，很容易念错的。还有一个大家都知道的，查，不能念 chá，对不对？比如教，做姓氏的时候，一定读 jiào，不能读 jiāo 的。比如任，做姓的时候一定读 rén，不读 rèn。比如缪，在做姓的时候读 miào，不能读 móu 的。单，单雄信，你可千万别说 dān 雄信。比如乐，做姓的时候读 yuè，就不能读 lè 了。还有一个姓，员，在做姓的时候要读成 yùn。仇，做姓的时候读 qiú，这些都是不能乱读的，所以要非常非常小心。这些还是比较常见的，还有更怪的。日本还保留着这么一个习惯，如果自己的姓读法特别，一般要在名片上印出来。两个人见面，问对方的姓怎么念，不仅不失礼，还是有礼貌的表现呢。

姓氏文化十分复杂。只要一个个姓去深入研究，你就会知道中国的姓氏文化有多么奇妙精深。我觉得研究《百家姓》是一件很好玩儿的事情，当然，我这么说不是我们不尊重姓氏，我们对每个姓都很尊重。

今天这讲作为一个开篇，我先尽力把中华姓氏文化复杂、多姿多彩、有趣、生动、迷人的一面，向大家做了一个介绍。那么，仅仅收集了504个姓的《百家姓》，又能够告诉我们多少关于中国姓氏文化的信息呢？请大家看下一讲。

赵钱孙李

《百家姓》作为流传最广的儿童启蒙读物，它告诉一代又一代中国人，姓氏在中国历史上的重要地位。中国人有着强烈的寻根意识，寻根溯源、认祖归宗是中国人特有的文化传统。这种意识也使得中华文化的统一性和连续性在姓氏传承中得以体现。那么"赵钱孙李"四姓究竟起源于哪里呢？姓赵的全是汉族人吗？钱姓是不是和钱有关呢？为什么有人说孙中山是河南人呢？在李姓的演化过程中，又出现过什么样的故事呢？

⊙ 能跟秦始皇攀亲戚的赵姓

作为《百家姓》里排第一的姓氏，赵姓有什么过人之处吗？
它同战国七雄里的赵国有怎样的联系呢？"一意孤行"这个成语
又跟哪个赵姓人有关呢？

赵，《百家姓》排名第一，它起源于什么呢？起源于嬴姓，也就是秦始皇嬴政的那个姓，形成于西周时期。

嬴姓的祖先叫伯益，伯益第13世孙里有一个叫造父的，他是干什么的呢？用今天的话来说就是"驾驶员"，是为那位特别爱玩的周穆王赶马车的。造父驾驶技术非常了得，是一个超速大王，放到今天，肯定罚单无数。史书记载，他曾经赶着八匹千里马驾的车，一天一夜走了两千里路。这当然是开玩笑，不可能的事。总之就是造父赶车速度非常快，并为此得到了周穆王的封赏。周穆王把造父封在赵城（今山西洪洞县北部）。于是，造父的子孙后代就姓赵了。

赵姓的后续发展过程很复杂，因为姓赵的人里面很多不是汉族人。

比如汉代有个人叫赵安稽，这个名字全是汉字吧？对不起，他其实是匈奴人，不是汉族人。比如唐朝有一个人叫赵曳天，非常漂亮的汉字姓名吧？对不起，他是南蛮，也不是汉族人。情况类似的还有五代时期的一个人，叫赵国珍，是广西、贵州一带的南蛮人。蒙古族当中有一个姓，叫要术甲氏，不知道为什么改成了赵，所以蒙古族里面也有赵姓。壮族、瑶族当中，也有赵姓。而赵宋王朝时赵匡胤又赐了很多他姓的人为赵姓。比如，他曾经赐过姓李的、姓穆的、姓隆的、姓宇文的人改姓为赵。所以赵姓的血缘非常复杂。这排在百家姓第一位的姓，就彰显出中国姓氏文化的这种复杂特点了：不单纯。

到战国七雄之一的赵国灭亡时，赵姓就已经分布在今天的山西、河北、河南、山东一带了。秦初，秦始皇派了一个叫赵公辅的人到甘肃天水，于是甘肃也开始出现赵姓了。大概在同时，有一个赵王的后代，被流放到了今天的湖北房县，所以湖北也开始有了赵姓。还有个叫赵佗的人，建立了南越国，所以赵姓又进入了两广。赵姓大规模的南迁始于三国时期，宋朝建立后，赵成为国姓，赵姓人口开始飞速增长。宋以后，赵姓已经遍布全国。

赵姓的迁徙线路很清楚，先是在中原地区，包括今天的山西、山东、河北、河南（今后我们谈到地名，除了明确标出的，基本都是指今天的地名）；然后到了湖北和甘肃天水，一个往南，一个向西；三国时候，开始大规模南迁，最终遍布全国。

在我所掌握的较新的资料当中，中国的赵姓人口排名第8，总人口2600万，几乎相当于人家欧洲一个国家的人口总数了，主要集中在黄河沿岸和东北，占全国人口的2.6%，可见这是很大的姓。这里必须强调一点，请大家务必注意：关于某个姓的人口数，在今天的排名，占全国人口的比例，都是一个大约数；我们没有一个权威的数据，各种数据彼此并不一致。应该说，在这个方面，情况还是相当混乱的，需要做大量的工作。所以，如果大家发现我在讲述中提供的数据有问题，不要觉得很奇怪。有的姓有不止一个数据，有的姓干脆找不到任何数据。提供数据的目的，是为了让大家有个约略的、直观的印象，如此而已。

除了介绍起源和迁徙，怎样能够让大家更好地去感受一个姓氏呢？我的想法是，每个姓我给大家介绍一个和这个姓有关的人或典故。可能有人要问了，和每个姓有关的典故多了，你怎么选呢？我想，就选一个今天我们都不太了解其原始意义的。比如说，有的典故当年是褒义，今天变成贬义了；或者当年是贬义，今天变成褒义了。这样或许可以更好地让大家感受到传统文化在历史演变中发生的变化。

有一个成语叫"一意孤行"，与之相关的典故就跟姓赵的人有关。《史记·酷吏列传》里讲到，汉武帝时有两个官，一个叫赵禹，一个叫张汤，都是位居九卿的高官，而且是好朋友。但这两个人的做人风格完全不一样：张汤为人多变，非常圆滑，而赵禹为人忠朴廉洁。赵禹做官以后，门下一个食客都不招揽，绝对不任人唯亲，就是公卿去拜访他，他也一概不见；别人托他办事，果断拒绝。所以，大家都说他："孤立行一意"。这就是一意孤行的来历。什么意思呢？就是坚持原则，按照自己的意志办事。大家看到了吧，原来一意孤行是褒义的，今天却成了贬义的，不是好词了，一说"你这个人怎么一意孤行啊？"意思就是：你怎么这么拧啊，怎么听不进别人的话？

⊙ 钱姓原来真是"管钱"的！

要说钱姓的祖先，非寿即贵，远的可以考证到寿星彭祖，近的可以推到吴越国钱镠。最值得钱姓骄傲的是，历史上钱家人还出了个连中六元的才子，他是谁呢？

《百家姓》里第二个姓是钱。钱姓的起源相当单纯，还真和钱有关。根据《史记·楚世家》记载，五帝之一颛顼有个曾孙叫陆终，陆终的太太怀孕了，居然一怀三年，不生，最后剖腹产，一胎生了六个。这事的真假姑且不论，这其中的老三，就是著名的寿星彭祖。彭祖叫什么？姓篯，名铿。在商朝，他当的官叫作守藏史。因为他活了800岁，所以到了周代，他还在当官，官名叫柱下史。彭祖有个后代叫彭孚，西周时担任了钱府上士，类似于今天的财政部长。从此以后，他的后人便以钱为姓，去掉了竹字头。所以，钱姓源于彭姓，发源地在今天的西安附近，这是可以确定的。听我们家老辈讲，在过去，钱彭是不能通婚的，当然，今天是不是这样，我不知道。我查过我们家的家谱，里面就写着，钱彭是不通婚的，并且还有这么一道家规：如果彭氏有难，钱姓要提供帮助。毕竟两家源于一个姓嘛。

钱姓的迁移路线是怎样的呢？大概到了秦朝、汉朝的时候，钱姓开始南迁，迁到了江浙一带。到五代十国时，吴越王钱镠建立了吴越国。他有几十个儿子，都分派到江浙各个地方当官。最后由于吴越国纳土归宋，直接投降了，所以，钱姓子孙基本得以保全。要知道，历朝的末代皇族，下场一般都是很惨的。像崇祯皇帝，最后上了吊，其余的朱姓子孙，不少被各地农民起义军赶杀，多惨啊；宋代灭亡后，赵姓皇族子孙即便逃亡海上也未能幸免。得益于祖先的先见之明，吴越国的几十个钱姓子孙基本上获得了善终，一直还在环太湖流域生活。现在的钱氏也主要来源于这一支，堂号叫吴越堂。我老家祠堂门口贴的对联就是"吴越家声远，彭城世泽长"。中国科技界著名的"三钱"——钱学森、钱三强、钱伟长，祖先都可以追溯到吴越王那里。而且，由于钱氏不是一个大姓，主要的家谱都还在，排名按照"百字派"，五个字一句诗，一共是 20 句诗，子孙排名排序森严，辈分很清楚。

钱姓的起源很单一，但即便这样，它的血缘也是很复杂的。比如，满族里面有钱姓，哈尼族里面也有钱姓，而且，哈尼族里面钱姓还是一个大姓。为什么哈尼族里会有钱姓呢？我一查之后发现：在浙江临安一带，曾经有一个钱姓的子孙，他担任过云南哈尼族聚居的一个地方的官员，后来，就留在当地了，其子孙渐渐地就被同化成了哈尼族，甚至后来都忘了自己是汉族。所以，哈尼族里就有了这么一支钱姓。

除此之外，还有一些兄弟民族中的钱姓的起源非常有意思。例如蒙古族的钱姓怎么来的呢？在历史上的某一天，某位姓"敏罕"的蒙古族大哥碰到了一位汉族人，人家问他："您贵姓啊？"因为"敏罕"在蒙语当中与"千"的含义相同，这位蒙古大哥怕人家听不懂，于是用汉语答道："我姓'千'。"结果汉族人就给听成钱了，也就写成钱了。误会已然发生，这位蒙古大哥倒没发脾气，反而觉得，自己姓钱，挺好，于是他这一支就姓钱了。比较有意思的是，台湾的高山族中居然也有一支姓钱。怎么回事呢？乾隆二十三年，也就是公元 1758 年，这里一个效忠朝廷的部落被乾隆皇帝赐姓为钱，从那以后这一支高山族一直保留钱姓，直到今天都没改过。

此外，由于吴越国割据江浙达 71 年，这期间赐了很多人姓钱。所以钱姓的复杂，是我们难以想象的。你看，钱姓这么个小姓，都那么复杂，大姓就更别提了，这不是更反映出中华民族是一家吗？

今天的钱姓人数在全国排名第 96 位，人口 220 万，占全国人口约 0.2%，主要分布在江浙皖，已经不算是个大姓了。和钱姓有关的典故也不少，给大家举两个，一文一武。

一个叫衣锦还乡。吴越堂的始祖钱镠早年家境贫寒，后来投身军旅，不想却由此发迹，割据一方，最终占有吴越 13 州土地，建立了吴越国，成为一方霸主。发迹以后，他就想模仿汉高祖刘邦，在家乡人面前炫耀一下。怎么炫耀的呢？他将自己的家乡改名叫衣锦郡，在老家大建亭台楼阁，召集亲朋好友，笙歌宴舞，彻夜不休。而且，他还把自己小时候玩耍的地方都披上了锦绣、彩缎，以表示不忘过去。他自己还写了一首歌让大家唱，名字就叫《还乡歌》。这样一来，家乡自然是热闹非凡，也就有了衣锦还乡这个典故。

再给大家讲一个文的典故。连中三元大家都听过吧，连中六元听过吗？很少吧。这说的是有一个叫钱棨的人，公元 1734 年出生，1799 年去世，是苏州人。他出生于一个书香世家，28 岁那年，县试、府试、院试都考了第一名，中了秀才。这叫小三元。接下来，乾隆四十四年（1779 年），他又以乡试第一名中了解元，即第一名举人。两年以后，他到北京参加会试，又中了会元。同年，参加殿试，又高中状元。这样一来，钱棨就连中六元。在历史上，上一个连中六元的人是明朝人黄观，而钱棨则是清朝第一个连中六元的。乾隆皇帝大为高兴，觉得这是太平盛世的瑞兆，于是便让他教皇子读书。后来，由于拒绝跟和珅同流合污，钱棨遭到了和珅的迫害，辗转到了云南做官。嘉庆四年（1799 年），钱棨卒于云南任上，后归葬于苏州府吴县胥口镇香山。

这就是钱姓的两个典故。

⊙ 孙中山是河南人？

> 孙姓与商末的比干有什么渊源？荀子的后代为什么要改姓为孙？为什么有人说孙中山先生是河南人呢？原来，这其中还有些不为人知的秘密。

和赵、钱相比，孙姓的来源就更加复杂了。

第一，出自子姓。谁呢？商朝著名的忠臣比干。大家都知道，比干是被商纣王子受害死的。比干是纣王的叔叔，也姓子。他死了以后，他的子孙为了避祸，不姓子了，改姓孙，即在"子"的右边加了个"小"。这是一支。

第二，出自姬姓。这也是一个非常古老的姓，是周文王姬昌的后代。这支与上面那支是没有血缘关系的。

第三，出自妫姓。这又是非常古老的姓，是谁的后人呢？舜帝。这是孙姓非常重要的一支，被齐景公封在乐安，也就是今天山东博兴县那一带。后来，由于齐国内乱，这一支逃到了吴国，住在富春。这一支里出了谁呢？中国古代军事理论的泰斗孙武。

第四，还有一支，出自芈姓，非常怪的一个字，现在不大有人会写了，这是春秋时期楚国贵族的姓氏。春秋时楚国的大官孙叔敖，本姓芈，名敖，字孙叔，因为先秦人习惯将字放在名之前，所以楚国人就通称其为"孙叔敖"。孙叔敖开发水利，得到了楚人的拥护。他死了以后，子孙以之为荣，其中一部分便以"孙叔"为姓，还有一部分就以"孙"为姓。

还有第五个来源，中国著名思想家荀子之后。荀子，名况，字卿，诸子百家之一。西汉时，因为宣帝名字叫刘询，要避讳，同音的荀字也在其内，宣帝便下诏书，命令荀姓改为孙姓。后来，有些人又改回荀姓去了，有些人没有改回去，就成了孙姓的一支。

第六，改自复姓夏侯。汉朝开国功臣夏侯婴的后代中就有人改成了孙姓。

孙姓的播迁路径是怎样的呢？春秋时，孙姓主要分布在河南濮阳和山东博兴这两个大本营。到了春秋末年便开始移动，河南的孙姓往山西走。战国时，山东博兴出自妫姓的一支孙姓，有了很大发展，成为了孙姓的主干，秦汉以后，这一支逐渐迁徙到了山西、浙江、湖北境内。三国时，孙吴割据江东，孙姓迅猛发展，名门大族辈出。

唐朝末年，黄巢起义爆发，河南陈留的孙姓中出了一个叫孙俐的将军，率兵在闽、粤、江右一带作战，后受封东平侯，他最后定居在今天江西宁都一带。他的后人后来又迁到了福建、广东。康熙年间，其中的一支便迁到了广东香山翠亨村，这就是孙中山先生这一支的来历。孙中山先生虽然出生在广东香山翠亨村，但是他的祖先历历可考，可以一直上溯到河南陈留，这很清楚。由此可见，中国姓氏文化的流动与发展，是很丰富和迷人的。

总之，孙姓的播迁脉络是非常清晰的。唐宋以后，孙姓遍布大江南北，其中也不乏兄弟民族，我们就不一一介绍了。今天，孙姓人口在全中国姓氏当中排行第12，有1800万人，约占全国人口1.5%，也是一个大姓。

⊙ 李姓为啥与鲤鱼过不去？

作为当今的第一大姓，李姓的起源在哪里呢？它的人口规模何以如此庞大？在李姓缓慢的演化过程中，出现过哪些有趣的故事呢？

接下来，我要为大家介绍的是赵钱孙李的最后一个姓——李姓。李是中国当今第一大姓，人口 9200 万，约占中国全部人口的 7.5%，要是算上旅居海外的，得超过一个亿。

李姓的来源相当复杂，其中最浪漫的一种说法是出自皋陶。皋陶是虞舜时的司法官，当时这个职务叫理官，他的后代一直世袭这一职务，便以"理"为姓。商纣王时，皋陶后人理征，因执法如山惹恼了纣王，招来杀身之祸，理征的妻子契和氏便携幼子理利贞出逃。逃难途中几乎饿死，到了一棵李子树下，靠食李子得以存活。后来为了表达对李子树的感恩之情，就由"理"改成了"李"。附带一句，皋陶的长子叫伯益，讲赵姓来源的时候我提到过，伯益就是嬴姓的祖先。从这个角度说，李姓和秦始皇还是大有渊源的。

另外一个说法，没有李子什么事儿。根据《姓氏考略》，周以前没有李姓。李最早见于史籍姓名的，是老子李耳。李耳或许也是理利贞的后裔，不知道为什么，到他这儿就由"理"改成"李"了。

李姓的族源相当复杂。唐朝时，李成了国姓，有很多人就被赐姓为李。比如徐、安、杜、郭、麻、鲜于，这些姓氏中很多人都被赐姓为李。李姓当中有一支非常重要的洛阳李氏，其实是鲜卑族之后。鲜卑族被赐姓为李不仅发生在唐朝，更早的时候也有过。还有，三国时，诸葛亮平定南方蛮

钱文忠解读《百家姓》

族叛乱后，因为当地的民族都没有姓，就赐了很多姓给他们，其中就有相当一部分改姓李。所以，李姓的血缘很复杂。尤其让人称奇的是，在李姓当中，还有一部分是犹太人，这个可能连姓李的朋友都不知道。犹太人进入中国始于唐朝，这是中外文化史上非常重大的事件。到北宋中叶，进入中国的犹太人越来越多，主要散居在洛阳、南京、杭州、宁波、泉州，其中以河南开封人数最多。他们的寺庙叫"一赐乐业寺"，读快一点，发音与"以色列"相似。开封的犹太人当中，姓李的居多，不知道他们为什么姓李，反正姓了一千多年了。

李姓发源于今天河南鹿邑一带，这是没有什么争议的。后来，其中一支迁到了陇西一带，又分出三十九房。在英文里这叫"家族树"，就像树干、树枝、枝杈，一支支分出去。三十九房中的一房后来迁到了赵郡，也就是今天的河北邯郸一带，再后来这一房又分成东、南、西三支。所以李姓分得非常厉害。到了西汉，李姓开始迁往山东、江西，东汉时，迁往西南，其中有很多原本是汉族的李姓，甚至加入到白族、苗族、壮族、彝族等兄弟民族中。

三国以后，李姓就已经分布全国了。唐朝有一次非常重要的党争，叫牛李党争——姓牛的和姓李的吵起来了。李派首领李德裕后来被贬到崖州，也就是今天的海南，这样，他的子孙就留在海南了，成为海南岛上李姓的始祖。

李姓在中国历史上建立的政权最多，称帝称王者达60多人，所以李姓声威显赫。但也正因为如此，给老百姓也带来很多麻烦。

根据《酉阳杂俎》记载，由于李姓是国姓，所以在唐朝是禁食鲤鱼的，抓到鲤鱼以后，必须放掉，如果胆敢贩卖鲤鱼，重打60大板。这个禁忌还算是比较高雅的，还有一件事，可能就不太雅了。唐高祖李渊的父亲叫什么？李虎。所以，老虎当然是不许吃的，当然一般也吃不着。这还不算，还不许人说"虎"字，得用别的字代替。哪个字呢？马。这个"马"字不是重点，重点是一个过去咱们都常用的物件——马桶。其实早在汉朝的时候，马桶就已经出现了，只不过一直以来不叫"马桶"，叫"虎子"。到了唐朝，由于要避讳李虎的名字，虎子就改叫马子了。再到了后来，这物件又改叫马桶。你看，李姓的威风，甚至改变了我们的风俗习惯。

周吴郑王

每个姓的形成都有不同的历史过程，同姓不一定同源，异姓也可能同出一宗，每个姓里几乎都有这种情况出现。周、吴、郑、王这四个姓也不例外，作为非常古老的姓，四个姓都是名人辈出的。它们的最初起源是哪里？最早的得姓始祖是谁？又分别有着怎样的精彩故事和不同凡响的历史呢？

⊙ 文武双全周家人

周姓是一个大姓，发源于西北的周姓，它是怎样一步步遍布全国的呢？最为周姓人称道的一文一武两位祖先是谁呢？他们在历史中上演了怎样的传奇故事？

每个姓的背后都包含了非常丰富的历史文化信息，所以，即使讲这样一部在"三百千"里面篇幅最短的《百家姓》，耗费的精力和时间都可能会超出我们的想象。前面的赵、钱、孙、李这四个姓，我"洋洋洒洒"讲了很长的篇幅，接下来，我还是按同样的方式向大家介绍周、吴、郑、王。

周姓历史非常悠久，但是这个姓的来源简简单单，非常清楚。

传说在黄帝的时候，有两位叫周书、周昌的大臣，他们的后代就是周姓的来源之一。还有一个来源，就是出于姬姓。我们曾经讲过，中国很多姓都是从姬姓、姚姓、嬴姓、姜姓这种带女字偏旁的姓氏分出来的，这些姓氏非常古老。改为周姓的姬姓一支可以追溯到后稷的 12 世孙古公亶父，当时他为敌人所逼，就率领族人西迁到了陕西岐山下一块叫作周原的地方，自此以后他们这个部族就被称为周族。后来古公亶父的后人周武王姬发攻灭了商朝，创建了非常重要的周朝。传到公元前256年周赧王执政时期，周朝被秦国灭掉了，周朝的子孙都被废为庶人。为了纪念故国，他们从此开始改姓为周。这些人主要分布在哪里呢？河南临汝县西北，也就是今天的汝州庆阳古城这一带，这也是为什么至今当地民间都称自己为周家。

另外，还有些周姓是从别的姓改过来的。比如，唐朝时，为了避唐玄宗李隆基的讳，一些姓姬的也就改姓了周。唐末有个叫成纳的人，被赐姓为周。元朝时，许多姓苏的人也整族整族地改姓为周。不过，总的来说，相对李、赵这种大姓，周的改姓情况还算是比较简单的。还有一些兄弟民族改用汉姓时，就姓周了。比如北魏孝文帝改革时，鲜卑族的贺鲁氏就整个部族都改姓为周，这种情况还是很多的。

那么周姓是怎么一步步遍布全国的呢？周姓最初发源于陕西渭河平原地区，周初的时候，随着大规模地分封诸侯国，周姓就广布到黄河中下游和江淮地区，其由西向东迁徙，就慢慢形成了以河南和陕西为两大中心的周姓聚居区；秦灭六国后，秦始皇就把前朝贵族包括周姓分散安置，要么集中到咸阳，要么迁到各地；到了秦末战乱时期，周姓又迁徙到江苏北部，并在当地形成望族；魏晋南北朝，北方长期战乱，民族大迁徙开始出现，主要趋势便是从中原往南迁；唐末五代又是几十年的军阀混战，特别是北宋末年金兵南下，南宋末年蒙古兵南下，这几次大战都迫使河南、山东一带的周姓人口大量地南迁，主要是迁往福建、浙江、广东；元末明初的时候，长年战乱，湖南地区几乎没有什么人了，江西吉安府的周姓便大规模移民到了湖南邵阳地区；明清以来，周姓遍布全国。

现在周姓人口2500多万，在全国排名第9，占全国人口约2%，这种排进前十名的大姓，其人口数轻轻松松就可以抵上欧洲一个国家的人口。

今天，要说姓周的人最多的是哪个省，我估计很多人都想不到，是湖南省。

周姓作为一个古老的姓氏，留给我们的历史故事实在太多。那么，怎样去观察一个家族的文化传统呢？怎样去了解一个姓氏呢？我们是讲文化基因的，这是有窍门的。什么窍门呢？首先是看他家祠堂里的两样东西——匾额和对联；第二，看他的堂号。比如我姓钱，我家就是吴越堂里的钱氏，吴越王的后代，非常清楚。

比如周氏，你去问人家："您是哪个堂的啊？"一般你会听到两个堂号，一个叫细柳堂，一个叫爱莲堂。这就是周氏家族最荣耀的一文一武。你接着问："你们祠堂里的对联是什么啊？"记性差一点的人，可能只记得住一副四字对联："功高细柳，泽普爱莲。"碰到一个记性稍微好一点的，也许能说出一副五字对联："军容推细柳，理学尚濂溪。"还有更厉害的，能记住一副七字对联："汉室军容推细柳，宋朝理学尚濂溪。"

你看，这些对联的关键词都是"细柳"、"濂溪"。"细柳"云云说的是汉朝鼎鼎大名的名将周亚夫。周亚夫（前199—前143），西汉著名将领，沛县人，跟刘邦是老乡。这说明在西汉时，周姓就已经迁到了江苏北部一带。周亚夫是名将周勃的儿子，曾统率汉军，三个月平定了七国之乱，是个很厉害的人物，他官至丞相，被御封为大元帅。汉文帝六年，匈奴入侵，周亚夫和另外两位将军驻守在细柳，也就是今天咸阳一带。汉文帝听说周亚夫治军严谨，军纪严明，便想到军营里去看看。结果，他没有通行证，不知道口令，守卫不让进去，只好在军营门口等候。这就是"军容"、"细柳"的典故。那么"濂溪"又是谁呢，是指宋朝的周敦颐（1017—1073）。哪里人呢？湖南人。你看，汉代的周亚夫是江苏北部人，宋代的周敦颐是湖南人，周姓南迁的痕迹是不是很清楚？周敦颐先生是宋朝著名的理学家，朱熹推崇他为理学的创始人，他的宋明理学理论对中国文化有着根本性的影响。即使大家对理学了解不多，也一定会熟悉他的《爱莲说》，这篇文章被选进了中学课本，很多人都背过。一个细柳堂，一个爱莲堂，一文一武，足够周氏朋友们感到荣耀的了。

⊙ 日本人是吴姓的后代？

和其他姓氏自中原向外迁移不同，吴姓是一个发源于南方，然后向北方发展进而遍及全国和海外的姓氏。这一姓氏里，有一个人的故事至今还是吴姓人的骄傲。他是谁呢？

紧接着周姓的吴姓实在太精彩了，我把它压缩再压缩，压缩到以下这么点篇幅讲给大家听听。

首先是吴姓的来源。

第一，上古时期的吴氏。《山海经·海内经》记载，炎帝时有一个人叫吴权，他还有另外一个更加广为人知的名字：吴刚。他的妻子与炎帝的孙子伯陵通奸而怀孕，三年后一胎生三子，分别叫鼓、延、殳。鼓和延据传说是钟、磬的发明者，也是乐曲的最早创制人。

除了这一个吴姓的记载外，还有一个非常厉害的传说——黄帝的妈妈就姓吴。可见，吴姓是很早就有的了。

上古吴姓中还有一个跟后羿齐名的神射手，叫吴贺。这个人在《帝王世系》里面有记载，只不过后来咱们只记住了后羿这个射太阳的，却忘了吴贺。其实我个人觉得，说句玩笑话，拿箭射太阳有没事找事的嫌疑。吴贺就有正事儿多了，基本上就是打猎、打仗，在当时非常厉害，可惜后来名声没那么大。

其实，吴姓的主要来源不是上面的传说，是什么呢？还是姬姓。这就又要说到周朝的老太王古公亶父了。古公亶父有三个儿子，老大叫太伯，老二叫仲雍，老三叫季历。这三个人都非常贤能，非常优秀。但是，按照周人的传统，只有长子也就是太伯才可以继位。然而，老太爷最喜欢的是老三季历，儿子们也都看出来了。这时候，出现了非常感人的一幕：太伯和仲雍知道父亲喜欢弟弟季历，他俩居然跑了，离家出走了。从陕西岐山一路南下，来到当时还没有开化、荆蛮遍布的吴越之地，也就是今天的江浙一带。到了那儿以后，兄弟俩就按照当地风俗来生活了。什么风俗呢？文身、断发。文身，就是在身上文花纹；断发，中原汉人是不能剪发的，因为身体发肤受之父母，不得毁伤，但是他们按照当地的风俗也把头发剪断了。这等于什么？自绝希望：他们已经变成蛮族了，就不可能继承王位了。季历于是就继承了王位，是为周季王。后来，武王克商，周朝建立，太伯和仲雍的后裔都受到了周王朝的表彰。其中有一对兄弟，一个被就地封在了吴地，也就是今天江苏无锡这一带，子孙就以吴为姓；而另一个被封到了虞，就是今天的山西平陆一带，他的后代也就有改姓为虞的。所以，姓吴的和姓虞的一般认为是可能有血缘关系的。过去，在江南的一些吴氏大族里面，吴虞是不通婚的，因为虽然虞国在山西，吴国在江苏，但毕竟是来源于一对亲兄弟，从根儿上说是一家人。

在江苏常州、无锡一带，有关太伯的遗迹非常多，直至今日，在无锡市的鸿山，也就是梅里山，还有太伯墓。当然，到底底下埋的是不是太伯谁也不知道，但是大家都叫它太伯墓，是江苏省文物保护单位。

还有一些非常奇特的吴姓存在于兄弟民族当中，例如苗族的吴姓就特别多。苗族在学习汉文化的过程中，逐渐把本民族姓氏用汉字来表达了。苗族吴氏当中出现了很多人才，其中明朝有一位叫吴鹤的，是王阳明的得意弟子。直到今天，在湘西当地苗族中，吴姓还是第一大姓，这是很独特的。

苗族吴姓里边甚至还分支分派，比如分出了一支姓伍的，这很有意思。另外，蒙古族非常古老的七大部落中有一个部落姓吴兰苏和，后来就以吴为姓，他们跟汉族的吴基本没有血缘关系。鄂伦春族里也有姓吴的，是从吴查尔坎这个姓改过来的。东北的赫哲族中也有吴姓人氏，例如大家都熟悉的《冰山上的来客》这部电影，电影的编剧白辛（原名吴宇洪）先生就是赫哲族。

古时候，吴姓主要分布在今天的江苏无锡一带，慢慢地它向北方齐鲁一带发展，后来迁入了河南、安徽。总体来说，中国大多数姓氏都是从中原往南迁徙，吴姓的迁徙方式却不太一样，它先在南边形成规模，接着往北发展，不过造成的结果倒是一样的。历经各种战乱，吴姓在全国各地落地生根。大概三国时就已经有吴国的吴姓人到了台湾，现在吴姓也是台湾的大姓，吴姓人口数量一直排在第六、七名。

民国初年，吴姓出了一位著名的将军——吴佩孚，他身为大军阀，晚年拒绝与日本侵略者合作，非常有民族气节。吴佩孚是秀才出身，是有文化的，他对自己的姓氏非常自豪，常常自己研究，结果他发现自己和当时的日本天皇居然是同辈，都是吴太伯第121代子孙。这事就很有意思了。怎么回事呢？据说，当年吴国被越国灭掉以后，有一批遗民东渡到了日本，天长日久就逐渐融合到日本民族中，其中的一支后来演变为日本的皇室。汉、魏至隋唐时，日本吴人怀念故土，倭王曾多次派遣使者来朝拜大陆王朝，并郑重表明：日本王室是吴太伯的后裔。我国的史书《魏略》《晋书》《梁书》《北史》《路史》，对此都有记载。数千年来，他们一直保留着自己的血缘标志"吴"，并衍生出今天的"吴服"、"吴汉"、"吴服部"等日本姓氏。可见，日本人还与吴姓人有这么悠久的血缘关系。

说完了日本，我们再来说越南。越国灭掉吴国以后，很多吴人被抓到了越国，还有些吴人自己跑到越国去了。后来越国又灭亡了，吴人又跟着越人相继南迁，逐渐就到达了今天的越南地区，成为最早一批移居越南的吴姓人。秦汉以后，内地的吴姓人因为做官、经商、寻亲、从军等原因，也有不少移居到了越南。唐代中期，有一个叫吴纳的人当了越南一个地方的刺史（见《元和姓纂》），可见当时已经有人在越南当官了。迁到越南的吴姓子孙，不断开拓进取、建功立业，到了五代时期，一个叫吴权的吴姓子孙居然在越南建立了一个朝代——吴朝。可惜的是，吴朝只经历了吴权和吴昌炽父子两代，就被后面的丁朝给取代了。吴朝灭亡了，但吴权的后裔散落在越南各地，出现过很多杰出人物：越南第一部编年体史书《大越史记全书》就是一个叫吴士连的史学家写成的，而越南最后一位比较著名的吴氏子孙，年轻的朋友可能都不知道，我这个年龄的人可还记着，那就是南越最后一位总统——吴庭艳。

今天，吴姓是中国第 10 大姓，人口 2400 万，约占全国人数的 1.9%。

和吴姓有关的故事有很多，我在这里只想给大家介绍一个典故。历史上有一句专门对官员说的话，叫"你要不惧贪泉"，现在这话没什么人讲了。什么叫贪泉呢？

话说东晋的时候，有一个人姓吴名隐之，他还有个哥哥，叫吴坦之。兄弟两个家境贫寒，相依为命，但非常友爱。吴隐之年轻时，就以博学、孝悌闻名于世，他曾为自己的父母哭丧，哭成了什么样？不仅把路上的行人都感动哭了，而且哭得"双鹤哀鸣"——两只鹤停在他父母的墓面前，也在那儿哀鸣，可见这吴隐之有多么孝顺。有一次，吴坦之冒犯了一个非常重要的官员，差点被处死，吴隐之冲过去说："我愿意替我的哥哥死！"他的行为感动了当时一个极其有名的人物——桓温，并得到了恒温的赏识。从此，吴隐之的官就越当越大。

吴隐之虽然官当得很大，却非常地廉洁：身穿布衣，出门不坐车；他的妻子贵为太守夫人，居然亲自织布，并且自己到集市上去买柴，还自己背回家。可见他有多么清廉。有一次吴隐之要嫁闺女，当时的名人谢石就想：好朋友家要嫁闺女了，可他这么廉洁，送什么好呢？想来想去，最后想：不如这样吧，派自家最好的厨子去给吴隐之做宴席。谢石家的厨子带着家伙什儿到吴家一看，惊呆了：家贫如洗，而吴隐之的丫鬟牵着一条狗正要出门。厨子问："你牵狗干吗？"她说："我家老爷今天要嫁闺女，没钱了，准备把这条狗卖了，卖了钱来嫁女儿。"吴隐之就是这么一个人。

后来吴隐之又官至广州刺史。广州城外 20 里，有一处泉水，名字叫贪泉，据说官员一喝这贪泉水，就控制不住想贪污，真是见了鬼。所以当地的官员经常贪污，一贪污就被抓，抓了以后他就检讨："不是我想贪，是因为我口渴喝了贪泉水，我控制不了自己，我不能算正常人了。"很多官员都用这个做借口，甚至逃脱了制裁。当时人迷信啊。吴隐之就说："我就不信，贪就是你要贪，跟泉水有什么关系啊？"大家说："哎，长官，这个水不能喝啊。"吴隐之不听这一套，就跑到贪泉旁边咕咚咕咚喝了一肚子水，喝完以后还吟了一首诗，"古人云此水，一歃怀千金"，只要喝了这个水，一大把钱就揣兜儿里了。"试使夷齐饮，终当不易心"！换个人喝喝看，换了像夷齐这样的古代贤人来喝，喝死了都不可能变心。吴隐之的以身作则，改变了当时广州的官风，受到了东晋皇帝的褒奖。唐代魏征在编《晋书》的时候这样评价吴隐之："晋代良能，此焉为最。"意思是，晋代的好官员里，吴隐之排第一。这是很高的荣誉了。今天大家如果到广州去旅游，还可以在广州的博物馆里看到一块石碑，上面刻着两个字——贪泉，这就是纪念吴隐之的。不惧贪泉的故事，就是吴姓的一个优秀子孙留给我们的，我认为这是一种很好的教育或者启示。

吴姓如此精彩，接下来的郑姓和王姓也精彩非凡。

⊙ 天下郑氏出荥阳

> 有着"天下郑氏出荥阳"的郑姓，其姓源不算复杂，也是一
> 个比较好听的姓。而接下来的王姓，就不那么单纯了，它的复杂
> 远远超出了人们的想象。那么郑姓是如何得姓的？它的得姓始祖
> 是谁呢？

郑姓的来源很简单，也来源于姬姓，是黄帝的后裔。我们知道，很多姓的第一世祖是有封国的，往往这个姓也就是他们祖先的封国名。郑国也不例外，郑姓就来自于第一代郑国国君——郑桓公。郑国贵族的后人中有人在汉代当过大司农，这一支的后代迁到了河南开封，从此定居在那里。晋朝曾在开封一带设置了一个叫荥阳的郡，从那时起，天下郑姓都说自己出自荥阳。不信的话，姓郑的朋友可以回去问问家里老辈。因此，一般认为，郑姓的主要发源地就在河南中部一带。

第二个来源：改姓。有些姓不好听，比如姓苟的、姓朱的。还有姓钱的，也不太好听——你好不容易当上个科长，人家喊你钱（前）科长，你到底是现任的，还是过去的，对不对？但是郑这个姓就非常好，所以有很多人会改姓郑。最有名的改姓郑的是谁？郑和。郑和本来姓马，名三保，回族人，信仰伊斯兰教，因为军功赫赫，被明成祖朱棣御赐姓郑。这是中国海洋梦的一个骄傲。明成祖的时候，郑和就已经率领船队远航到了非洲，多了不起。要知道，当时的地理大发现还没开始呢，西方的环球航行也没影呢，中国的郑和就已经几次下西洋。今天在马来西亚等地，还有很多郑和出行留下的遗迹，比如"三保井"、"三保寺"、"三保山"，这些地名无不和郑和有关。

郑是一个非常重要的姓氏。近几年兴起了国学热，国学的一个重要部分便是经学——专门研究儒家经典的一门学问。在历史上，专门研究经学

的学者当中有两位非常著名的郑姓之人——郑众和郑玄，合称"二郑"。这两位比较起来，郑玄的名气更大，他生活在东汉时期，一生精力都耗费在经学研究上。他注过的经书有《易》、《诗》、《书》、《礼记》、《论语》、《孝经》、《尚书》等等，在当时可算作一个百科全书式的学者。郑玄不但在兵荒马乱的东汉享有盛名，一直到今天，也备受后人的敬仰。郑姓有个堂号"博经堂"，说的就是郑玄。或许有人会说，我这支郑姓，不是博经堂之后，是安远堂之后。安远堂是谁呢？是汉宣帝时候的郑吉。郑吉曾经在西域一带打败了车师，被皇帝提拔为司马，又受封为西域都护，封安远侯。这两位郑姓的也是一文一武——文的博经堂，武的安远堂。

春秋时，郑姓主要在中原地区活动；战国时候，郑姓开始进入四川、山西、山东、河北；两汉时期，郑姓由山东进入江浙；两晋时，大批的郑姓先民定居在闽东和闽南，郑姓的活动中心从荥阳这一中原地区开始移到东南沿海。

明末清初，出了郑成功这样一位了不起的历史人物，他的事迹大家耳熟能详，就不用我细说了。我们要说的是一个郑姓文化人——南宋史学家郑樵。郑樵是兴化军莆田人——由此可见，他这一支已经到东南沿海了。郑樵一生不应科举，却著作等身，一部《通志》奠定了他在史学史上的地位。在这部著作中，《氏族略》就是讲姓氏和家族的，里面收录了 2255 个姓。对于郑姓，郑樵就专门研究过，他将郑姓的起源分为 32 门，总论 13 篇。为了研究清楚郑姓的起源，他前前后后研究了 2000 多个姓，比如起源于姬姓、起源于妫姓、起源于姚姓，或者因为地名而得姓，或者因为官职而得姓。照这标准的话，我们这本《百家姓》其实还没有超过郑樵《通志·氏族略》的水平。

由此可见，郑姓也是一个人才辈出的姓氏。现在郑姓在我们的中华姓氏当中排名第 21 位，也是个大姓，人口有 1100 多万，约占全国人口 0.9%，主要分布在广东、浙江、福建三省，中原已经不是郑姓的主要聚居地了。现在郑姓人口最多的是哪个省呢？你想不到的：广东省。广东郑姓的人数占了郑姓总人口的 12%，有 100 多万。

⊙ 王姓多半有贵族血统哟！

从字面理解，多少就可以推测出王姓与皇帝、君王有关的尊贵血统。两汉之际的王莽，更是一个争议人物，做出了很多啼笑皆非的事情，都有哪些呢？

接下来还是一个大姓——王。王当然是个大姓，其来源非常复杂。

一说来自姬姓，周文王之后。周文王第 15 个儿子叫毕公高，他的后代因为自己是王族之后，就改称为王。

二说出于子姓。这一支是商朝忠臣比干之后。比干姓子，是王族，他的后代改过很多姓，其中有些因为自己是王子、王族，就改姓王。

三说出自妫姓，齐太公田和之后。田和先祖田敬仲本是陈国公子，而陈国是周初分封的妫姓诸侯国之一，后因内乱田敬仲投奔齐国。齐被秦国灭了以后，齐国后人因为曾经是王，就改姓王。从妫姓改姓王的这一支里边，出了一个了不起的人物——王莽。过去的教科书中，王莽完全是一个反面人物，一个处心积虑的伪君子，一个篡位者，而现在的史学界对他持一种越来越肯定的态度。因为做伪君子一年、两年是可以的，如果做一辈子，难度是相当高的。王莽就干了这么一件难度极高的事情。照此说法，恐怕他还真是一个君子呢。

我讲了这么多王姓的来源，看上去挺复杂，其实简单总结起来，就是很多王姓都是各个诸侯国的王族后裔。秦国统一天下后，六国子孙中每一国都有改姓王的，这也是保命的方法。你想啊，这么多改姓王的，混在人堆里，谁也认不出来是敌是友。后世很多朝代的王族，也有因各种原因改姓王的：金朝灭亡后，很多贵族改完颜为王姓；为了避免争权夺位引发的动荡，成吉思汗第六子逃到中原，也改姓王；辛亥革命以后，爱新觉罗家族里面就有一支改姓王的。

当然，还有一部分人改姓王是别的原因。大家还记得燕国的太子丹吧？他是个了不起的人物，其后代就被王莽赐姓为王。看过《隋唐演义》的人都知道隋末有一个王世充，可他原本就不姓王，姓支，是西域胡人，因母亲改嫁汉人王氏，才随继父姓王的。

秦汉时期，王姓基本生活在山西的芮城、夏县、蒲县、平陆，河南的开封、虞城、淮县，陕西的咸阳，山东的淄博等等地区。我们可以看到，王姓在当时的分布范围已经扩大成一个个区域了，不像别的姓只是散落分布成一个个点。后来，子姓王氏的后裔中有一支从河南的卫辉迁到了甘肃的天水，山东的东平，河南的新蔡、新野、焦作等地方。两汉之际，因为王莽势力庞大，妫姓王氏繁盛一时。魏晋南北朝时，又出现了中国的名门望族：琅琊王氏。晋皇室南渡以后，著名人物王导对东晋在南方扎根、开拓居功甚伟。有一句话说："王与马，共天下。"其中"马"指的是晋朝皇室司马氏，"王"指的就是王导，王氏能够与司马氏平起平坐共天下，可见其确实权倾一时。当时的王氏占据了所有朝廷高职，甚至掌握了当时的舆论导向，非常显赫。唐朝末年时，福建还是一片荒蛮之地，不像今天这么繁荣，王潮和王审知兄弟两人南迁福建，建立了闽国，由此王审知被称为"开闽第一人"。至今，东南沿海一带的王姓人口数量特别多。

王姓作为一个大姓，典故多得讲不完，和很多其他的大姓一样，一个王姓我们就可以至少讲300讲。在这里我就想讲一点，即王姓对于中国姓氏文化的独特影响。

大家都听过《百家讲坛》易中天先生讲三国，也都看过《三国演义》，不知道大家有没有发现三国姓氏文化的一个特点——《三国演义》中的人物多是单名。张飞、刘备、马超、赵云、吕布、董卓、诸葛亮、曹操、孙权、孙策、孙坚、鲁肃……怎么都是单名？想过吗？易先生好像忘了讲。

　　按照中国姓氏文化的传统，单名是很少见的。因为家族起名时需要有一个排行字，像我钱文忠名字中间这个"文"字是老祖宗定的，我爹不能改，我爷爷也不能改，后面那个"忠"字专属于我。而且，在魏晋南北朝的时候，人们是非常讲究出身的，一个人是不是名门望族，最好一眼就能看出来：你是哪一支的、哪一辈的，名字里都带着呢。那为什么偏偏三国时，出现这么多单名啊？这个反常的现象大家可能都没太留意。说起来传统文化里边的奥妙实在太大了，这事儿是谁干的呢？王莽。原来，王莽曾经颁布了一条法律，规定"去二名"，也就是不准用两个字的名字，而且还补充了一条——一旦人犯了罪，名字就得改回两个字。这样一来，没有犯过错误的人都是单名，犯了错误的都是两个字的名，这下犯没犯过错从名字上就区分出来了。王莽这个人特别坚持"王子犯法，与庶民同罪"，他对自己家人也是高标准、严要求，他自己有一个孩子犯了法，就逼孩子自杀了。为此，很多人说王莽是伪君子。如果这叫伪君子，那真就没法说了。王莽的长孙王宗也曾犯了法，自杀了。但人死了还不算完，王莽说："宗本名会宗，因制作（注：古代法律旧称）去名，今复名会宗。"所以王宗就改回了王会宗。

　　就这样，王莽的一条规定影响了一个时代。三国时期上溯到王莽的新朝，还是有点儿年头的，居然一直延续使用着这条法律，可见影响时间之长。后来随着时间推移，这条规矩就作废了，人们的名字又变成以两个字居多了。

　　现在中国人姓名最长的有十三个字。我一直想拜见这位高人的爹妈，问问他们为什么给孩子起这么长的名字。怎么称呼他呢？就跟我们前面讲的九字姓一样：爨邯汕寺武穆云籍鞲。孩子的名字没叫完，人家走出去三里地了。

　　王姓在今天中国人口里排名第二，是超级大姓，人口 9000 万，约占全国人口 7.2%，比排名第一的李姓就少 200 万左右。如果算上海外华人，那还不知道王姓有多少呢。

冯陈褚卫

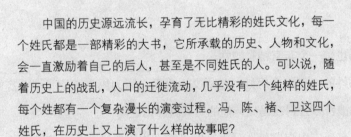

　　中国的历史源远流长，孕育了无比精彩的姓氏文化，每一个姓氏都是一部精彩的大书，它所承载的历史、人物和文化，会一直激励着自己的后人，甚至是不同姓氏的人。可以说，随着历史上的战乱，人口的迁徙流动，几乎没有一个纯粹的姓氏，每个姓都有一个复杂漫长的演变过程。冯、陈、褚、卫这四个姓氏，在历史上又上演了什么样的故事呢？

⊙ 冯姓原来是蛮夷？

冯姓可不是个简单的姓，不但来源复杂，而且迁徙流动性很强。在漫长的历史长河中，冯姓发生过哪些历史演变呢？有过哪些文臣将相呢？

冯也是一个非常精彩的姓。

冯姓的一支出自姬姓，是周文王之后。因为周文王之子毕公高的后裔毕万曾被晋献公封在冯城，他的后人就开始姓冯。

还有一支出自归姓，是春秋时郑国大夫冯简子之后，来自东夷。冯简子跟东夷有什么关系呢？话说上古时期，东夷的一支——归夷，在河南商丘一带活动，后来还建立了一个冯夷国。周初，冯夷国分裂为河宗、冯、邯三国，三国后裔均以国名为姓，有名的冯简子便是其中冯国的后裔。

还有一支冯姓出自颍川（今河南许昌一带），据说是汉代征西大将军冯异的后代，但是再往上就追溯不到了，所以准确性不大好说。还有一支来自上党的，也就是今天山西长治的这支冯姓，据说是西汉左将军冯奉世的后代，但是再往前追溯又查无确证了。

　　冯姓发源于河南。战国末期有一个大将叫冯亭，本是韩国的上党守将，在山西东南一带驻守。后来他归顺了赵国，在长平一役中与赵括一起战死，最后他的宗族就封在了山西、河北。

　　在听我讲姓氏文化的时候，有人可能会纳闷：某个姓现在动辄几千万人，少的也几百万人，怎么当初才几十个人啊？大家可不要小看我们祖宗的生育和繁衍能力，老祖宗历来相信人多力量大，一个生二十个，二十个再各生二十个，就已经五六百人了，这还只不过是小二十年的事情。随着时间流逝，人口呈几何级数增长，速度是惊人的。像冯亭，除了他的子孙，还有不少跟随他的人也以冯为姓，因为平民本来就没有姓，只有有身份的人才有姓。冯亭的后裔出了很多将相，比如秦国丞相冯去疾和他的儿子大将军冯劫。

　　在先秦，冯氏已经有搬到山东的；三国以前，冯氏已经有迁入四川和湖北的；到了东晋末年，河北蓟县的冯姓迁到了辽宁；到了汉唐时期，冯氏的繁衍非常快，从原来的发源地发展到了河南、河北、陕西、福建；唐末黄巢起义的时候，中原冯氏有一支为避乱跑到了福建宁化，分出上杭、漳州、武平等支脉；到了元末的时候，有冯氏出现在广东，后来从广东、福建迁到台湾，迁到海外。

　　冯姓在今天的排名，比一般人想象的靠前，它排在中国姓氏的第31位，人口700万，约占全国人口0.6%，也不小了，绝对是大姓。

⊙ 陈姓分家，史上最牛

在今天的中国姓氏中，陈姓算是超级大姓，排名在第5位。在历史上，陈姓有着不同寻常的故事，直到今天，陈姓人还被祖上的某种精神所鼓舞。这是一种什么精神呢？

接着冯姓我们要讲的又是一个大姓：陈。跟所有的大姓一样，陈的起源也比较复杂。

一支是舜帝的后裔，以国为姓。周武王灭商建立周朝以后，将舜的后人妫满封在陈（今河南省淮阳县），建立了陈国。妫满子孙中有些就以国为姓，这些人即成为陈姓的由来。还有一支，也是陈姓最重要的一支，是齐国王子田珍之后。齐国田氏本姓陈，秦灭齐后，田珍跑到楚国，又改回了陈姓。最后一支是陈国其他公族的后裔。陈国曾经发生过内乱，当时很多公族避居他乡，也多以国为姓。其实，上面这三支本质上是一支，都是妫满建立的陈国后裔。

兄弟民族当中姓陈的也非常多。北魏孝文帝改革时很多鲜卑人改姓为陈；后来的金朝完颜氏，有改姓王的，也有改姓为陈的；蒙古族也有姓陈的，元朝灭亡后，有很多蒙古贵族投降了明朝，朱元璋便赐这些人姓陈；满族陈姓里有两种情况，一种是原来陈姓的汉人编入汉八旗，有的搬到关外去生活，时间长了就成了满族，还有的满族人本来就姓陈；海南的京族里陈是大姓；羌族人里陈也是大姓；明成祖时，山东历城的回族中陈是大姓，这一支被明成祖指派为苏禄王守墓。苏禄王是当年从菲律宾到中国来进贡的一位国王，最后死在了中国，就葬在了山东德州。一直替他看墓的就是这支陈姓的回族族人。几乎所有的民族当中，都有姓陈的。

汉族陈姓，大多源于河南淮阳，至今当地仍有人管自己叫"老陈户"，意为非常古老的陈姓人。唐朝初期和中期，中原陈氏有过两次南迁，全都是迁往福建，这个南迁过程跌宕起伏、非常精彩。

公元 669 年，当时唐朝派河东人陈政任岭南行军总管，率兵镇压福建南部的少数民族叛乱。677 年，陈政去世，他当时只有 20 岁的儿子陈元光接替父亲继续平乱，打了 9 年仗，终于在公元 686 年平定叛乱，报请朝廷批准，设立了一个行政区划——漳州郡（今福建漳州）。陈元光设立的这个行政区划太重要了，所以他有个称号，叫"开漳圣王"，他的子孙后代就被称为陈氏开漳圣王派。这一派非常重要，成为闽、粤、台湾以及南洋陈姓的主要始祖。现在我们到东南亚各地一问："您是陈姓的哪一支？"一般对方都会回答是开漳圣王派之后，就是陈元光之后。台湾如今就有五十三座陈圣王庙，因为有很多台湾人就是从漳州过去的。

陈氏进入广东始于南宋，金兵南侵的时候，中原氏族大批南迁，陈姓也在其列。跟随郑成功入台的很多陈姓人士对台湾的开发都做出了重大贡献。台湾的屯田制度、设立学校等措施，就是一个叫陈永华的福建同安人主持的。顺便提一句，在民间传说里，陈永华还有个更为人熟悉的名字——陈近南。在台湾有一句话，叫作"陈林半天下"，以形容在台湾姓陈、姓林的人数之多，而现在台湾的第一大姓就是陈。

陈氏迁入越南的历史也非常悠久。曾在越南存在达 175 年的陈朝，就是陈姓人于公元 1228 年建立的，直到今天，陈姓还是越南十大姓之一。陈氏移居日本始于明初，大都是明太祖派去的水手。在台湾、广东、浙江，陈都是第一大姓。在福建，陈姓仅次于林姓。总之，陈姓是个非常了不起的姓。

讲到陈姓，就特别要讲一种精神，这种精神曾经支撑了中国上千年的文明。然而，今天这种精神已经被我们逐渐淡忘了，而且将来恐怕会被我们彻底遗忘。什么精神呢？义门精神。

唐代中期，有一个叫陈伯宣的人，跟朋友结伴游览庐山，到庐山一看，觉得当地风光非常美丽，所以他就带领子孙迁居到了江州德安县太平乡长乐里永清村。江州就是今天的九江，德安位于江州之南，所以，这一支被称为江州陈氏。在这一支里，就出现了"义门独著，百犬同牢"这样了不起的事情。据文献记载，义门陈氏初创时只不过父子几人，到了宋朝初期，已经有740多口人。等到仁宗时期，人数已多达3700余人。这一门为什么这么了不起呢？因为他们从没有分过家。3700个陈姓的人同灶而食，专门有管做饭的，一开饭就是300多桌。这可能是中国历史上最早的大食堂了。而且还有家规：按照辈分，长幼有序都坐好了，人都到齐了才能吃。在义门陈氏，没有你的我的、你家我家这一说。耕田，壮劳力全部出动，一起下地；衣服脏了往那儿一扔，家族的妇女就给你洗好了。甚至"百犬同槽"——几百条狗在一起吃饭，用一个槽。而且就连这里的狗都会等狗，缺一条不吃；吃好了一起回狗圈，狗不住在每个人的家，集中住宿，所以叫"百犬同牢"。因为他们太符合中国传统里的仁义之说了，所以人称"义门陈氏"。义门陈氏延续了整整十九代，跨越三百多个春秋。宋太宗曾经为此赞叹："萃居三千口人间第一，合居五百年天下无双。"三百多年的辈分，可以拉开很远的，差五个辈分一点不奇怪，七八个都有可能，但人家就是没有分家。

后来，到了1062年，因为相互照应，抵抗自然灾害的能力也增强了，义门陈氏人口暴涨，对当地造成了巨大的人口压力，满大街都是姓陈的了。于是义门陈氏要分家了，不是姓陈的想分，而是不得不分了。这次分家，号称"史上最牛分家"。谁替他们分的？皇帝。谁具体执行呢？包拯包青天。有人可能要说了，原来包公还管过分家呀。是啊，因为他公平嘛。包公和当时的名臣文彦博专门研究了分家方案，并上报皇帝批准，宋仁宗御赐编号，将家族财产分为291份，然后开始分。这时感人的一幕出现了：虽然包公想分得很平均，但总归有点区别的，陈家人就开始互相谦让了，这就又耽误了很长时间。义门陈氏这次分家后，分流到了今天的江西、河南、浙江、湖北、广西、江苏、广东、福建、山东、上海、天津等地，共 16 个省，125 个县，分出来 291 个村庄。分家以后，到了当地，大家知道他们做的第一件事情是什么吗？在门口挂起一个灯笼，上书"义门"二字。有的地方，这种灯笼到 20 世纪 50 年代都还挂着。一看到这灯笼，人们就知道，这家陈姓是从九江迁出来的，绝不会错。这就是义门陈氏精神。

在中国现代史上，陈姓出现了很多大名鼎鼎的人物。例如中国共产党队伍里的陈独秀、陈毅、陈赓、陈云，国民党中的陈立夫、陈果夫、陈诚等，他们都是义门陈氏之后。义门陈氏的这种精神，实在是难能可贵的。不计较一些私有财产得失，以家族、整体的利益为重，这种精神曾经支撑我们中华民族度过了很多危机。

陈姓在今天的中华姓氏当中排名第 5 位，人口 5800 万，约占全国总人口的 4.7%。

⊙ 血缘最最纯正的褚姓

褚姓是比较特殊的一个姓，和其他姓氏不同的是，它有着比较纯正的来源，这种情况在百家姓中十分少见。这其中的奥秘是什么呢？

我们讲过，《百家姓》是按照朗朗上口的原则排列的。接着陈姓的褚姓，按照人口数量排名可没这么靠前，它是一个人口很少的姓。

褚姓的来源很纯粹，不像别的姓那么复杂，它来源于春秋时期的一个官名——褚师。当时宋国、卫国、郑国都有这个官职，管什么呢？主要分管集市贸易。

据《通志·氏族略》记载，殷商之后，宋国的宋共公有一个孩子曾被封在褚地。这个人道德很高尚，"其德可师"，所以就被称为"褚师"，后来褚师就演变成了一个官名。之后他的子孙就以褚师为姓，并逐渐把师字去掉，就变成了褚姓。

为什么我说褚姓来源很纯粹呢？因为迄今为止，还没有发现赐姓、改姓或者冒充过来的褚姓，从来没哪个皇帝赐人为褚姓，也没有谁说把自己的姓改成褚。当然，我们千万得注意，做人文科学的，特别是做历史学的，有一个规矩，是什么呢？"说有容易说无难"。说有很简单，我在浩瀚的史籍当中，只要看见有一件事，我就可以说这事有；可要说没有，那就太难了，你得把天下的书都看完，确认都没提到，你才能说没有。即便你把书全看完了，确定了书上没有，保不齐哪一天又从地下挖出一个反证来，那就只能算你倒霉。后面我们就会讲到这种事，地下挖出的文物曾改变了我们对某些姓氏的认识。

到现在为止，根据史实我们可以认为褚姓的血缘很单纯，大致上可以说天下褚姓是一家。这种现象在中华姓氏当中是非常独特的，天下王姓、张姓、李姓，包括我的钱姓，同一个姓氏的人都不一定有血缘关系，然而褚姓人肯定有。此外，褚姓出于河南，这一点也是可以肯定的。

褚姓的族人虽不多，但值得褚姓人自豪的是，这个姓氏的人成才比例极高，出的名人也很多。

过去在褚姓的祠堂里有一副最重要的对联，上联是"经学博士补史记"，下联是"书法名家序雁塔"，看着很谦虚，实际上骨子里的骄傲溢于言表。"经学博士"指的是西汉著名的经学家褚少孙，他是颍川（今河南禹州）人，寓居沛县（今江苏北部、山东南部一带），跟刘邦算是半个老乡。他特别擅长研究《诗经》，《鲁诗》里有一个学派叫"褚氏之学"，就是他开创的。而他最突出的贡献是增补了司马迁的《史记》。大家千万不要以为《史记》就是司马迁一个人写的，其实我们今天看到的《史记》里面有很多内容都是后人补充的，褚少孙就是其中最重要的一位补充者。如果我们今天把褚少孙补的那部分内容抽掉，《史记》就不完整了。

"书法名家序雁塔"就更不用说了，指的是唐代大书法家褚遂良。关于褚遂良是哪儿的人，一直没有定论。一种说法说他又名褚河南，还有一种说法认为他是钱塘人，也就是今天浙江杭州一带。哪种说法是对的？没法确定。应该说褚河南比较保险，因为姓褚的祖籍都是河南，至于后来他迁到哪里，咱们就可以不管啦。

"雁塔"指的就是现在西安的文化地标大雁塔。唐朝有一个风俗：新科进士要在雁塔上面题名。褚遂良在雁塔留下了很多墨宝。书法风格方面，褚遂良是承了"二王"遗风，名列唐初四大书法名家。和他齐名的另外三位书法家是欧阳询、虞世南，还有一个大家不太熟的薛稷。

现在在全国的姓氏排行里，褚姓位列 225 位，也不算太靠后了，人口36 万，约占全国人口的 0.029%。褚姓主要居住在两个区域——江浙和渤海湾周边地区。

⊙ 生生被看死的天下第一帅哥卫玠

卫姓的人才数不胜数，曾经出过两位抗击外侮的将军，都叫卫青；而且还出过一个美男子，这就是被"看杀"的卫玠。真是奇了怪了，人怎么会被看死呢？

接着褚姓的是卫姓。卫姓的来源就不像褚姓那么简单了。

第一，出自姬姓。周朝初年，周文王第八子康叔，被封在卫地（位置大致相当于今天河南的杞县）以接管当时的殷商遗民，建立了卫国。秦国一统天下后，卫国的子孙就以国名为姓。所以，这一支卫姓都是周文王的后代。

第二，出自姚姓。除了姬姓卫国以外，在古代传说里，还有一个姚姓卫国。出现两个不同姓氏的卫国，很多人可能觉得这种情况很特别。事实上，春秋战国时期有很多很多的诸侯国，像卫国这种情况很常见，大家不要认为历史上卫国只有一个或者郑国只有一个，在历史上可能有过不止一个吴国、不止一个卫国、不止一个郑国，像卫国就有两个，一个是周文王的后代姓姬的，另一个是姓姚的。

第三，改姓。改姓里边最有意思的是郑姓改卫姓，这里面最有名的是谁呢？鼎鼎大名的西汉大将卫青。他本姓郑，后改名卫青。还有姓李的改成姓卫的，这个太多太复杂了，没法在这里一一列举。此外，鲜卑族也有改成卫姓的。历史上的西汉鲜卑族曾经一度非常有势力，建立过北魏政权。当时北魏孝文帝曾发动改革，实行汉化政策，改汉姓、说汉语、穿汉服，随着这项政策的深入推行，鲜卑族就逐渐融入到汉族当中。现在，恐怕百家姓中的每个姓氏或者主要的汉族姓氏中，都有鲜卑族的血统。

卫姓起源于河南。秦朝时进入河北北部，到了魏晋期间，已经在河南、山西、山东、河北、陕西、四川乃至江苏广泛分布了。其中河南陈留、山西河东两支最为重要。所以当卫姓人被问及"你是哪个卫"，常见的回答要么是陈留卫，要么是河东卫。卫姓也算不上是人口很多的姓，从这个意义上说，它不是一个大姓，但同样人才辈出。

每个家族祠堂的对联，最能反映出这个家族以谁为骄傲了。和前面说过的褚姓一样，过去卫姓的祠堂里也有一副对联，这副对联太妙了，可以说我迄今为止见过的所有对联无出其右。上联叫"两青御外侮"，下联叫"七出立大功"。"两青"是谁呢？是两个卫青！一个是我们前面提过的汉代的卫青，虽然他是改姓的，但是既然改姓了卫，就得进姓卫的祠堂，你不能说卫青原来姓郑，就把他搁郑姓祠堂里。卫青曾七击匈奴无一败绩，立下大功，这了不起吧？有意思的是，在将近一千多年以后的明朝，又出了个卫青。这个卫青也挺厉害的，连续抗倭十几年，打倭寇也很有功。所以叫"两青御外侮"，都是反击外来侵略的战将。

卫姓还有一个非常值得骄傲的事：在姓卫的里面，诞生了中华第一帅哥。中国历史上有四大美女，但没有听说有四大帅哥，其实帅哥排名第一的好像是有公论的，谁呀？卫玠。与他美貌相关的，有一个著名的典故——"看杀卫玠"。

卫玠是西晋著名书法家卫瓘的孙子，出身名门，备受家人宠爱，小名叫叔宝。卫玠长得风神秀逸，极其漂亮。漂亮到什么地步？漂亮到他出门既不坐马车，也不坐牛车，更不坐驴车，而是坐羊车。因为羊比较漂亮，通体雪白的两头羊在前边驾车，更好地衬托出了卫玠的皮肤之白。卫玠还特爱说话，跟人辩论，总能占上风。中国传统养生观念认为说话多伤中气，所以他爹妈怕他说话太多伤了神，就让他少说话多养神。有一次，卫玠坐着羊车来到了洛阳大街上，因为他太漂亮了，结果沿途的居民倾城而出，蜂拥而上，夹道观看卫玠，简直比今天追星族还疯狂一百倍。没想到，居然把他给看死了！中华第一帅哥由于心理压力太大，加之本就体力不够，弱不禁风，就这样被看死了。这就叫"看杀卫玠"。

这个故事见于《世说新语》。这本书也很有意思，同样一个人，同样一件事儿，还有两种记载。另一种记载说，卫玠南渡到了江南，去见大将军王敦。在座的有个人叫谢鲲，也是个能说的，大家彻夜长谈，居然把卫玠给谈死了。总之，这个人是弱不禁风的。但这第一美男子的称号，大概是没有争论的。过去评判一个女孩子好不好，除了漂亮不漂亮，还要看有没有福分，是不是旺夫啊？是不是旺父母啊？是不是宜子（可以生很多儿子）啊？标准跟今天可不一样。过去形容一个女孩子美用哪个词？珠圆玉润。其实珠圆玉润最早就是用来形容卫玠的，跟女孩儿没关系。它是形容卫玠的皮肤像玉一样滋润，肤若凝脂，吹弹可破，明艳照人如同明珠一样。怎么样，卫姓是不是不得了啊？凭这一个美男子就可以傲视群姓了。

卫姓在今天排名 187 位，人口 55 万，占全国总人口的 0.044%，人口并不太多。

蒋沈韩杨

　　寻根溯源，认祖归宗，这是中国人特有的文化传统，不但如此，中国人还以自己姓氏里出的名人为荣。其实历史上每一个姓氏家族都是名人辈出的，接下来的蒋、沈、韩、杨四姓尤其精彩，他们不但来源复杂，而且迁徙流动性很强。那么在这四个姓氏中，到底都发生了什么样的历史演变呢？他们都有哪些为人称道的代表性人物呢？

◎ 江南无二蒋，九子皆封侯

九侯堂是蒋氏的一个重要堂号，南方的蒋姓大都出自这里。那么九侯堂是怎么来的呢？蒋姓历史上都发生过什么样的故事呢？浙江奉化的蒋氏又有着怎样的播迁轨迹呢？

蒋姓的来源，在中华姓氏中不算复杂，它主要的来源还是姬姓。周公的第三个儿子叫伯龄，封在蒋地，建立了蒋国（今河南淮滨）。后来蒋国被楚国灭掉，蒋国子孙就世世代代姓蒋了。说到这儿，大家可能会发现，从某种意义上来讲，中国的姓氏都是姬姓等几个姓演变过来的，而中国的姓氏发源地也大部分在河南，这是中国姓氏的两个重要特点。

第二个来源就是兄弟民族当中的蒋姓。这个来源就比较复杂了，有的可能是汉族姓蒋的到少数民族地区住下不回来了，慢慢地就被当地民族同化了。就像我们钱家曾有一支变成了哈尼族，到今天他们也不知道自己本是汉族，但我们家谱上都有记载。在满族、蒙古族、回族、拉祜族、保安族、布朗族、苗族、瑶族、傣族、土家族、壮族、羌族和苦聪族里都有蒋姓。

怎么回事呢？其中的缘由我后面再给大家讲。

另外，可能还有一支蒋姓是子姓改过来的。《左传·成公十六年》里面，就提到过宋国有一个人叫蒋锄。宋国乃殷商之后，一般是子姓，所以这个蒋锄很可能原来也姓子。当然了，也可能他虽是宋国人，但是是从别的地方来的。

河南是蒋姓的发祥地，楚灭蒋以后，蒋姓人少部分留居在河南，大部分都外迁了。秦汉之际，往西进入陕西，往东迁入山东，主要进入山东东营、广饶一带。至今当地有一门广饶蒋氏，堂号叫乐安堂。蒋姓南迁非常早，汉代就开始南迁了。东汉光武帝建武年间，有个人叫蒋横，遭谗害而死，他的九个儿子分散四方，都跑了。为什么跑呢？那个时候家族中一个人犯了事儿，是有可能要灭族的，没有什么好汉做事好汉当的说法。所以蒋横犯事儿了，九个儿子当然跑得越远越好，免得被斩草除根。后来光武帝醒悟了，觉得蒋横是受了冤枉的，就找到了这九个儿子，全部就地封侯。这时，九个儿子身处何地呢？从他们的封号上就可以看出来：公华侯、会稽侯，迁到浙江绍兴了；临苏侯，已经迁到江苏了；临湖侯、浦亭侯，也都到南方了；临江（今重庆忠县）侯，都已经跑到重庆了；九江侯，已经到江西了；云阳侯，跑到陕西淳化去了；还有一支函亭（今江苏宜兴）侯。兄弟九个都是侯爵，这是很厉害的。所以，蒋氏有个堂号就叫九侯堂。这样一来，蒋姓就成为一个非常典型的南方姓氏。现今南方的很多蒋姓，都是由九侯分出来的。相对于其他八支，宜兴的这一支最为发达，都是函亭侯蒋澄的后代。这一支后来又迁入了浙江，迁到了宁波，并成为望族，其中有一位仕杰公，是宋神宗时金紫光禄大夫蒋浚明的后人，这一支后来又到了浙江奉化武岭禽孝乡（今浙江奉化溪口镇），成为蒋介石的祖先。

蒋姓是大姓，在中国姓氏里排第45位，人口540万，约占全国人口0.43%。本来台湾没什么蒋姓，随着1949年国民党政权退居台湾，浙江、奉化一带的蒋姓都跟随去了台湾，现在那里的蒋姓也特别多。

⊙ 沈姓、冉姓原是一家人？

在历史上，沈姓与冉姓有着莫大的渊源，这到底是怎么一回事呢？"白面书生"这个与沈姓人有关的成语，原来出自一个著名将军之口，他是谁呢？

接在蒋姓后面的是一个非常重要的姓——沈姓。

沈姓的来源就比较复杂了。第一个还是来源于姬姓，但是它是绕了一个弯，来自于姬姓底下的冉姓，是黄帝的后裔。沈本来是夏禹子孙封国的国名。周文王第十子冉季载因为平叛有功，被周公举荐为司空，并且被自己的侄子周成王封在了冉国。因为古时候冉和沈的读音是一样的，冉国又名沈国。春秋时，沈国被蔡国所灭，冉季载的子孙就奔逃到了楚国，为了纪念自己的国家，他们都改姓沈。这是沈姓非常重要的一支。

第二，出自芈姓。芈也是个很古老的姓，最早源于楚国，现在很少见了。楚庄王之子贞被封在沈邑，所以他的后代也以沈为姓。

第三个来源，是夏商时的一个国家沈国，这一支原本既不是姬姓，也不是芈姓，春秋时为晋国所灭，后代便以国为姓。

此外，还有些小的来源。比如楚国有位王族曾当过沈县的令尹，他的子孙就姓沈了。同时，在兄弟民族当中也有很多姓沈的。

沈姓起源于河南安徽交界一带。东汉时，有个叫沈戎的人，他率领家族迁居到了吴兴（今浙江吴兴县），这是沈姓南迁的开始。吴兴沈氏在沈姓历史上太重要了，因为现在姓沈的都相信"天下沈姓出吴兴"，都认为自己是浙江人。到魏晋南北朝时，进一步南迁，到了唐代，沈姓已经散居在江苏、浙江、江西、湖北、湖南、四川等地，并开始逐渐进入福建、台湾、广东等地。

沈姓迁居海外也比较早，而且人比较多。

沈姓是一个很大的姓，在历史上当然名人辈出，有很多典故就跟姓沈的有关。

有个大家都知道的典故：黄粱美梦。这个典故就出自沈既济的作品《枕中记》。沈既济是唐代著名的文学家，今天江苏苏州一带人，他善于写小说，《枕中记》就是他写的一部传奇，后来汤显祖的杂剧《邯郸记》就是从这个传奇故事演化而来的。

还有一个"白面书生"的典故，可能大家就不知道了。今天我们说一个人是个白面书生，潜台词就是：你有什么真本事啊？这个典故是有由来的。南北朝有个人叫沈庆之，特别会打仗，经常打胜仗，后来被封为"建武将军"，专门负责防守边塞。有一天，皇帝想往北扩展领土，就找沈庆之商量。沈庆之说："不行，不能打，没有这个机会，也没有这个力量。"皇帝不耐烦了，就找了两个文官来和沈庆之争辩，争着争着大家吵起来了。沈庆之说："大王，治理国家就像治理家一样，你讨论种田的事情，就要去问每天种田的农民，你要问织布的事情，就得去问织布的女工。大王你现在是要打仗呀，要发兵攻打人家，怎么找两个从来没有打过仗的白面书生来跟我商量啊？"这就是"白面书生"的典故，后来成为一个成语。现在我们说白面书生，是指年轻、没有经验，只知道书本知识、纸上谈兵的人物。"白面"两个字，我们现在主要理解为年轻，但是在过去，白面跟年轻是没有关系的，是指一个人没有打过仗、没有风餐露宿过，所以人比较白。这一点古今意思上有点轻微的变化。

今天沈姓在中华姓氏里刚刚排进前 50 位，排在第 49 位，也算大姓了，人口 470 万，约占全国人口的 0.38%。

⊙ 能让死灰复燃的韩安国

　　韩姓，一个传奇的姓氏。秦灭六国以后，韩国子孙为了避祸，纷纷改姓，其中一部分便改为韩姓。那么是不是现在所有姓韩的都是韩国公族之后呢？

　　接下来我们了解一下韩姓。

　　韩姓的来源非常复杂。其中一种说法认为韩姓是黄帝的后裔。黄帝和嫘祖的第二个儿子昌意犯了错误，被黄帝贬到了弱水之畔。昌意后来生了个儿子叫韩流，韩流的儿子又是谁呢？是五帝之一的颛顼。这就说明上古时就有姓韩的了。这是韩姓来源的一种说法。

　　还有一种说法认为是出自姬姓。周公旦平定管蔡之乱后，曾把周武王最小的儿子封在韩，称韩侯，后来就成为诸侯国韩国。但这个韩国是比较弱小的，后来为晋国所灭。之后他的子孙便以韩为姓。

　　第三种说法认为是出自曲沃桓叔之后。晋国末年，曲沃桓叔的后人韩景侯韩虔参与了三家分晋，建立了战国七雄之一的韩国。历史上秦灭六国始于公元前230年，第一个灭掉的就是韩国。后来秦始皇把韩国公氏诸侯之子安顿在哪里了呢？颍川郡，也就是今天的河南禹州市。所以，颍川韩氏是韩姓最重要的一支，因为是诸侯后裔，历历可考。

　　很多兄弟民族中都有改为韩姓的。鲜卑族里有个很有意思的部落叫出大汗氏，大概因为里面有一个近乎"韩"的音，所以就改姓了韩，出大汗氏还有别称，比如"步大汗"、"步六汗"、"步汗氏"、"潘奚氏"、"破六汗"、"破路汗"、"破洛韩"、"破落韩"，全都是一支，最后都改姓了韩姓；蒙古族里边也有改姓韩的；满族八旗里有一支罕札氏，因为音近于"韩"，所以改姓为韩；锡伯族里哈什胡里氏、韩吉利氏、韩亚喇氏也全部改了韩；黑龙江还有一些部落的民族归属不是很清楚，也以韩为姓；彝族里面也有韩姓。而且，蔺姓、何姓均有出自韩姓的，所以说韩姓来源是非常复杂的。

韩姓最初活跃在山西、陕西一带，到了周初，已经进入到河南、河北。魏晋南北朝时，韩姓在河南地区迅速发展，后来随着战乱开始南迁。现在有三个省的韩姓人口最多——山东、江苏、辽宁，由此可见韩姓分布比较分散，不像有些姓就集中在广东、福建。

历代韩姓名人不少，民间最有名的姓韩的是谁呢？八仙过海里的韩湘子，据说他还是韩愈的后人呢。

此外，民间最感人的孝子是谁？"伯俞泣杖"这个典故里的主人公韩伯俞。韩伯俞小的时候，妈妈对他要求很严格，有时他犯了一点小错，她就拿起拐杖啪啪打一顿。韩伯俞很倔强，挨打的时候从来不哭。老太太打惯了，直到他50来岁时，老太太还是动不动就打他。而每次挨打，韩伯俞还是老老实实跪下让妈妈打。有一天老太太拎起拐杖啪啪打完以后，韩伯俞哭了，号啕大哭。这一哭可把他母亲给惊着了。老太太问："你这小子，从小揍你，你从来没哭过啊，怎么现在都这么大的人了，反倒哭啦？"韩伯俞留下了一段感人的话，他说："小时候您打我，我真的是疼啊！但是我知道您是教训我，所以我不哭。现在我长大了，您打我，我一点疼的感觉都没有，因为我知道妈妈您老了，连打儿子都打不动了，我感到伤心，我感到伺候您、孝敬您的时间越来越少了，所以我哭了。"这就是伯俞泣杖的故事。

还有一个和韩姓相关的典故叫"死灰复燃"，它今天的用法已经跟当初完全不一样了。《史记》记载，西汉时有一个人叫韩安国，是汉景帝的弟弟梁孝王的中大夫。有一次，汉景帝因为有一件小事误会了梁孝王，韩安国不顾安危，去为梁孝王说话。汉景帝弄清楚了真相，梁孝王得到了保全，为此重赏了韩安国，他得到了提拔，也拿到了很多奖赏。后来韩安国恃宠而骄犯了法，被判了罪并流放到蒙地（今安徽的一处地方）。流放到那里以后，当地的小官纷纷落井下石欺负他，韩安国很生气，就说了一句话："死灰独不复然（燃）乎？"你以为我就再没有出头之日了？欺负他的人说："然即溺之。"就你，还死灰复燃？你如果死灰复燃，我就撒泡尿，把你这死灰给浇灭了。虽然受了辱，但韩安国也没办法。没想到后来韩安国果然"死灰复燃"，官复原职。当年欺负他的人知道后吓坏了，赶紧躲了起来。韩安国就放话说："赶紧来给我认罪，不然我就杀你全家。"这个人害怕了，光着膀子就来叩头求饶。韩安国说："你现在可以撒尿了。"这个人吓得面无人色，连连求饶。这就是"死灰复燃"的出处。这个成语原意是虽有暂时的挫折和困难，失去了权力或地位，但是也有可能东山再起的，本来是一个充满希望的褒义词。然而现在死灰复燃变成什么意思了呢？是指销声匿迹了较长时间的坏事情、坏现象、坏风气、坏人物、坏势力又重新出现了，完全是一个贬义词了。

今天韩姓在中华姓氏里排在第 26 位，人口 760 万，约占全国人口 0.6%。

⊙ 天下慎独第一人——杨震

> 杨姓的来历很不寻常，一件普通的青铜器，上面蕴含着怎样的姓氏密码？另外，历史上著名的老字号"四知堂"，和杨姓有什么样的关系呢？

接下来要为大家介绍的是一个大姓——杨姓。杨姓在中国姓氏当中的排行绝对超过大多数人的想象，它排第 6 位，总人口 4000 多万，约占全国人口 2.2%。杨确实是个大姓，只是在我们的印象当中，杨姓的排名貌似没有这么靠前。

杨姓是一个古老而复杂的大姓，来源众多，讲起来很精彩。

第一种说法还是出自姬姓，黄帝之后。西周时，周成王曾把弟弟叔虞封在了今山西西南一带，建都于唐，为唐侯。周康王时，又把叔虞次子杼封为杨侯，封地在今天山西洪洞县周围。后来晋献公灭杨国，封自己的弟弟伯侨于杨，以地取姓即为杨姓。由此伯侨成为这支杨氏的得姓始祖。

第二种说法是出自姞姓。在现有史料记载中，从没提到过中国还有一个"姞"姓杨国。结果，1993年，考古人员在山西曲沃发掘出一个青铜壶，壶上面有铭文，写的是"杨姞乍羞醴壶永宝用"这九个字。著名学者李学勤、王光尧、李博谦三位先生据此推测，历史上还曾经存在过一个姞姓杨国，而且比姬姓杨国还要早，只不过文献上没有记载。姞姓杨国的后代当然也姓杨，这一支也在山西洪洞县附近。

此外，还有很多赐姓。我们知道，隋朝皇帝姓杨，隋初就把很多有功之臣赐姓为杨。比如一个叫杨义臣的，他本姓尉迟，因常在隋文帝杨坚左右侍奉，所以不仅被赐予皇室姓氏，还确定了他在皇族的辈分。这一支现在也算是非常古老的杨姓了。著名的杨家将——杨老令公杨业，效力北汉时曾被北汉皇帝刘崇赐姓刘，改名刘继业，后来归宋后就又改回姓杨了。

还有一种情况和其他姓氏一样，兄弟民族当中也有很多杨姓，比如氐族、白族、纳西族、苗族、回族、蒙族族、朝鲜族、拉祜族、侗族中都有杨姓，著名舞蹈家杨丽萍就是云南的白族。

杨姓的发源地在今天的山西境内，这是毫无疑问的。杨姓也像别的姓一样，随着战乱有过大规模的迁徙。现在湖南的杨姓人氏很多，但是你可能不知道，在明朝初年，长沙、岳阳、常德、益阳、湘潭等地区基本都没什么人的，因为朱元璋当年曾血洗湖南，弄得当地十室九空，找不到几个人了。后来是江西和浙江的杨姓大规模移民进入湖南。所以湖南的杨姓基本来自于江西和浙江。

作为大姓，杨姓名人数不胜数，太多的典故和杨姓有关。比如"歧路亡羊"、"一丘之貉"，这是大家比较熟悉的。我讲个大家不熟悉的。大家听过"北有同仁堂，南有胡庆余堂"这句话吗？这句话说的是两个中药世家——

北方乐家的"同仁堂"和南方胡雪岩创办的"胡庆余堂"。这句话其实不全，因为还有个中间的没提，补全了应该是"北有同仁堂，南有胡庆余堂，中有四知堂"才对。这个中间的"四知堂"就跟杨姓有关，那具体是个什么典故呢？

东汉时有个名士叫杨震。公元108年，他到东莱赴任太守时路过一个叫昌邑的地方。当地的县令王密曾经受过杨震的举荐，所以对他相当感激，一看老长官路过，就赶紧悄悄地去拜访他。他知道杨震为人正直，不喜欢张扬，所以就偷偷地带了十斤黄金，打算送给老长官。一呢，向老长官表达感恩之情；二呢，老长官官越当越大，希望老长官能对自己继续照应。结果杨震一开口，就来了一句："故人知君，君不知故人，何也？"我是你的老朋友，老朋友是了解你的，你怎么不了解你的老朋友了，这是为什么呀？这就明摆着不高兴了：你应该了解我是很正直廉洁的，你拿着黄金来干吗？你来看我一次不就完了吗？结果王密对老长官说："暮夜无知者。"现在是半夜，没人知道啊。接下来杨震又说了一句顶天立地的话："天知、神知、我知、子知，何谓无知？"天知道、神知道、我知道、你知道，怎么叫没人知道啊？这就是非常有名的"四知"，后来这两个字也成为了杨姓的重要堂号，再后来在汝州，这个堂号被杨氏后人用来作为了自己药铺的店名，以此向顾客表明："我做事情，天知、地知、你知、我知，我们是凭良心做的。"在过去，同仁堂、四知堂、胡庆余堂三家齐名，而杨震这句话也成为中国传统文化里非常重要的佳话。

讲到杨姓，有一点我还想强调一下。现在一般碰到姓杨的朋友，问："您贵姓啊？""我姓杨。""哪个杨？""木易杨。"其实，这是错的，简直是大错特错。原来，杨的旁边不是"容易"的"易"，应该是"昜"，字形很像，但是完全不一样。所以根本没有"木易杨"，千万别这么说。当然估计也不好改，因为这个错误太流行了，大家一直都说"木易杨"的。汉字，应该仔细地去看它的笔画，杨的繁体字右半部分本不是易，但当初不知是谁看成或写成了易，就一直将错就错了，后来推广简化字，这个错误就更根深蒂固了。

朱秦尤许

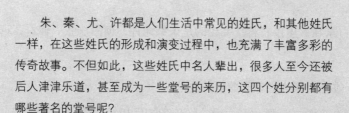

　　朱、秦、尤、许都是人们生活中常见的姓氏，和其他姓氏一样，在这些姓氏的形成和演变过程中，也充满了丰富多彩的传奇故事。不但如此，这些姓氏中名人辈出，很多人至今还被后人津津乐道，甚至成为一些堂号的来历，这四个姓分别都有哪些著名的堂号呢？

⊙ 杀不死的朱姓诤臣

朱姓是比较显赫的姓氏，因为在中国历史上，朱姓称帝的就有 21 个。朱姓大族"折槛堂"的始祖朱云有着怎样刚烈的事迹呢?

《百家姓》里接着蒋沈韩杨的是朱秦尤许、何吕施张。你看，真是句句押韵。

朱姓是中华大姓，来源极其复杂。

一个来源说是颛顼帝之后。颛顼帝的后代被周武王封在邾国，大致相当于今天山东省邹城市一带或费县、邹城、滕州、济宁金乡这一带，在当时是比较偏东的，是鲁国的附庸。这个国家被灭了以后，其后代是怎么改姓朱的呢? 有两种说法：一种说法认为邾国后代因为国家被灭掉了，土地没了，所以就把耳刀 (我们今天这么说，其实是"邑"字旁) 旁给拿掉了，变成了朱；第二种说法认为邾国诸侯的旁系子孙为了表示和嫡长子的区别，就把耳刀旁给去掉了。总之，朱姓最重要的一支就是从邾过来的。

第二个来源是祁姓，是尧帝的儿子丹朱之后，后来的子孙就以朱为姓。

还有一个来源是宋国的开国君主微子启。微子启是商纣王的哥哥，但是是庶兄，不是嫡兄，他有个裔孙叫朱晖。这位裔孙本应姓子，因商朝灭亡而改为姓朱。

其他的就是兄弟民族改汉姓了，比如鲜卑族的朱可浑氏在北魏孝文帝改革时改为朱氏。

朱姓发源于今天的河南、安徽、山东、江苏这一片，比较偏东。后来随着战乱，开始南迁。唐朝末年有个叫朱葆光的迁到了湖南，这是比较明确的。东晋的时候还有一个叫朱玮的，从河南迁到了今天的江西，这一支后来出了朱熹。

所以，朱姓很早就分布到了全国各地。在历史上，朱姓的南方色彩很明显，一直是南方四大姓之一。到了明朝，朱姓成为了国姓，朱元璋分封诸子到各个地方当王，所以朱姓散布全国，成为中国历史上非常显赫的姓氏。朱姓中称帝的就有 21 个人，这点是跟李姓、刘姓有一比的。

说到朱姓的辉煌，我们从堂号也可以看出一二，例如白鹿堂。如果你遇到一个朱姓的人，问他是朱姓哪个堂的，他回答说："白鹿堂。"那就说明他是朱熹的后代，因为这个堂号就源于朱熹曾在白鹿洞书院讲学。再例如居敬堂，"居敬"就是要求一个人平时要非常端敬，要有一种"敬"在身上。朱熹讲学时候曾用"循序渐进、居敬持志"作为教学宗旨，居敬堂这个堂号就是由此而来，因此居敬堂这支中也有朱熹的后代。

朱姓还有一个很常见的堂号叫折槛堂，其中人数众多。这个很奇怪的堂号是什么来历呢？要说明这一点，就不得不提到一个传说中的典故了："朱云折槛"。汉代时有一个叫张禹的奸臣，权倾一时，谁也惹不起。可这么大个人物竟然就被一个叫朱云的小官给参了——这个朱云官不大，也就是槐里的县令，居然就上奏本要求皇帝杀张禹。当时的皇帝汉成帝是很宠幸张禹的，一听这奏本，立马就怒了，当即下令把朱云拖出去斩首。这个朱云太有意思了，一看皇帝要拖他出去杀头，还面不改色，继续滔滔不绝地向皇帝陈说张禹的罪状，大讲一定要杀张禹的道理。这时，刽子手已经拎着刀进来要把朱云给拖走，朱云就是一个文弱的书生啊，被刽子手这一拖就倒地了。倒地以后的朱云太绝了，依然用手扒着门槛，还在说："皇上，您一定得杀张禹啊，留张禹祸国殃民，杀了张禹国泰民安……"刽子手一看，太没面子了，一个文弱书生都拖不动。皇帝更火了，让赶快拖出去砍了。可无论刽子手怎么拖，朱云就是不走，死扒着门槛，一边扒一边说张禹必须要杀。到最后，朱云把门槛都给掰断了，刽子手也累得没劲了，两个人都倒在了地上。皇帝一看：哎呀，这个人太忠心了，不畏强权。于是下令：这事儿就算了吧，不要杀了，并且奖励了朱云。过后，大家一看，皇宫里门槛被朱云给掰断了，于是跟皇帝说："咱修一修吧。"这个蛮昏庸的皇帝这个时候倒挺清醒的，说："不要修了，就让它留着，可以让我检讨自己，多听忠言。"并且号召官员们都向朱云学习。所以，朱氏折槛堂一支基本上就是朱云的后代，这是很清楚的。

朱姓现在在中华姓氏里排名第 13 位，一共 1500 万人，约占全国人口的 1.2%，也是个大姓。

⊙ 秦姓出了个日本首相！

提起秦姓，人们马上就会想到秦朝。事实上，秦姓和秦始皇还真有点关系。甚至有一位日本首相都自称是中国秦氏的后裔，他是谁呢？

接着朱姓的又是一个非常精彩的姓——秦。秦姓的来源不算太复杂。

第一，舜。舜帝有七个朋友，其中有一个叫秦不虚，那么说明舜的时候就已经有秦姓了。

第二，嬴姓的后代。秦国位于今天甘肃天水一带，秦国灭亡以后，嬴姓便以秦为姓。所以我们现在不大能见到姓嬴的，因为嬴姓基本都改姓秦了。

第三，源于姬姓。周文王有个后代封在一个叫秦邑的地方，其后人也就以封地名为姓，改姓秦。

另外就是其他民族的改姓，比如蒙古族穆奇德氏、女真族的抹捻氏以及满族的穆颜氏，都改成秦姓了。

秦姓里边最奇特的一支是来自欧洲，估计这一点很多姓秦的朋友也不一定知道。在中国古代，罗马帝国被称为"大秦"，当时曾有罗马人通过陆上或者海上的丝绸之路来到中国并定居下来，他们的后代慢慢融合在中华民族大家庭里，后来也就舍弃原来姓氏，改姓秦了。这一支说起来血缘就完全是欧洲人了，既不是咱们过去历史上的兄弟民族，也不是汉族，非常特殊。

在中国，秦姓主要分成两支。西北的一支在甘肃天水，多少和秦始皇家有点关系；另外还有一支分布在我国东部和东南部。有意思的是，西北的皇亲国戚那一支的子孙不太多，后来并没有成为秦姓的主干，而东部和东南部这支姬姓的黄帝后代反而枝繁叶茂，成为秦姓的主流。大约在秦汉之际，随着秦朝灭亡，大量嬴姓四处逃散，魏晋南北朝时，很多秦姓已经开始迁往南方江南一代，这样说起来，秦姓散布全国的时间还是比较早的。

不仅如此，秦氏在日本也是一个古代氏族，这一点从流传至今的一些传说中就可以发现蛛丝马迹。根据日本的史书《日本书纪》记载，在公元3世纪前后的东汉时期，秦始皇的后代弓月君（又名融通王）渡海到了日本，并在此定居。雄略天皇以后，这支秦姓已经受到了朝廷的重用，其中一个叫秦河胜的人成为了圣德太子的宠臣，宠信到什么地步呢？让他负责建造了日本最重要的建筑之一——广隆寺。后来，秦姓演变成了一个在日本非常有名的姓——羽田。大家都熟悉的日本前首相羽田孜就曾经在公开场合说："我是中国秦姓的子孙。"承认自己是秦姓后裔。可以说，这是一支现今已经完全融合到日本民族当中的秦姓。

与秦姓相关的典故太多了，比如现在我们说一个人病重，经常这样讲——哎呀，这个人病入膏肓了。"病入膏肓"这个成语大家都用，但是这四个字最早是谁说的？很多人不知道。不是名医扁鹊，也不是神医华佗，而是春秋时期秦国著名的医生秦缓。

还有一个秦姓朋友都不大愿意听的典故——关于油条别名"油炸鬼"的由来。为什么在杭州等地管油条叫"油炸鬼"？就是因为大家恨秦桧。当年秦桧杀害了岳飞，杭州当地的人非常痛恨秦桧。因为在江浙话里"鬼"和秦桧的"桧"是一个音，人们就拿面粉做成一个人形，把它当成秦桧，然后放油里炸，炸完了吃，并给这道食物起名叫"油炸鬼"。前一段有一种说法，说发现了秦桧的遗嘱。很多秦姓子孙希望这个遗嘱的出现能够让大家对秦桧有一个重新的认识。当然这个还要看进一步证据的发展，现在还不好说。

秦姓在今天排在中华姓氏第74位，人口320万，约占全国人口0.26%。

⊙ 尤氏子孙，代代名人

由于人口多少不一，每个姓氏的大小也不一样，尤姓就是一个小姓。不但小，还很年轻，只有一千多年的历史。尤姓在历史上经历过哪些波折呢？

接下来是尤姓。

尤姓是一个非常年轻的姓，跟《百家姓》里其他姓相比，尤姓存在的时间很短，至今只有 1100 多年。也就是说，根据现有的史料，宋朝以前尤姓是不存在的。

尤姓的来历非常有意思。五代的时候，王审知建立了闽国。闽人的沈姓因为和王审知的"审"字同音，为了避讳，就去掉了三点水，改成了形似的尤。所以，尤、沈是一家，许多尤姓人都把沈姓的祖宗认作自己的祖宗。

第二支尤姓出自仇姓。尤和仇古音相同，而且都是一个意思。例如"自招怨尤"这个成语，意思是你不要自己去惹事，不要自己招来仇人。当然仇姓也不是大姓。

另外，非常有意思的是，尤姓虽是一个年轻的姓，而且人口也不多，但是这个姓氏在兄弟民族当中有很多。比如在满族和赫哲族当中就有尤可勒氏改姓为尤；姓尤的回族朋友，其伊斯兰教名本叫尤素福；另外台湾原住民、蒙古、佤族、苗族、羌族都有姓尤的，大多是因为原姓氏和这个字发音相近而改为尤姓。

我们讲过，北宋的时候，尤姓很少。根据《常州府志》记载，宋真宗的时候，泉州晋江有一个叫尤叔保的人。其后一支从福建晋江一带迁到了江苏无锡，成为当地的名门望族。尤叔保的儿子尤大公、孙子尤辉、曾孙尤著、玄孙尤袤和尤梁，尤袤的儿子尤慨，尤袤的孙子尤育、尤耀，尤袤的曾孙尤冰寮，前前后后大概六七代人全部载入史册，个个青史留名，十分了得，被尊为"无锡尤氏"。

元兵南侵的时候，宋兵节节败退。此时，尤姓族人在无锡已经是望族，起源福建的其他尤氏开始南迁到广东等地，后来又跑到了湖北、湖南山区，还有部分从沈姓改来的尤姓人反其道而行之，开始往北进入山西。跑到山西的这一支后来还从山西洪洞大槐树迁出，分散到了北京、江苏、安徽、湖南等地。尤姓在今天的福建、广东潮州、江苏特别多。还有一些迁居到国外，世代繁衍，例如今天的越南胡志明市南部一个叫美托的地方，就是一个尤姓的聚集地。菲律宾还有一位了不起的电脑编程人员叫尤符西，他创造了拼音编码系统，老家就是福建晋江。

尤姓那么年轻，人数当然不多，但是人才很多。像南宋四大家里排在杨万里、范成大、陆游之后的尤袤，就是前面提到的"无锡尤氏"里的尤袤。明清之际，著名的文学家、戏曲家尤侗也是无锡人。现在的"无锡尤氏"人也不多，是一个世代书香之家。

尤姓在今天要说小也不小，它排在全国姓氏第 163 位，人口有 80 多万，占全国人口的 0.064%。由此大家可以想象一下中华民族的繁育能力，1100多年前才有的姓，到今天已经 80 多万了，真不得了。今天尤姓人数比较多的是河南省。但是请注意，尤姓在台湾排进了前 100 名，排在第 84 位，因为当年很多福建人渡海到了台湾，而尤姓毕竟在福建多一些。

⊙ 得了丑妻当宝贝的许允

容貌与才华哪个更重要，古人也会有这种问题。三国时的许允便遭遇了这种两难的抉择，他是怎么做的呢？他最终的选择正确吗？

紧接着尤的又是一个古老的大姓：许。

许的第一个来源是姜姓，是以国为氏。周初，有一个国家封在了许，名为许国。许国被楚国灭掉以后，子孙便以许为氏，这是许氏的正宗。

另外，出自姬姓，是了不起的许由之后。许由是中国古代著名的贤人，尧舜时期的高士。尧帝非常敬重许由，敬重到什么地步？希望把帝位传给他。但许由十分贤良，知道尧帝的想法后赶紧躲了起来，隐居到箕山去耕食，躲着不出来了。尧帝一看，既然许由不愿意为帝，那么就请他来当个大官吧。可许由还是不干，为了表明心意，他做出了一件事情——跑到水边上洗耳朵，意思是说，我把耳朵洗干净，你别让我听到这句话。这就是成语"许由洗耳"的由来。许由洗耳是听了一番话，要把它洗出来，洗耳是为了不听。而今天还有个成语"洗耳恭听"的意思则是：哎哟，我耳朵里是不是有点东西呀，怕您的话我没听清楚，为了表示恭敬，我把它洗干净，拼命听。意思完全不同了。

另外，兄弟民族当中也有许姓。

所以，许姓的来源相对不复杂，主要是姜姓之后、姬姓之后，姜姓就是许国诸侯的后代，姬姓就是洗耳朵的许由之后，剩下的就是来自于兄弟民族的。

许氏的发源地大家都猜得到，是河南许昌。战国的时候，许国因为地域狭小，就一直受到郑国、楚国的逼迫，不得不往河南、安徽一带迁移。许国被楚国灭掉后，许国的后人就迁到了湖北、湖南。当时战事频仍，人们为了躲避战乱四处躲藏，只要哪里不打仗，就往哪里躲，哪里可以跑，就往哪里去，还有一些许姓人一直向北迁移。

到了秦汉之际，许姓已经遍布现在的河南、河北，后来也有一些去了福建等南方地区。到了明代，许姓人氏中最早迁到台湾的有两个，分别叫许冲怀、许申，直到现在台湾姓许的也很多。迁往广东、广西、福建的很多许姓人本是中原的汉族，他们跑到深山里定居后，就慢慢地和当地民族融合了，现在就变成了侗族、壮族、苗族、布依族、土家族。说起来，许姓往深山里跑，一方面是为了躲避战乱，第二个则是受许由的影响——许由是隐居在深山里不出来的圣人，他是许氏家族的骄傲嘛！

许姓出了很多了不起的人物，例如《说文解字》的作者许慎。没有《说文解字》，今天我们汉语言文字怎么研究啊？古文都没法读。可见许慎是一个多么了不起的人。

再例如三国时还有一位大名人许劭，特别擅长给人下评语，他和他的党兄许靖一起办了一个讲坛，常在每月初一发表评价，用一两句话把一个人概括出来，这在当时叫"月旦评"。其中，他对曹操的概括最为精彩——"治世之能臣，乱世之奸雄"。这个评价连曹操自己都觉得说得挺好，入木三分。许劭也算得上是许家的一个大才子。

还有一句我们经常吟诵的诗——"山雨欲来风满楼"，谁都会吟，但这句诗的作者很多人不知道——唐代诗人许浑。

许姓留给我们最有教育意义的一个典故，我要单独举出来——许允的故事。

许允是三国时期魏国人。他风流倜傥，非常有名。据《魏氏春秋》记载，他娶了个太太，姓阮，非常贤德，但是长得很难看。难看到什么地步呢？"允始见愕然。"许允第一次见的时候，吓了个半死：我的天，怎么长成这样？"交礼毕，无复入意。"拜完堂以后，新郎官不入洞房，在门外头待着。这个阮氏夫人对嫁的这个夫君当然比较满意了，这夫君怕见她，得解决问题啊，于是她就派贴身丫鬟去看看为什么夫君不进来。丫鬟去一看，很快就回来了，她告诉夫人说："有客人来了。"夫人说："谁啊？"她说："姓桓。"夫人一听，就说："是必桓范。"——真厉害，马上就知道一定是当时的名士桓范。然后她说："将劝使入也。"桓范一定会劝我的夫君进来。果然，桓范就跟许允说："你不对呀，你不能躲在门外头，你躲不过去的，对吧？而且你也不能躲啊，对你太太不尊重，你要进去。"桓范是大名士，许允也是大名士，两人彼此非常敬重，果然就被劝进来了。进是进来了，可许允看着她实在是不舒服，稍微坐了一坐，站起来就要走。阮氏夫人就拖住许允的裙子（当时男人皆穿裙子），不让他走。许允被拖着走也走不得，气死了，又不愿意看她，一看到她就怕，就问："妇有四德，卿有其几？"过去对传统妇女有四个要求——德、言、容、工，也就是道德、言语、容貌、女红。许允这句话的意思就是——女人要有四样东西，你有几样？话语里透着很大的不满意。结果夫人说："新妇所乏唯容。"我缺的就是容貌，长得不好看。这真是个很了不起的女性，话里话外的意思就是——我就长成这样了，你怎么着？接着她也将了许允一军："士有百行，君有几行？"士大夫、读书人应该有一百种好的行为，你有几种啊？许允多骄傲啊，答曰："皆备。"都有，啥也不缺。这个时候夫人火了，说："士有百行，以德为首，君好色不好德，何为皆备？"君子首先就要有德，你好色不好德，嫌我没色，你还有德呢？还好意思说自己啥也不缺！许允毕竟是了不起的人，不一般，听妻子这么一说，知道自己错了，非常惭愧。据后来史籍记载，"雅相亲重"，夫妻两个人非常好，相敬如宾，彼此尊重，后来还生了两个儿子。这两个儿子的名字也厉害，一个叫奇，一个叫猛。而且，因为夫人非常会教育人，

第六讲 朱秦尤许

077

两个孩子一直名声很好。

许允因为太高傲，后来被权臣司马师杀掉了。被杀之后，他的门生跑来告诉师母："先生被杀了。"这个时候夫人正好在纺纱。一般女性听到这样的消息会怎么样？肯定大惊失色："天啊，谁杀了我家老公啊？这可怎么办啊？"她却神色不变，回答说："早知尔耳。"我早就料到了。门生让师母赶紧把许奇、许猛两个孩子藏起来，夫人却讲："无预诸儿事。"跟这两个儿子没关系。后来她就带着两个儿子搬到了许允的墓旁边住，给许允守墓。司马师杀掉了许允，心里还不踏实，心想：这两个孩子的名字太狠了，一个叫许奇，一个叫许猛，如果这两个孩子像他的父亲那么出色，将来长大了肯定会给自己增加事端。就派钟会来看，准备把两个人都杀掉，斩草除根。许奇、许猛一听说这个消息，就跟妈妈说了，阮氏回答："汝等虽佳，才具不多，率胸怀与会语，便自无忧。不须极哀，会止便止，不可数问朝事。"意思是说：你们两个是好孩子，但是，没有多少了不起的才能，别以为你们有点名声，就敢跟你们爹比。钟会不是来看你们吗，你们就"率胸怀"，敞开了跟钟会谈。没有什么好担忧的。就你们这点本事，敞开了谈也不如你们爹啊，人家不会杀你们的。只是要记得别向钟会打听朝廷里的事儿就行了。两个孩子照此办理，果然平安无事。这就是有名的"许允之妻"的故事。

许姓今天排第 28 位，人口约 730 多万，约占全国人口 0.58%。

何吕施张

《百家姓》中的五百多个姓如果按照人口多少排名，能排进前一百位的就是大姓了。依照这个标准，何、吕、施、张绝对是四个大姓，不但人口众多，而且每个姓氏都有一些声名显赫的历史人物。这四个姓氏的来源都非常复杂，得姓始祖各有特点，是众多姓氏中故事尤为精彩的四个大姓。

⊙ 活着姓何，死了姓方

何姓的来源充分显示了中国姓氏文化的包容性，既有兄弟民族后裔，又有犹太人血统。三国时有一位何姓的美男子被称为"傅粉何郎"，这个称号是怎么来的呢？

我们一般认为姓何的人好像不多，拿我个人经历来讲，我认识的何姓就不多。而实际上何是一个大姓，何姓之大，比咱们很多朋友想象的要大得多。

何姓从哪里来的呢？它有这么几个来源：

第一个来源，非常有意思，出自姬姓。有人会说，这个不奇怪啊，你在前面讲过中国好多姓出自姬姓。但是，何姓的有意思之处在于，何姓不是直接出自姬姓，实际上它是韩字的口误。还记得吗？我们在前文讲过，韩姓的一支就是来自于周武王最小的儿子——韩侯。因此，今天何姓人都说自己是周文王裔孙韩武子韩厥之后，姓韩的人也说始祖是韩厥，如此说来，何姓最早也是姓韩的，来源于姬姓。造成今天这种"同祖不同姓"的原因就是，不知道为什么把韩字的字音读错了，读成何了。所以传统姓氏文化当中何韩是一家，是不能通婚的。

第二个来源——外族中的何姓。大量何姓有着非汉族的血统，甚至外国人的血统。在汉唐时候的西域，月氏人建立过一个康国政权，米国、史国、曹国、何国、安国、小安国、那色波、乌那昌、穆国等这些原来西域的小国都依附在康国之下，这9个姓氏被称为"昭武九姓"，在历史上非常有名。康国政权的大致位置在今天新疆自治区还要往西一点，也就是中亚那几个共和国的位置，今天已经不在中华人民共和国行政区划范围之内了。九姓当中的这一支何姓很重要，咱们今天姓何的朋友多照照镜子，或者看看自家的何姓亲戚，没准就能发现有几个人长着笔挺的鼻梁和微卷的头发，这正是昭武九姓的血统使然。

唐代有个兄弟民族政权叫吐谷浑，其族人中就有何姓。还有，大清朝的前身后金国有一个大将叫何和礼，而他本姓栋鄂，不知道为什么，他和他这一支都以何为姓。

第三，他姓的改姓。在历史上，就有几支改姓何的。最独特的一支何姓在安徽庐江县黄屯，人还挺多，谁的后代呢？明代方孝孺的后代。明代著名学者方孝孺因忠于建文帝而得罪了朱棣，最终遭灭门之灾，而且是灭十族，他有否留下直系后裔一直是个历史谜案。一种说法是，当年有幸存的方孝孺的后代逃到了安徽庐江，隐姓埋名，就改姓了何。这一支今天还保留着家谱，家谱上规定：我们这一支何，生姓何，死姓方。在地上你姓何，在地下你得姓方。当然，在今天的户口本上、身份证上，当然都是姓何的了。所以，这一支比较有意思。

还有非常特殊的一支何姓，一说大家都明白。今天中国最有名的一个何姓家族是谁啊？澳门赌王何鸿燊。大家看，何鸿燊先生的长相就不是咱们普通中国人的长相，实际上，这一支的祖上是来澳门发展的荷兰裔犹太人，他们在澳门已经繁衍几代，成为了当地的第一大望族。

何姓的这四个来源都非常有意思，能够充分说明中国姓氏文化的包容性。大家千万不要狭隘地认为《百家姓》里的姓都是汉族才用，不一定，不仅好多姓的始祖是兄弟民族，甚至有些还是外国人。

何姓很早就在中国北方甚至南方部分地区出现了。先秦的时候，何姓已经分布在今天的山东、河南、湖南、陕西、甘肃、青海一带。发源于安徽的姬姓何氏，世居庐江郡，在庐江就逐渐形成了望族。现在问姓何的人："府上老家哪里啊？"或者说"你的郡望是哪里啊？"很多人会说庐江。还有一支就是前面提到的方孝孺的后代。当然，这两支虽都姓何，但血缘上没有任何关联。

到了汉晋时期，何姓已经分布于长江南北和江苏、江西、湖北、四川等地。到了东汉晚期，何姓人已经越过武夷山进入福建，翻越南岭进入了广东。唐朝的时候，第二次大规模的移民开始了，何姓大规模地进入江西、福建、浙江。明朝末年，有一个姓何的人到了台湾，从此何姓在台湾也有了。也许大家会觉得奇怪，一个人能有多大的影响力？其实一点不奇怪，大家想，今天咱们任何一个姓，在商代的时候才几个人？今天我们讲一个再小的姓都是几十万人，大姓都是上千万。你再往前推几千年，恐怕就几个人是这个姓。

庐江何氏这一支，从东汉末年到南朝，大概300多年间，不算野史记载，仅见于正规史籍的居然有十代48个人。这只是一个地方的一支，而当时庐江何氏没多少人，居然连续十代有48个人名列正史，这是不得了的事情。何氏人才之盛，由此可见一斑。

我们前面提到过一个美男子叫卫玠，长得珠圆玉润，对吧？那跟他齐名的美男子是谁呢？傅粉何郎——脸上像扑着粉一样的何郎。这是很有名的一个典故，说的就是何晏。何晏哪年出生不知道，我们只知道他是公元

249 年被杀的，河南南阳人。他是三国时魏国著名的玄学家、汉朝大将军何进之孙。当然还有一种说法认为，何晏是何进的侄孙。反正，总归就是何进他们家人。何家很厉害，出了很多大将军。何晏的父亲很早就去世了，他的妈妈尹氏夫人后来嫁给了曹操，成为了曹操的妾。曹操气量很大，既然娶了尹氏，就把何晏收为了养子。何晏很受曹操的宠爱，少年的时候以才华著称，好老庄，还娶了一个曹魏的金乡公主。因为他也算是曹操的儿子嘛，待遇跟曹丕差不多。曹丕称何晏为什么？假子，也就是假儿子。我们现在民间的叫法叫拖油瓶，是他妈带过来的。当时的皇帝知道何晏比较浮华——非常有才华，但是很浮，虽是个才子，但没有什么实际工作经验，所以就没有给他官做，只给了一些荣誉称号，没有给他实职。

正始年间（公元 240—249 年），曹爽当政，何晏党附曹爽，一下子当了很多官——侍中、吏部尚书、典选举、列侯，日益权高位重，后来就被司马懿杀了，而且灭了他三族。要说何晏这一辈子结局不好的主要原因，就是长得太漂亮了，招人嫉妒招人恨。

现在咱们看到一个美男子往往会羡慕他。可是大家别忘了，有多少人羡慕就有多少人恨，所谓羡慕嫉妒恨都是连着的，何晏就是被羡慕嫉妒恨的一位。

何晏他漂亮到什么地步？皮肤洁白、细腻，无与伦比，平时也喜欢打扮，特别好穿别致的衣服。魏明帝说："我没见过长得那么白的男人啊，怎么那么白呢？"底下就有羡慕嫉妒恨的人说："他哪有那么白，都是因为脸上涂了好多粉，所以才那么白啊。"魏明帝说："哟，也是，这么着，我要看看他到底涂了粉没有，到底涂了多少。"这魏明帝也够损的，有一天天特别热，魏明帝说："何晏，你过来，赏你一碗热汤面吃。"皇帝赏面那不能不吃啊，于是何晏开始吃面，天又热，面又烫，吃得大汗淋漓。魏明帝一边看一边想："如果抹粉的话，肯定得露馅。"何晏一边吃一边热得拿袍子袖子擦脸。结果怎么着？擦完以后一抹，更白了。魏明帝这才知道，这个人是真白，天下第一白的人应该就是何晏了。所以就有了这个成语"傅粉何郎"，意思就是，他没抹过粉，天生的白。

何姓在今天排在中国姓氏第几位，大家猜得到吗？18位。很厉害的，所以是个大姓，比咱们想象的大吧？人口1300多万，抵人家欧洲一个小国家的人口了，约占全国总人口的1.06%。换句话说，100个人里至少有一个姓何的。

⊙ 吕家祖上姜子牙

说到姜姓，很多人都知道是姜子牙的后人。但没有人会想到，姜姓其实和吕姓有很大的渊源，两个姓之间有着什么样的故事呢？

人们大多以为姓吕的人不太多，其实不是这么回事，吕是个大姓。

吕的第一个起源是姜姓——炎帝之后，是以国为氏，始祖是我们都知道的齐太公吕尚。咱们可以想象一下，就一个吕尚代代繁衍至今几千年，生出100万人没什么神奇的。

第二，出自姬姓魏氏。春秋时，晋国公子重耳外逃的时候，追随人当中有一个人叫魏犨——魏武子。后来重耳回国当上了国君，魏犨就被封为大夫，魏犨的儿子魏锜被封在两个地方，一个地方叫吕，一个地方叫厨。被封在吕地这一支魏犨子孙就以地方为姓，改姓吕。

还有兄弟民族改姓的。北魏孝文帝的时候，代北（今天山西北部一带）有一支鲜卑族叫叱吕，后来叱吕氏就改成了吕氏。如今鲜卑族早已经没了，早已融入到咱们民族大家庭里，因此这一支现在已经分辨不出来了。姓吕的朋友如果老家是山西北部或者偏北的，那么你的血缘就又多了一种可能。

同时，满族、黎族、土族、蒙古族、土家族、朝鲜族都有吕姓。至于吕姓具体是怎么融入这些兄弟民族的，有的能说得清楚，有的就不一定能说清楚了。

吕姓的迁移非常频繁，因此分布广泛。我们知道，历史上以同一个姓氏为名的国家通常不会只有一个，尤其小国家，封了一个灭掉，再封一个再灭掉，如此循环往复，以同样姓氏命名的国家位置可能完全不同，吕国就是这样。过去历史上就有两个吕国，最早的吕国在南阳，后来的新吕国就在新蔡了。虽然都在今天河南境内，但不是一个地方。其中南阳的吕国灭亡以后，它的部分移民迁到了哪里？湖北蕲春。新蔡的吕国灭亡以后，它的移民就主要分布在河南南部和安徽北部。说到这里，我要强调一点，今天咱们的省际观念很强，安徽、河南、山东、河北，各省分得很清楚，但这是今天的行政区划。在过去分得可没那么清楚，只能说这一片是什么国，那一块是什么国，尤其像交界的地方，根本就说不大清楚的。所以我们只能说，新蔡吕国这支遗民流落到了今天河南南部、安徽北部这两省交界处。

在康公失国以前，齐国有一支吕氏已经散居在了韩、魏、齐、鲁之间，这一支有些子孙很早就到了陕西和甘肃。两汉时期，这支吕氏已经遍布河北、陕西、内蒙古。东汉末年很有名的吕范，就带着自己家里人跑到了安徽寿春（今安徽寿县）。三国的时候，蜀汉的吕凯、魏国的吕虔，他们的后裔非常有势力，迁到了河东（今山西永济县一带）。相比咱们好多往南跑的姓氏，吕姓这一支是往北走。

南北朝的时候，浙江、江苏已经有不少姓吕的人。北宋初年，吕姓进入福建，逐渐到了泉州、漳州，后来又有一些从那里移居广东。康熙年间，吕姓开始移居台湾。当然，也开始大量移居海外。

吕姓作为中国的一大姓氏，各行各业都是名人辈出。例如三国时候的大将吕布，还有一些人和咱们今天用的成语紧密相关："奇货可居"、"一字千金"，跟谁有关？吕不韦。"士别三日当刮目相看"，谁啊？吕蒙。这样的吕姓名人太多太多了。

吕姓在今天的中国姓氏排名中居第 43 位，不仅位居前 100 位，还排进了前 50 位，人口 570 多万，约占全国人口的 0.46%，这是很大的一个数字了。

⊙ 姓方有祸，姓施得福

施姓被很多人说成"方也施"，其实更有故事的拆法应该是"方人也"，为什么这么拆分呢？因为施姓和方姓的关系密切，这就涉及了历史上一个著名的悲情人物。

吕以后就是施姓。

施姓是一个很古老的姓氏，它的第一个起源是姬姓。春秋时候鲁惠公有个儿子叫尾生，字施父。自此以后他的后代就都姓施了，这是一支。

第二，夏代的时候有一个施国，施国的后人就以国名为姓。这一支施氏所在的地方在恩施（今湖北恩施一带），这个地名至今未改，挨着今天的神农架一带。这一支和上面提到的那支，没有任何亲戚关系。

还有一支出自子姓。商代有七族，七族是指什么？七个行业，七种分工。比如说后来咱们讲的士、农、工、商，叫四族，对不对？或者叫四民。商代七族里面有一族的祖先就叫施氏，干吗的？做旗子的。这个职业其实也正是"施"字本来的意思，后来这一些人就索性以职业为姓，成为施姓的一支。

还有一支来自我们前面讲过的方孝孺。前面我们刚讲了方孝孺后人中有一支改姓何的，另外有一支就改姓了施。为什么改姓施呢？施字大家写写看，怎么念？方人也。将施字拆成"方人也"，这非常妙。后来这些人没有再改回去，就世代姓施了。

还有一些，我们都能猜到了，是兄弟民族的汉姓。比如以海螺为图腾的云南白族，大概因为海螺扭来扭去比较像篆体施字，所以就姓了施。再比如，世代居住在沈阳的满族有施姓，还有京族、彝族、苗族、蒙古族、羌族、傣族、怒族、纳西族、傈僳族都有施姓，这些施姓的具体来源就说不清楚了，很有可能就是有个汉族人流落到当地，娶了当地的姑娘，久而久之，他就变成了那个民族的人了，子孙沿用父姓，但可能连汉语都不会讲。

先秦时，施姓主要在山东、安徽一带活动，随后西迁到河南北部，接着南下到湖北恩施地区，从恩施又进入湖南、贵州，其中有一支西迁到四川泸州和云南的洱源地区，就成为西南施姓的主要来源。今天中国西南地区姓施的很多，就是这么来的。

安徽古施国南下的一支，是施姓当中最重要的一支，这一支在唐代已经在浙江湖州形成了望族。到了唐宋，施姓遍布江南各地。这个原因我再三解释过，道理很简单，只要一家迁过去，繁衍几十年以后再看，就蔚为大观了。

宋元明 600 多年间，施姓人口主要是往东南地区迁移，苏、浙、赣、闽等地都是施姓比较多的地方，西南还有一些。北方姓施的不多，不是施姓的主要聚居地。

施姓人物多了，我就随便举两个，一文一武。

文的——施耐庵（1296—1371），江苏兴化人，祖籍泰州海陵县，住在苏州，写就了大家都知道的名著《水浒传》。

武的——施琅（1621—1696），祖籍福建晋江，是个很厉害的人物。施琅最早是郑芝龙的部下，降清以后，平台湾，灭郑氏，封靖海侯，谥号襄壮。没有施琅，康熙收得回台湾吗？很难说。最起码收回台湾的历史进程就完全不一样了。

施姓在今天排进了中国姓氏前100位，第97位，人口210万，占全国人口约0.17%，换句话说一千个人里就有一个姓施的。

⊙ "弓长张" 真与弓箭有关

张姓很普通，我们介绍这个姓的时候常将其拆成"弓长"二字，顾名思义，其得姓来源最早是和制造弓箭的人有关。如果说张姓起初是和武相关，到了后世张姓又和文扯上了关系——通俗的打油诗就是张姓人发明的，是谁呢？

接下来是一个超级大姓——张。

张姓的来源跟我们讲的"弓长张"还是很相关的，是黄帝之后挥的后代。挥是干吗的呢？弓正（古时官衔名）。一听就知道了，做弓箭、制造军火的，用现在话讲就是装备部的一个领导。后来他的后人就以职业为姓，改姓张。因为这一支一直住在青阳（今河北清河县东），所以被称为河北张氏。这是张姓中最重要的一支，是张氏的主体。

另外一支也是黄帝的后代，但是不像挥与黄帝血缘那么近。这一支的祖先是谁呢？晋国一个叫解张的大夫。这个大夫字张侯，所以他的子孙就姓张了，跟做弓箭没什么关系。这支张氏历代都在晋国当官。公元前403年，历史上发生了三家分晋事件，韩、赵、魏三家把晋国给分了。于是，解张的子孙除部分留居当地以外，大部分就开始随三国都城的迁移而迁移，逐渐分成了山西、河北、河南的张氏。所以河北张氏除了挥的后代，还有一支就是解张的后代。这两支有着很遥远的血缘联系。

第三种，出自赐姓或者是改姓。比如云南的南蛮部落有个首领叫龙佑那，三国的时候诸葛亮就赐其姓张。当时有些兄弟民族没有姓，动不动就爱赐姓的诸葛亮就说：你们这一片的人姓什么，那一片的人姓什么。这就是云南这个部落张姓的由来。所以云南的张姓除了外边迁进去的，还有很多是土生土长的南方当地人。还有很多张姓是自己改的，最有名的是谁呢？魏国的大将张辽。这人本不姓张，而是姓聂。

还有很多兄弟民族，像女真、鲜卑、匈奴、契丹等民族当中的好多人因各种原因而改姓了汉姓张。

韩、魏、赵瓜分晋国之后，张姓人口就开始散到三个诸侯国。根据记载，晋朝的时候，中原的张氏已经开始迁到福建了。唐高宗年间，跟随着陈政、陈元光父子，中原张姓大规模地往东南沿海走，参与开发了漳州、泉州。后来王潮、王审知入闽，又有河南固始一带的一支张姓随同前往。渐渐地，福建张氏就成为张姓的一个重要组成部分。

清初开始，闽、越的张氏就陆续有人迁居台湾，后来又到海外去谋生。

从今天的状况来看，张氏以北方人居多，主要是汉族。当然在别的民族当中也有，也很复杂。作为顶级的大姓，张姓可以讲的故事太多了。大家翻开《二十四史》，哪一部史里面没有姓张的？讲不胜讲。所以我就不讲这些非常堂皇的人物，来讲一个大家不太知道的人物。

随着传统文化的复兴，很多人特别喜欢写古体诗，诸如七律、绝句之类。但是现代人和传统文化毕竟间隔得比较远，所以写出来的往往是打油诗。可是大家知道么，打油诗不是新东西，唐朝就有了。谁发明的？一个姓张的人。谁呢？张打油。张打油是河南南阳人，其真名不为人知，人们都叫他张打油。关于他的身份，一种说法是读书人，还有一种说法就是一游民，反正没什么名气。但是这个人特别会写诗，他写出来的诗跟当时李白、杜甫的诗都不像，有点像顺口溜，因为他叫张打油，人们就称他写出来的为"打油诗"。最有名的一首打油诗是《咏雪》。这题目多好啊，怎么写的呢？

有一天，南阳一片大雪，千里冰封，到处白茫茫一片。有人说："哎，张打油，来首诗。"张打油说："行，我来一首《咏雪》，就四句：'江山一笼统，井上黑窟窿。黄狗身上白，白狗身上肿。'""江山一笼统"，到处都是白色的，所以说一笼统；"井上黑窟窿"，雪一掉进井水里就化了，显得井上有一窟窿；"黄狗身上白"，黄的狗，雪给它盖住，变白狗了；"白狗身上肿"，白上加白，狗肿起来了。这首诗很有名，是中国第一打油诗，多么棒的一首诗！现在咱们写古体诗的人，绝大多数都只能写成打油诗的水平，那可是要奉张打油为祖师爷的。

家里有茶缸的人不知道有没有注意过，茶缸外壁上老有一些格言，其中好多都印有一首《百忍歌》。说的是要忍耐、忍是福之类的训诫。其实，《百忍歌》是张氏的家训，是隋唐时以治家有方著称的张公艺的作品，意思是说：人在不如意的时候，碰到困难和挫折的时候，要多忍一忍。我建议大家多看看这个张氏的家训，对于我们的修养大有好处。

张姓在中国姓氏里排名第三位，人口8500万，占全国总人口的6.79%，这可是不得了的。换句话说，100个人当中有将近7个姓张，这当然是超级大姓了。

孔曹严华

　　中华文化历史悠久，就连它孕育的姓氏文化也丰富多变。孔、曹、严、华这四个姓的故事各有千秋，精彩纷呈：孔氏族谱非常特殊，对入谱人员有着严格的规定；八仙里的曹国舅原来还有不堪的一面；严姓的得姓始祖本不姓严；华姓的名人华佗真名不叫"佗"……那么，孔、曹、严、华的演变情况又如何呢？

⊙ 不是所有孔姓人都能入族谱

孔姓是一个备受关注的姓氏。孔氏族谱应该是中国历史上延续时间最长、包罗内容最丰富、谱系最完整的一部族谱，它本身也就是一部历史大书，记录了中国历史的演变过程。

由于孔夫子的原因，孔姓一直是一个备受关注的姓氏。这个姓的来源不算复杂，大概有这么几个：

第一，黄帝时代就已经有姓孔的，名字叫孔甲，有意思的是，孔甲的职务也是史官，管记事的。但是孔甲之后的世系没有资料，所以我们不知道他后面的传承情况。

第二大姓源是子姓。这个子姓孔氏又分两支：一支来自商族的始祖契，他的第14代子孙成汤是一个很有名的君王，灭掉了夏朝，建立了商朝，建都于亳。成汤还有一个名字叫大乙，他的子孙里有一支就用他们本来的子姓配上乙字，组成了一个新的姓，这个姓写着写着就写成了孔。这是孔姓的一个来源。

子姓里面的第二支是源于谁呢？商纣王的哥哥微子启死了以后，弟弟继位，而他弟弟有一个后代叫孔父嘉。孔父嘉的后代便以孔为氏，形成了又一支孔氏，这就是大家都知道的孔子这一支。

孔姓还有些其他的来源。例如春秋时期，郑国有出自姬姓的孔，卫国有出自佶姓的孔，陈国有出自妫姓的孔。另外，我们的兄弟民族土家族、苗族、蒙古族、回族、满族等等都有孔姓。这些孔姓，有的是改姓的，也有的可能是姓孔的汉族人融入了那个民族。

孔姓很尊贵，因为孔圣人的原因，所以外姓冒充孔姓的不多。古人还是有点规矩的，想冒姓了，一看是孔夫子的姓，就会不由自主想到：咱别冒了，咱配不上。这就是古人的修养。虽说外姓冒孔姓的不多，但是孔姓内部不同宗的几支中，冒孔父嘉这一支的却很多。明明压根就不是子姓的孔或者子姓里别支的孔，非说自己是孔父嘉的后代，说自己跟孔子是亲戚，这种情况特别多。

孔氏最初的发源地在今天河南商丘一带，到了孔父嘉时，为避祸而逃奔到鲁国，迁到今天山东曲阜一带。通过这样一次历史上最重要的迁徙，孔父嘉这支最重要的孔氏将山东曲阜变成了自己的繁衍根据地。

早期孔子的地位没有什么特别的，只是先秦诸子之一。但是到了汉代以后，孔子的地位越来越高，孔氏就逐渐发展成为一个望族。后来由于当官或战乱的原因，很多孔姓后人开始从山东、河南向其他省份迁徙。

两汉的时候，孔子襄担任长沙太守，孔姓进入了湖南。当时，孔姓还有迁至陕西的。到东汉的时候，河北、河南、广东等地都已经有了孔氏的足迹。东汉末年，孔子22代孙孔潜因避战乱而迁居浙江会稽（今绍兴），并逐渐发展成为望族。所以千万记住，今天的孔姓当中，除了曲阜孔子一系，还有一支特别厉害的，就是会稽孔。

北宋末年发生靖康之变，最正宗的曲阜孔氏随朝廷南迁。迁到哪里了？

浙江衢州（今浙江和江西交界处）。

元明时期，北方的山西、辽宁和南方的江苏、云南、贵州、四川等地，都有孔姓之族。清代以后，孔姓已经遍布全世界了。

就孔姓而言，咱们就讲子姓孔里面孔父嘉这一支。这一支从孔子算起，到今天已经有 2500 年了，传了 80 多代。孔子之后的几代都是单传，只有一个儿子，大家要知道，在古代这可是非常危险的。因为古人是非常看重传宗接代的，而且官方对儒家文化又这么推崇，孔氏怎么可以绝后呢？但事实就是如此，孔夫子之后四代都是单传，人口增长极其缓慢。一直到了唐朝末年第 42 代孔光嗣的时候，当时在曲阜的孔氏后裔也只有 10 户都不到，孔圣人的血脉岌岌可危。所以，当时外迁的数量很少。直到宋朝以后，孔子的后代人数才开始出现大幅度增长。到了清朝末年，曲阜孔姓有多少人大家知道吗？几万人。随着社会、政治、经济的发展，曲阜的孔姓外迁人口也逐渐增多，但孔子这一系基本还是以曲阜为主要根据地。

北宋靖康元年（1126 年），金兵举兵南犯，掳走了徽宗、钦宗二帝，北宋灭亡。徽宗的第九子康王赵构仓皇南下，抵达了当时的南京（今河南商丘）继承帝位，史称宋高宗，年号建炎，就此开启南宋时代。建炎二年（1128 年），金兵继续南下，高宗君臣移居扬州。这一年的 11 月，要举行郊祀（古时祭祀的一种），宋高宗就召"衍圣公"参加，以表明自己的正统身份。"衍圣公"，是孔子嫡派后裔的世袭封号，开始于西汉元始元年（1 年），当时的汉平帝为了宣扬礼教，封孔子后裔为"褒侯"。之后的千年时间里，封号屡经变化，到宋仁宗至和二年（1055 年）改封为衍圣公，此后就一直沿袭这个封号，它是一种标明正统的文化象征。此时，在曲阜的衍圣公已经是孔子的第 48 代了，名字叫孔端友，奉诏赶赴扬州。一年以后，金兵越打越厉害，气势越来越盛，高宗继续南奔，逃至临安（今杭州一带）。孔端友以及部分孔子后裔也就跟着过来了，并且带了一件宝物，什么宝物呢？

相传是孔子大弟子子贡亲手雕刻的孔子夫妇楷木像。子贡大家都知道，就是孔子弟子当中最有钱、最会做生意的那个，是孔子的得意弟子。相传孔子去世以后，子贡曾守孝六年，在守墓时，他种植了很多楷木（黄连木），并以楷木为材料雕刻了孔子和师母的形象，孔端友从曲阜带到临安的宝物就是这对楷木像。孔端友一行人一路跟随宋高宗到了临安后不久，孔端友上疏给高宗，说自己离乡背井，一直在颠簸，非常凄苦。宋高宗于是下令，赐孔氏族人定居衢州，并且在那里兴建家庙，供奉孔子夫妇楷木像，一切礼仪和曲阜一样，并且拨田作为祭田，用于祭祀孔子。孔氏南宗就此成立。孔子是山东鲁国人士，但是，他后代的正宗在浙江衢州生出了一支，这种播迁正是中国历史有意思的地方。南宗的孔庙修建在了衢州城东北角的菱湖，和曲阜的完全一样，可惜南宋末年毁于战火。

孔端友在衢州复兴孔氏南宗之后，出现了一个非常有意思的情况。什么情况呢？原来，在这样一个政权并立的战乱时期，除了南宋的衍圣公之外，金扶植的傀儡政权伪齐也一度封了一个衍圣公，伪齐被金废掉后，金朝也在曲阜重新敕封衍圣公。这样衍圣公就出现了南北宗并立的情况，而且一直持续到元朝。

元朝统一中国以后，有大臣上疏元世祖说："孔氏南宗、北宗，只应该有一个衍圣公，怎么会有两个呢？按照大宗之法，即嫡长子、嫡长孙这样一路数下去的话，应该是由孔子的嫡传后裔，即衢州的孔端友的后人袭封啊。这个应该是没有争议的。"元世祖一想，这个建议有道理，所以就钦定南宗为衍圣公，并且下令从浙江衢州搬回曲阜，让这一支回到老家去奉祀。

至元十九年（1282 年），南宗的第六代衍圣公，孔端友之后孔洙，奉元世祖之诏入京，对皇帝禀告说："我的六代先祖都葬在衢州，而且建有衢州家庙，自己上有老母，实在不忍放弃衢州的祖坟返回曲阜，我愿意将衍圣公这一爵位让给北宗的族弟。"有一点需要说明一下，孔洙说的这个族弟是个堂弟。要知道，堂一次还不算远，再一堂就远了，有的堂兄弟经常是一排三千里出去了。就拿我自己的堂兄来说，我叔叔或者伯伯的孩子和我是同一个爷爷，对不对？再一堂，一个曾祖父；再一堂，一个高祖父；再堂下去，就更远了。言归正传，孔洙建议让北宗的族弟孔治继承爵位，自己返回衢州奉养老母，元世祖大为赞赏，说："宁违荣而不违亲，真圣人后矣。"宁愿放弃这种荣爵、公爵啊，也不放弃自己的老母亲，真是圣人之后啊。所以，元世祖同意免去他的衍圣公称号，任命他为国子监祭酒和承务郎，提举浙东学校事，也就相当于今天教育厅长这样一个官位。于是，孔氏正宗又移到了曲阜的北宗。因此我们可以知道，曲阜那一支经历了如此的曲折过程。

从元代开始，孔氏族人就开始向海外迁徙了。元代为了控制高丽，采取联姻政策。至正九年（1349年），承懿公主远嫁高丽忠肃王之子，当时孔子的第54代裔孙孔昭作为公主的侍从之一也到了高丽，并且得到高丽王朝的重用，一直官至宰相，还被封为了贵族。死后他葬在昌原，封号昌原君。孔昭的后代在高丽累世为官，三代当中出了两个宰相，孔氏成为了朝鲜南部的望族。今天韩国的孔氏家族的的确确是孔子后裔，这是毫无争议的。后来朝鲜半岛的国王也都崇扬儒学，对孔氏后裔非常优待。

高丽王国正宗十六年（1729年），高丽国王认真研究了孔氏家谱之后规定，今后高丽国孔氏的籍贯写曲阜，不要写昌原。所以，韩国的这支姓孔的也都说自己是山东人，老家在曲阜。现在，韩国孔氏已经传到了第86代，跟中国情况差不多，只不过他们的排名顺序跟曲阜的不太一样。他们有个协会叫"曲阜孔氏韩国大宗会"，认为自己还是大宗，是比较重要的一宗。而且，还经常组团到曲阜来祭祖，并立碑纪念。我查到的1987年韩国人口统计显示，当时韩国的孔子后裔有72382人，一共17207户，一户大概六个人，很不得了。

孔氏最让人称奇的是他的行辈不乱，不管年龄相差多远，看看名字当中第二个字，就能知道他是第几辈。孔子家族的行辈排名确定在明朝，谁定的呢？朱元璋。朱元璋赐给孔氏家族八个字：公、彦、承、弘、闻、贞、尚、胤，排了八辈，辈分很清楚。我们知道，后来因为要避讳，尤其是避皇帝的讳，这八个字有所变动，比如，为了避雍正帝胤禛的讳，"胤"改为了"衍"；为了避乾隆帝弘历的讳，"弘"就变成了"宏"。到了明朝天启年间，这八个字已经不够用了，十代都有了，字用完了，不能排了。于是，65代衍圣公孔胤植又后续了20个字："兴毓传继广，昭宪庆繁祥，令德维垂佑，钦绍念显扬。"孔家的排名都得皇帝批准，不能自己乱造，所以孔胤植又向皇帝奏报，获得了许可。其实到今天为止，据我所知，孔子的嫡系也才到垂字辈，后面几个字还没用呢。但是孔氏家族太大了，民国八年（1919年），76代衍圣公孔令贻觉得字快用完了，心里不踏实，报当时北洋政府的总统批准，又续了20个字。这样的话，大家算算，已经准备到哪一代了？准备到105代了。哪20个字呢？"建道敦安定，懋修肇彝常，裕文焕景瑞，永锡世绪昌。"所以以后如果看到孔姓人名中间的字为"昌"的，那就是孔子第105代后人，一点问题都不会有；如果看到孔绪×，就是孔子第104代。值得一提的是，孔子、孟子、曾子三个家族（还有一说，加上颜姓，共四个家族）都是按照同样的行辈字派排名的，只不过孟姓、曾姓（也许还有颜姓）各降一辈，因为孟子和曾子是孔子的学生，小一辈嘛。而且还有好多别的家族也按照这个行辈字派排，所以这个排序是非常重要的。

孔氏家族的族谱是中国历史上延续时间最长、包罗内容最丰富、谱系最完整的族谱，全世界有没有超过它的我不敢说，但要有也极难。孔氏族谱为什么那么长时间不乱？当然有孔圣人传统这方面的原因，孔氏家族认为，修谱是大事，通过修谱可以达到什么目的呢？十八个字："详世系、联疏亲、厚伦谊、严冒紊、序昭穆、备遗忘。""详世系"，就是世世代代都清楚，都不会忘记。"联疏亲"，就是比较远的亲戚还可以联络。咱们现在实际上隔了三代恐怕就不大走动了，三代以后找都找不着了。再加上现在都是独生子女，也没个舅舅、没个姑妈的，谁还有堂兄弟、表兄弟？都没有了。按照过去的规矩，十代不为亲，如果往上数 11 代才是一个老祖宗的话，那就不大来往了。但是孔子家族不行，这是国家第一文化世家，是要联系疏亲的。"厚伦谊"，伦理、道德、联谊非常讲究。"严冒紊"，要严格防范假冒和紊乱。"序昭穆"，辈分要清楚。"备遗忘"，别把某个子孙给忘记了，不能丢任何一个子孙。此外，修谱还可以有效地防止和清查外孔的渗入，不能让外面的孔姓冒充进来。这是孔氏家族的家规。孔氏家谱从宋朝开始编写，明朝的孔氏家谱还留存至今。民国九年（1920 年），孔氏曾修全族大谱，历经七年修成。

孔氏家谱的规定是非常严格的。例如明朝天启年间就规定，义子不能入孔氏家谱。按照过去的做法，认了一个干儿子，义子就得跟干爹姓了，可以继承遗产，但就是不能入族谱，因为没有孔子的血脉。

到了清朝康熙年间，规定更加详细：

第一，凡不孝、不悌、犯义、僧道、邪巫、优卒、贱役等不准入谱。就是说你不孝、不悌，违反了仁义，是不能入谱的。或者出家当了和尚或道士，都是不能入谱的——作为孔夫子的子孙，儒家的子孙却入了佛家和道家，太不给孔夫子面子了，是可忍孰不可忍。邪巫，算命的、当巫婆的、搞巫术的，也不行。优卒、贱役，一不小心去唱戏了，去做吹鼓手或者给人抬轿子，只要干过这些传统社会认为低人一等的职业，就不能入谱。所以不是所有的孔子后代都在孔氏家谱里面的，有很多是被排除在外的。

第二，修谱都是集资的。规定，每个男丁交八分银子，不交不让入谱，所以也有因交不起这份钱而入不了谱的。孔子后人有很多也是穷人，一家五口人入谱就得要四钱银子，这在当时还算一笔不少的钱的，交不起的也不许入谱。

第三，孔氏子孙不仅行辈字有一定规定，即使用字亦随行辈而定，不准乱用。修谱时，如有不依规定乱取用者，必须改正，否则不得入谱。

还有一点非常有意思，乾隆年间还有个补充的规定："养异姓为子，赘婿冒姓，子随母嫁，携来同居，不得入谱。"什么意思呢？自己没孩子，去悄悄收养了一个，不能入谱，查出来是不得了的事。还有，"赘婿冒姓"，倒插门的不能入谱。咱们中国有倒插门女婿一说，生下来的孩子不能姓男方的姓，要姓女方的姓。但是孔氏家族规定，倒插门的不行，子随母嫁携来同居的拖油瓶也不行。为了防止上述情况出现,孔氏家人还有着相互监督、检举报告的责任，你如果发现某个亲戚家的孩子是认养的，或者是拖油瓶带来的，他虽然也交了八分银子，也要主动举报，不得入谱。

还有一些比较远的孔子族人，已经跑得很远了，自己也修谱，不过修完以后，必须盖上衍圣公的大印才算得到了孔门的认可，不然就是假的，就是外孔。现在盖过印的这种小支派的谱，留下来的只有八部。一般说来，作为圣裔的孔氏宗族，往往自称内孔或真孔，而把同姓不通宗的孔氏称为外孔或伪孔，分得很清楚的。这个里外、真伪是以有没有孔圣人的血脉为标准的，有就是内、就是真，没有就是假、就是外。这个很好理解，孔子的后代很多，历代都有不是孔子血脉的人想冒进去，因为冒进去以后，当官的机会多，而且可以少交税甚至不交税，还可以不服徭役、不当兵。别小看这些福利，这在古时候可不得了的，只要在孔氏家谱上有你的名字，县官都不敢来问你收税。在曲阜以外的孔姓人可不是个个都是孔子的后代，所以在外地有很多人就冒进去了。但是在曲阜很难，因为曲阜的孔氏家族，组织非常严密，大家都严防死守着呢,所以,在曲阜当地,冒宗的情况很少见。但是呢，也有很有意思的时候。

过去的奴仆要跟主人姓的，比如说王家的仆人不管本来姓什么，都得改姓王，都得改叫王生、王富、王贵、王发、王长、王久等这类吉祥的名字。孔家有一个洒扫户，也就是替孔家洒扫厅厨的人，这个人的名字比较绝，叫孔末。孔末这一支有一段时期就是"圣奴"，是算作主人家人的，是入谱的。结果到后来因为有一代衍圣公不允许了，规定孔末的后代不许按照钦赐行辈排名，最终就被踢出去了。但是在早年一段时期，这一支确实又是在孔氏家谱里边的。

第77代衍圣公叫孔德成，1920年出生。出生100天时，当时的大总统徐世昌颁布总统令，让他承袭衍圣公爵位。1935年，孔德成有感世袭爵位与民国体制不相称，主动请求南京国民政府撤销"衍圣公"之爵号。国民政府于是改封号为"大成至圣先师奉祀官"，并且在7月8日，由陈立夫主持，戴传贤监督，在南京宣誓就职，蒋委员长还亲临祝贺。1936年，孔德成娶了前清重臣孙家鼐的曾孙女孙琪方为妻。1949年，国民政府迁台，孔德成先生也就到台湾去了，还建立了台北家庙，接着当他的"大成至圣先师奉祀官"。孔德成到台湾后，专门研究商周青铜礼器，研究三礼——《礼记》、《仪礼》、《周礼》。2008年10月28日上午10点50分，孔德成因为心肺功能衰竭在台北慈济医院安详辞世，享年89岁。他的下一辈是维字辈，长女维鄂，次女维崍，长子维益，次子维宁。长孙叫孔垂长，2009年9月继任"大成至圣先师奉祀官"。

孔姓在今天中国姓氏里排在第83位，总人口约270万，约占全国人口0.22%。

⊙ 曹国舅是个大坏蛋！

曹姓的始祖是个什么官？戏曲节目里的曹国舅鼻子上为什么有一点白？晋商里的曹家生意有多大？在漫长的历史长河中，曹姓留下了太多的精彩故事。

曹姓是大姓，它不像孔姓，虽然有三种姓源，但毕竟还是清楚的，曹姓的姓源相当复杂。

第一，赐受曹官，以官为氏。大禹治水的时候，有一个人因为治水有功被封为曹官。"曹"字的本意是什么呢？环土围绕。大家看这个字，插了好多木杠一样的东西，曹官是干吗的？监狱官，看守奴隶的。这一支的后代就姓曹，姓氏由他的官位而来。

第二，受封曹国，以国为氏，是颛顼帝的后裔。周初，颛顼帝有一个后裔叫曹挟，被周武王封在邾国。战国时，邾国被周宣王所灭。邾国人有的改姓朱，有的人依然沿用国君的曹姓。

第三，出自姬姓。周武王克商之后，把自己的十三弟振铎封于曹邑，建立了曹国，史称曹叔振铎。现在很多姓曹的说自己是曹振铎的后代，指的就是这一支。

第四，改姓。这个大家太知道了，据裴松之的《三国志注》，曹姓里边最有名的人曹操就本不姓曹，他本姓夏侯。当然，关于曹操到底本来姓不姓曹现在还没有定论。还有，三国时候还有一个很有名的人叫曹真，他原来姓秦，叫秦真，对吧？因为曹真的父亲秦邵为了救曹操而死（一说是为曹操征兵时被人所杀），于是曹操就收养了秦真，并让他改姓曹。像这类改姓的情况在曹姓里很多。

还有，很多兄弟民族中，比如匈奴族、满族、蒙古族、瑶族、阿昌族、布朗族都有曹姓，还有前面提到的昭武九姓中的曹姓。昭武九姓中的曹姓完全不是汉族血统，也不是中国的兄弟民族血统，而是外来民族的血统。昭武九姓里的曹国在哪里呢？在今天的乌兹别克斯坦撒马尔罕一带。

先秦时，曹姓主要活动在甘肃、山东和江苏北部。秦汉的时候，已经分布在长江以北各省和华东地区。唐初、唐末两次大移民，曹姓都在其中，这些我们都可以查到。宋初，曹姓进入两广。明朝以前，曹姓的主体一直在中原和山东一带。清朝初年，曹姓进入台湾地区。我们知道，宋元明时期北方战乱不断，所以曹姓人口有一个明显的特点：不断减少，而且减少很多。

历史上曹姓的名人很多，我介绍两个大家都快遗忘的人物吧。"八仙"大家都知道吧？最后一个出现的是谁？曹国舅。关于他的材料很少，而且非常零乱，普遍的说法是，他叫曹佾，字景休，是宋代一位皇后的弟弟，所以才叫曹国舅。相传，曹国舅还有个弟弟，当然也是国舅。这个小国舅不是个好东西，因为贪恋一位进京赶考的秀才的妻子，就把秀才绞死了，霸占了他的妻子。于是，秀才的冤魂就去申诉。大家知道，宋朝冤魂申诉一般都找包公，包公准予查究。这个时候，曹国舅给他弟弟出主意说："你呀，得把那个秀才的妻子给弄死，不弄死她，她就要去向包拯诉冤了。"于是，小国舅就把秀才的妻子扔到井里，以为她肯定死了，就走了。结果不知怎么回事，秀才的妻子又从井里爬了出来，去向包拯告状了。途中，她却碰到了曹国舅，一看曹国舅当官的样子，就把他认成是包公了，就向曹国舅申诉。这不要命吗？曹国舅大惊，就命令手下用铁鞭把这女的打死了。可见曹国舅也不是好人。手下以为女的被打死了，就把她的尸体扔在了偏僻小巷里。哪知道这个秀才的妻子真是命大呀，扔在井里淹不死，铁鞭打不死，又醒过来了。她醒过来以后，继续找包公告状。包公问明真相以后，想到了一个主意，什么主意呢？诈病，也就是装病，对外边放风说自己病了。曹国舅知道秀才妻子找到包公报案后，一直在打听消息，一听说包拯病了，马上就来探望包拯，想一探虚实，他估计包拯也不敢拿他怎么着。哪知道，刚到包拯家里，包拯就叫那女的出来，那女的指认曹国舅说："就是他叫手下用铁鞭打的我。"于是，包公马上就将曹国舅监禁，关了起来。同时，又以曹国舅的名义写了一封信给那个惹事的小国舅，把他骗到开封府，也关了起来。后来，曹皇后和宋仁宗亲自来劝包拯释放这两个国舅。包拯不从，还将小国舅处决了。再后来，宋仁宗大赦天下，包公没办法了，就把曹国舅给放了。曹国舅获释以后，就到山里隐居起来了，修道成仙，居然成了八仙之一。说到这儿大家就会明白，为什么八仙里面的曹国舅看起来很怪，总是穿着官袍。虽然他成仙了，很厉害了，但是大家可记着他不光彩的历史呢，老百姓心里都有杆秤的嘛。所以在庙会上模仿八仙形象进行的表演中，曹国舅鼻子上面被抹了一块白，是个小丑的角色。

　　再讲一个姓曹的。这几年，晋商文化非常热，经常提到乔家大院、常家大院、王家大院，但是千万不要忘记晋商曹家。晋商曹家的始祖曹邦彦，老家在太原晋祠附近一个叫花塔村的地方。他原来是卖砂锅的，明朝洪武年间移居到太谷，开始辛勤耕作。传到他的第14代时，有一个叫曹三喜的，独闯关东做买卖，发了大财。当时所谓的关外七厅，各处都有曹家的商铺。清兵入关后，曹家又把生意做到了关内，在太谷设立了总公司，向全国辐射开来。到了道光和咸丰年间，曹家的生意达到鼎盛，大江南北，曹家的铺面一共有640多个，总资产高达1200万两白银。雇了多少人啊？37000人。对此民间有一个说法：只要有麻雀飞过的地方，就有曹家的生意。在清朝的时候，曹家的生意已经东到日本、北到莫斯科、西到巴黎和伦敦，主要是把国内的布匹、丝绸、茶叶输出去，把日本的钢铁、高丽的人参、俄罗斯的金属制品运进来，还在山西和内蒙古之间走出了一条茶叶商道。可惜的是，到了光绪年间，由于战争和残酷的商海竞争，当然主要是由于子孙不器，骄奢淫逸，曹家败掉了。但不管怎么说，晋商曹家曾经是非常厉害的。曹家大院现在还有遗址，大家可以去看看。

当代曹姓人口已经有730万，排在第27位，约占全国人口的0.59%。要强调一点，曹姓排第27位，是按人口算的，而在《百家姓》里，曹姓排第26位。

⊙ 比唐僧资格还老的严姓"取经人"

----------------- • • • -----------------

严姓原来也经历过改姓的风波，它是从哪个姓改来的呢？在我国最早的出家人又是哪位呢？他对于中国佛教的发展，做出过怎样的贡献呢？

----------------- • • • -----------------

严姓的来源也很有趣。

第一，出自庄姓，再往上追溯的话，又出自芈姓。是战国时的楚庄王之后，属于王族。楚庄王的后代多以他的谥号"庄"为姓。本来大家姓庄姓得好好的，但到了东汉明帝的时候，皇帝偏偏叫刘庄，这下不能姓庄了，只好统统改成姓严。魏晋南北朝时候，一部分人又改回了姓庄，另一部分就没再改回来。所以后来就出现了庄严并称于世、不得通婚的规矩，因为他们本就是一家。

第二，战国时期，秦国有一位上大夫叫嬴君疾，受封于蜀郡严道（今四川境内），他便以封邑名称为姓氏，称严君疾，他的后代也就姓严了。这一支挺清楚。

第三，远古时期有个国家叫严国，这个国家皇族的子孙姓严。严国在史书上是有记载的。在今天的哪里？不知道，但确实是有这个国家的。

第四，兄弟民族里的严姓。过去有一个民族叫丁零，丁零族里面有严姓。此外，满族、彝族、土族、锡伯族、朝鲜族里也都有严姓。

严姓比较有意思的、值得一提的是什么呢？是这个姓的得姓始祖。我们知道，每个姓名义上都得有个得姓始祖，即第一个有这个姓的人。严姓的得姓始祖是谁呢？严忌。这个人是西汉时期名扬四海的大学者、大词赋家，大家都叫他严夫子。严忌一生一共写了24篇赋，非常有名，流传到今天的只有一篇，叫《哀时命》，对于时命感到很悲哀。这篇赋是他写来纪念屈原的，他认为屈原生不逢时。我为什么说严忌很有意思呢？因为这个严忌本来叫庄忌，是死了以后才叫严忌的。其实前面我说过了，严姓是从庄姓改过来的，庄严一家。现在的严姓，特别是汉族里边的严姓，大部分都是由庄姓改过来的。

东汉的时候，严姓主要是在山东、湖北、安徽、浙江等地，四川、云南、贵州也有一些。严姓往南走的时间很早，因为他有一支本就是南方楚国楚庄王的后裔。到了魏晋，北方的严姓主要集中在陕西、山西、河南、甘肃，其中山西和甘肃的严姓最为兴旺。严姓有三大郡望，分别是天水郡、冯翊郡、华阴郡。随着后世的战乱，严姓开始南迁，中原严姓逐渐沉寂，慢慢地都迁走了，原来在北方有名的严姓慢慢地没了，南方的严姓却日渐兴旺，名人辈出。到了宋朝，号称"三严"的严仁、严羽、严参都是福建人。明清的时候，严姓大多居住在安徽、浙江、江苏、福建、云南、广东等地。

还有一些小的比较明显的严姓居住区，这种情况的形成源于明代山西大槐树移民。我们问过很多人：老家哪儿的？山西。山西哪儿的？洪洞。洪洞哪儿的？大槐树。怎么一个大槐树，有那么多人出来？因为当时到处都是战乱，唯独山西无战乱。这主要是由于山西自然灾害相对少，没有洪水等天灾；而且山地多，地形地貌复杂，即使有战乱也不大容易波及此地，所以山西的人口特别多，成为中国文化保留得非常完整的地区。到明朝初年时，由于战乱，有的地方人口都已经被杀光了，无法满足生产需要，所以明朝政府就把山西人集中起来，开始有组织地移民。出发地是哪儿？大槐树，所以这次移民就叫大槐树移民。这就好比咱们今天抗震救灾，得有个集合地，对不对？山西移民就集合在一棵大槐树下。那棵树很大，今天我们到山西洪洞还能见到这棵树，上面系的全是各种色彩的布条。那些回来祭祖的人，大多已经不知道自己是从哪儿到大槐树的，只知道是从大槐树开始往南方走的。通过这次大槐树移民，北方的严姓再次南迁。这个时候，中国北方的严姓人数已经不如南方多了，但是还是继续往南迁。到了康熙年间，福建、广东等地的严姓开始进入台湾，而到了雍正、乾隆年间，入居台湾的严姓急剧增多。到了清朝后期，台北苗栗、南投这些地方严姓越来越多。大家注意，有些姓氏是有传统的，特别爱迁移。严姓就是其中之一，一直在从北往南迁居，这很有意思。

总的来说，今天的严姓是个很典型的南方姓氏，其中以湖北、江苏、浙江三省人数最多，这三个省的严姓人口占了全国严姓总人数的一半以上。严姓的名人和其他姓氏名人一样，文有文才，武有武略，但最有意思的是，严姓文人主要是以清高和孝行见称于世，这一点特别了得。

比如，西汉有闭门一心读《老子》的严尊，东汉有隐士严光。还有一个人，千万不能忘。我们知道，佛教文化早已经是中国文化不可缺少的组成部分了。但如果我考一下大家，汉族人当中，第一个出家的是谁呢？估计不大有人知道。他就是严佛调。严佛调（约117—197年）是文献上明确记载的中国汉族最早的出家人，祖籍在今天安徽凤阳和江苏盱眙一带。虽说凤阳地属安徽，其实离南京很近，所以后来安徽凤阳人朱元璋才定都南京。盱眙在今天以小龙虾著名，在当年也是个文化重镇。严佛调非常聪明，少年时代敏而好学。东汉灵帝光和四年（181年），严佛调与安息国的优婆

钱文忠解读《百家姓》

106

塞（相当于我们所说的"居士"）都尉安玄一起翻译出了《法镜经》两卷《阿含口解十二因缘经》一卷。安玄是个外国人，他把佛经念出来，严佛调在旁边记下来。这样做有两种可能：第一，严佛调懂梵文或者外国文字；第二，这个外国居士安玄懂一点中文，但是中文不太好。比如，安玄可能会说："我吃饭的要。"严佛调就记下来："我要吃饭。"严佛调是最早跟外国人合作翻译佛经的人，后来，他写了一本非常重要的书——《沙弥十慧章句》，这是早期佛教史上一部很重要的著作。

严姓在今天也排进了前 100 位，位列第 94 位，人口大概 220 万，约占全国人口 0.18%，也是一个大姓。

⊙ 华佗原来是中西医结合创始人

在华姓名人中，人们第一个想到的肯定是华佗了。但是没有人会想到，其实"华佗"不是他的真名，而是和印度有关。这到底是怎么一回事呢？

华姓的来源有以下几种：

第一，源于子姓。春秋时期，宋国的宋戴公曾经封了一个自己的子孙在华邑，后来这个子孙便以地名为姓。有资料可考，这一支在春秋时代非常显赫，所以是华氏正宗。

第二，源于姒姓。这一支与子姓的祖先同出一源，都来自于颛顼帝高阳氏，但是血缘稍微有点差别。

第三，源于姬姓，是郑国的世子（即太子）华的后代。这就是河南的新郑华氏,是华氏非常重要的一支。

第四,源于嬴姓,出自战国末期秦国的公子华。他的后代就成为了咸阳华氏。

另外,我们的兄弟民族当中,比如蒙古族、回族等等,都有华氏,而且其中有些华氏来源还很有意思。

在成吉思汗西征的时候,有一个叫穆巴拉沙的波斯人(今天的伊朗)随他的父亲塔不台一起来到了中国,定居在了浙江台州。这个穆巴拉沙非常有意思,拜了当时有名的南宋遗民周仁荣为师,攻读汉语。元朝时有很多南宋遗民,不当官,以教书为业,周仁荣就是其中之一。在公元1320年的乡试中,穆巴拉沙居然考了第一名。你想,一个伊朗人,科举考试居然考了第一名,多么不可思议!穆巴拉沙又一直往上考,直到考中了进士,当时的皇帝元文宗才注意到了穆巴拉沙。元朝的人分四等:蒙古人、色目人、汉人、南人,穆巴拉沙来自浙江台州,按理说应该是地位最低的南人。结果皇帝一看,肯定不是南人啊,一问,居然还是色目人,所以穆巴拉沙就得到了重用。

后来元文宗敕建奎章阁,擢升穆巴拉沙为典签,拜中台监察御史,把他提拔了起来。而且元文宗还给他改了名字,改叫泰不华(一说叫达不华),从波斯语名字改成了蒙古名字。穆巴拉沙的子孙一直居住在中国,逐渐就汉化了。穆巴拉沙这个名字不好记,泰不华也难记,这些子孙索性就说:"这么着,咱们兄弟几个就找三个姓随便姓吧,要么姓达,要么姓华,要么姓泰,分成三个姓得了。"今天在江苏六合、镇江那边,只要是姓达、姓泰、姓华的回族人,基本都是穆巴拉沙的后代。怎么样,这个华姓是不是很有意思?

先秦时期,华姓主要活动在河南一带。宋朝的时候,分布在江苏、安徽、浙江、河南。明朝的时候,集中在江苏。我们知道,华姓的起源多在北方,比如新郑华氏、咸阳华氏，但后来重心转移到了南方，江苏成了华姓的第一大省。华姓名人众多，群星闪烁，得姓以来，世代显达。两晋以前，有名的华姓都是北方人；南北朝以后，华姓名人就几乎都是南方人了。

华姓里面最有名的是谁？华佗。华佗是哪里人呢？安徽亳州人。大家都知道，他是特别有名的医学家，擅长妇科、耳科、针灸，而且据说还可能是世界医学史上最早使用全身麻醉的人，他创制的麻沸散十分神奇。他还首创了一种跟打拳一样的健身方式——五禽戏。众所周知，华佗后来被曹操杀掉了。如果我问大家，华佗的名字叫什么？有人听了这个问题肯定要说：废话，不叫"佗"吗？错了，华佗本来叫华旉，字元化。你看，在中国如此家喻户晓的一个人物，咱们对他姓名的来历都不知道。到底为什么叫他华佗呢？这件事情的原委是大学问家陈寅恪先生考证出来的。

华佗的医术和中国传统中医不太一样，他擅长使用麻醉，而迷药、麻药一类大多来源于印度、阿拉伯一带，常常应用于外伤治疗。而中医多用中药调理，不以外科见长，动刀的不多。从这点来说，华佗不是一般意义上的中医大夫，人家可是动刀的，是动不动要开颅的。他给曹操看头风病，跟曹操说需要把脑袋打开，可曹操认为他要害自己，结果就把华佗杀了。其实曹操误会了，这种手术很可能是华佗和来华的印度人学的，是可以治曹操的头风病的。华佗明明很可能是中国历史上第一个西医，阴差阳错地却成了中医里的名人。华佗的医术太高了，当时的人佩服得不得了，就给他起了个外号，叫华佗。为什么这么叫他呢？举个例子，今天咱们的年轻朋友如果IT技术特别高，是个天才，我们会说：哎哟，你简直是中国的比尔·盖茨！同样道理，印度的医药之神叫"伽佗"，而在古汉语当中，"中华"的"华"字读音就是"伽"，也就是说，在当时人的口里，"伽"跟"华"的发音很相似，再加上华佗医术很高而且带有明显的印度色彩，所以人们就用印度的医药之神来称呼华旉华元化先生。所以历史上最有名的神医华佗，流传下来用的还是一个印度名字，这就是中外文化交流的奇妙之处。

华姓在今天中国姓氏里排名第180位，人口大概67万，约占全国人口的0.053%，不算大姓。

第 九 讲

金魏陶姜

　　各个姓氏的来源，有的和祖先的封地有关，有的和祖先的官位有关，还有的和祖先的职业有关。无论来源如何单一，后世子孙的事迹都是多姿多彩的。金圣叹是真疯还是装傻？"结草衔环"和魏姓有什么关联？以"惜时"著称的陶侃有多珍惜时间？从姜姓分出的姓氏都有哪些？这些趣闻，本讲将为您一一讲述。

⊙ 幽默到死金圣叹

金姓的来源非常复杂，而且还混有匈奴族的血统，其历史流变丰富多彩。金姓名人金圣叹临死前上演了怎样的幽默故事？

金姓的来源相当复杂。

一个说法是出自少昊金天氏。传说中少昊是古代东夷部落首领，名挚，号金天氏，这个部落以鸟为图腾。少昊的后裔便以金为姓。这是汉族金姓主要的一支。

另外一支非常有意思，出自匈奴族，而且这一支还很重要。匈奴族里的金姓怎么来的呢？汉朝的时候，在中原王朝的连续打击下，匈奴的主力被迫西迁，没能迁走而留下的一些人最终融入到汉族当中来了。其中最著名的是谁呢？休屠王的儿子——金日磾，这个名字的后两个字经常被人读错了，很多人会念成金 rì dān，不对，应该叫金 mì dī。至于为什么这么念，不知道，反正是约定俗成的。这个名字怎么来的呢？金日磾的部落有祭天的风俗，并"铸金为像"。注意，这里所说的"金"不是指黄金，而是指铜，因为古代金和铜往往不分，也就是用铜铸一个很高的人像。后来这个金像被霍去病缴获，献给了汉武帝，同时俘虏了金日磾及其家人。一个偶然的机会，汉武帝看见了养马的金日磾，见其体格魁梧，容貌威严，十分喜欢，后得知他是休屠王之子，就赐姓为金了。其实他原名就叫"日磾"，金姓是后赐的。

第三，改他姓为金。金姓人本来是不多的，有段时期一下子多起来了。怎么回事呢？这和我的老祖宗还有点儿关系。我们钱家这一支的老祖宗吴越王钱镠，他名字里的第二个字"镠"（鏐），与"刘"（劉）字既同音，又形似，所以"刘"这个字就犯忌讳了，得改。这一下子，吴越国里很多姓刘的一下子全改成了姓金的。姓刘的人本来就多，这一改，金姓就迅速发达起来了。后来吴越国没了，这些人大多也没有改回来。

另外，兄弟民族当中还有好多姓金的，这种情况非常多，就不在这里细说了。

还有一支就更奇特了：犹太人。宋徽宗年间，犹太人从天山南麓进入中国。先是到处经商，后来就逐渐定居下来。汉化的犹太人一共有 17 个姓，其中就有金姓，还有一个很奇怪的姓——俺。虽然姓俺的人的身份证上"民族"一栏写的或许是汉族，但其实没准儿就是犹太人的后代。

金姓主要来自山东、陕西、浙江、江苏等地，发源地比较广。大概在唐代的时候，金姓已经是益州（今成都一带）蜀郡三大姓之一了。现在可不是了，今天成都三大姓远排不到姓金的。唐朝时，汾西河西郡的四大姓当中就有金姓，汾西也就是今天山西临汾一带，当时是非常发达的。由此可见，金姓在唐代已经非常重要了。五代时，钱镠让刘姓改为金姓以后，金姓人口更是大为增加。特别是南方，在浙江、江苏一带，金姓势力开始膨胀。宋元之际，北方的金姓为了避祸，大量南迁。清代，从嘉庆年间开始，闽越一带的金姓开始进入台湾，进而乔迁海外。明清史册里记载的金姓名人很多，而且主要是出在南方，所以金姓又是一个起源于北方而兴盛于南方的姓氏。

金姓的名人特别多，我给大家举两个。这两个名人都可以反映出金姓的一个特点：复杂。

第一个名人是元朝的理学大师金履祥。他是中国理学史上的重要人物，曾在金华的丽泽书院讲学，所以金姓有一个堂号就叫丽泽堂。值得一提的是，金履祥本不姓金，他就是从刘姓改过来的。

第二个名人大家都知道，中国幽默的第一代表人物——金圣叹。金圣叹生于1608年，幼年生活优裕，非常有钱，后来父母早逝，家道中落。有一种说法，金圣叹原来姓张不姓金，这也从一个侧面说明，金姓是很多姓改过来的，金圣叹可能就是。这个人太聪明了，是个天才，狂放不羁，能文善诗，考试的时候从来不好好写文章。有一次考试，题目叫《西子来矣》。金圣叹写道："开东城，西子不来；开南城，西子不来；开北城，西子不来；开西城，西子来矣！西子来矣！"很滑稽吧？这写的叫什么呀，肯定会留下不良记录啊。幸好这篇文章他是用张姓那个名字写的。所以再去考试时，他就改了一个名字叫金人瑞，这次不乱写了，结果成绩名列前茅。

金圣叹有个特点，绝意仕进，以读书著述为乐。他不想当官，就是自己好玩。这个人搞笑得不得了，评注了不少古典小说，被世人称为奇才。顺治十七年（1660年），金圣叹的名声居然传到皇帝耳朵里去了。皇帝说："此人古文高手，莫以时文眼看他。"文章实在太好，不要拿八股文的评判标准去看他。当时金圣叹对满清皇帝本来不太感冒，一听皇上那么赏识自己，金圣叹感动得热泪盈眶，号啕大哭，北向叩首，知音啊。

按理说，这以后金圣叹就应该好好服管了吧？他不。后来就发生了一件事，史称"哭庙案"，金圣叹为此丧了命。顺治十八年，也就是1661年，苏州吴县县令任维初叫老百姓交税、交粮，滥施刑罚，而且对读书人也不例外。更可恨的是，交完粮以后，他又不把粮食交给国库，反倒抬高价格再卖给老百姓。这当然就激起了民怨。当时正好赶上顺治驾崩，所以一些读书人就借机组织反贪游行，一百多名秀才到孔庙去"哭庙"，并且向巡抚朱国治揭发任维初。这就是清朝开国以后非常有名的一个案件——"哭庙案"。他们不知道，任维初和朱国治早就勾结在一起了，朱国治早拿了好处。所以这个揭发的帖子一呈上去，朱国治反而把 18 个核心人物给抓了起来，罪名是"聚众闹事，鸣钟击鼓，聚众倡乱，惊动先帝之陵"。国丧期间还敢闹事，这还了得？于是就把他们处以斩立决，其中一个人就是金圣叹。

幽默大师很多，死到临头还幽默的不多吧？金圣叹就是一位。砍头的那一天是七月十三，也就是 1661 年的 8 月 7 日。已经被绑好，要拖出去斩首了，金圣叹小声跟那个拖他的狱卒说："你过来，你过来。"那狱卒一想："这是有要事相告啊，肯定是有什么东西要传给我啊。难道是哪里埋了点银子，叫我挖出来，或者有什么惊天大事要揭发？"于是赶紧凑了过来。金圣叹说："给我解开，拿笔墨来，我要写一点东西给你。"狱卒想："莫不是要画一幅藏宝图？"所以赶紧照办。金圣叹唰唰几笔，写了一个纸条。写完以后，撕成两半，分别揉成纸团，塞到了自己耳朵眼儿里。他又对那狱卒说："给我点吃的，待会儿我给你点东西。"狱卒赶紧拿来一碟花生米，一碟豆腐干。金圣叹吃了半天，说："我有个天大的秘密告诉你。这个花生米和豆腐干一块儿吃，能吃出火腿的味道，等你以后没钱买火腿时，你就买点花生米和豆腐干嚼一嚼。我很小就听说过这个说法，我还真嚼过，却一直也没嚼出火腿味儿来。你也可以去嚼嚼试试。"一听这话，这狱卒快气死了，麻利儿地就把他拖出去斩首了。

一刀下去，头下来了，两个纸团也就从耳朵眼里滚出来了，刽子手拿起来，打开一看，两个纸团上各写了一个字——好、疼。这就是金圣叹干的事，死到临头都这么幽默。

金姓在今天排名第 64 位，人口约 380 万，约占全国总人口的 0.3%。换句话说，一千个人里边就有三个姓金的，这也算是个大姓了。

⊙ 魏家施恩得好报，结草衔环千古传

很多姓氏都出自春秋时的晋国，魏氏也不例外。当你用"结草衔环"来表达对别人的感谢时，千万不要忘记它的来历，这个词原来和魏姓人有关。

魏姓，来源也有多种。

第一，出自姬姓，是周文王的后代毕万之后。周初，周文王第十五子毕公高受封于毕，后毕国被西戎攻灭后，其孙毕万投奔到晋国，成为大夫，并因功被赐魏地为邑，此后他的子孙便以邑为氏，称为魏氏。公元前 445 年，三家分晋，毕万的后代魏斯建立了魏国，成为战国七雄之一。魏国被秦国灭掉以后，很多魏国人就以国名为姓。这一支号称魏姓正宗。

第二，出自芈姓，是颛顼帝的后裔魏冉之后。战国时秦昭襄王的国相叫魏冉，本是楚国人，芈姓，后来改姓为魏，他的后人也就姓魏。

第三，外姓改成魏姓。比如说南宋的时候，有个大学者叫魏了翁，本姓高，因为过继的缘故，改姓了魏。关于他的姓氏还有一种说法是，魏了翁原来就姓魏，只不过因为他的父亲被过继给了舅父，改姓了高，后来魏了翁本人又被过继给了他的亲伯父，这才回归本姓魏姓。（见蔡方鹿《魏了翁评传》）

另外，满族、佤族、鄂伦春族、土家族、蒙古族、彝族、回族、朝鲜族等兄弟民族中都有魏姓。这些民族当中的魏姓，有改姓的，也有汉人融进去的，慢慢地就被他们同化了。

魏姓最早发源于今天河南省北部和山西省南部一带，早期主要在山西、河南、山东境内发展，也有部分比较早到达湖北、湖南的。先秦时期，著名的战国四公子当中就有魏姓——信陵君魏无忌，可见这个姓兴盛得很早。

秦汉时期，很多魏姓子孙位居高官，所以魏姓家族发展得非常快。西汉时，信陵君的后代魏歆担任了巨鹿太守，从此，河北巨鹿就成为魏姓最重要的郡望。魏姓人的家谱，很多都写着"巨鹿魏氏"，表明是从巨鹿迁过来的。与此同时，魏姓也进入了江苏、浙江、甘肃、宁夏等地。魏晋南北朝时期，军阀割据，战乱不断，魏姓大举南迁至四川、江西等地。唐末的时候，又有很多人进入了福建、广东一带。宋元时期，魏姓开始大规模南迁，目的地遍及南方各地。现在魏姓人遍布全国，成为了一个非常大的姓氏。

魏姓名人多如泉涌，俯拾皆是，比如三国时的魏延、盛唐时的魏征。有很多典故也跟魏姓相关。大家熟悉的，我就不介绍了，这里讲一个生僻的。

这几年，我们一直特别强调一个概念——感恩。古时候，人们表达感恩之情常会用到一个词：结草衔环。比如《陈情表》里就有"臣生当陨首，死当结草"的说法。意思是我活着的时候，肝脑涂地，死了以后，还要把草扎起来报答你。"结草"的典故出自《左传·宣公十五年》。这个故事有几个版本，未必和《左传》相同，其中一个是这样的。晋国的大夫魏武子魏犨有个宠妾叫祖姬，他非常宠爱祖姬，据说每次出去打仗的时候，他都要为祖姬向家人交代几句话。一个男人宠爱一个女人很正常，一般的男人出征之前多半会这么说："万一我回不来，你们好好照顾她。"但魏武子不是，他说的是："万一我战死了，就让祖姬改嫁，不要耽误她的青春。"这话了不起吧？爱她就不要耽误她。且慢！这时候魏武子是这么说的，后来他得了重病，临死之前在遗言中又说到了祖姬。家人就说："知道了，让她早点改嫁嘛，不要耽误她的青春。"结果魏武子怎么说的？"不，让她陪葬。"家里人彻底晕掉了，心想："你原来不是这么说的啊？这叫办的什么事儿嘛！"幸亏魏武子有一个好儿子魏颗，他认为："爹这肯定是糊涂了啊，他清醒的时候是舍不得祖姬的。"所以，魏颗就没有让祖姬殉葬，而是让她改嫁了。魏颗这样做实属难得，要知道，在古代，爹交代的话不照办，可是大不孝。

这事还有续集。后来，有一次魏颗跟秦军交战，碰到了一个叫杜回的名将。两个人对打，魏颗打不过他，就一路后退，而杜回就一路飞奔追来。等魏颗退到一片草地时，他忽然发现，原来步履如飞的杜回突然跟跟跄跄摔了一大跤。魏颗一看，哎呀，机会来了！回过头去就把杜回抓住了，最终击败了秦军。交战结束后魏颗就想：这事蹊跷啊！于是回去查看。结果在那片草地里发现一个须发皆白的老人，这位老人瘦得不成样子，正躲在草丛里给草打结编成草环呢。杜回就是被这些草结绊倒了。魏颗就问："老人家，你是谁啊？"那个老人说："公子，我就是祖姬的父亲。你救了我闺女一命，让她改嫁了。我年纪大了，无以为报。我平时特别会结草，今天白天正好看见你和别人打仗，我就把那个杜回给绊住了。"这就是"结草"的典故，教人要感恩，要知恩图报。

"衔环"也是一个典故。东汉时有个人叫杨宝，他九岁时在山上捡了一只受伤的黄雀。杨宝对黄雀特别好，不仅给它治好了伤，还好好饲养着。等黄雀伤好了，他就把它放了。过了几天，杨宝做了一个梦，梦见一个黄衣童子手里捧着四只白玉环。那个黄衣童子说："你当初以为我是一只鸟，其实不是，我是西王母的使者。你救了我，我要报答你，我保你将来的子孙荣华富贵，人品会像我手里这白玉环一样洁白无瑕。"后来，杨宝的儿子杨震、孙子杨秉、曾孙杨赐、玄孙杨彪四代人果然都官至太尉，而且个个刚正不阿，为官清廉，美德为后人所传诵。

"结草衔环"的典故就是这么来的。前半段故事就跟魏姓有关。

魏姓在当今中国姓氏中排在第44位，人口约570万，约占全国人口0.45%，当然称得上是个大姓。

⊙ 陶渊明勤奋到极点的曾祖父

陶姓第一名人非陶渊明莫属，但陶姓祠堂挂的对联和陶渊明的曾祖父陶侃大有渊源。陶侃又是怎样的一个人？他有什么事迹值得后人代代传颂？

接着魏姓的是陶姓，陶姓的来源相对简单。

一个来源是出自唐尧，这在古籍《元和姓纂》和《姓苑》里都有记载。尧帝在担任部落领袖之前是一个做陶器的陶工，于是他的子孙就以他的职业为姓：陶。

还有一支，也是出自唐尧，但这支跟他的职业没有直接关联，而是因为尧帝最早的封地在陶（今山东定陶县西南），后来又封到了唐（今河北唐县），所以尧帝又叫唐尧。因为最早封在陶，所以他的有些子孙虽然不做陶器，仍以封地为名，还是姓陶。

第三，出自舜。舜有两个儿子，一个是禹，一个是商均。商均有个儿子叫虞孙，曾经官至陶正，负责管理做陶器的工人，他的子孙就以官为氏。这是第三支。

第四支也是以职业为姓。过去的部族经常用职业来命名，像早期的日本人，就是按其手工技艺被分为不同的"部民"，如手人部、衣缝部、鞍马部等等。商代有七个部族，其中一支以做陶器为生的部族便以陶为姓，这是第四支。

另外还有第五种，就是改姓，这种情况历代都有。比如，北宋初年有个人叫陶古，本名叫唐古，在后晋时，他为了避后晋高祖石敬瑭的讳，就由唐改成了陶。

还有第六种，其他民族取的汉姓。比如满族的陶佳氏、托和罗氏，达斡尔族的吐钦氏，锡伯族的托库尔氏，等等。你看，这些姓氏首字的发音都是跟陶有关的，所以取汉姓时候就顺着发音取成了近似的陶字。现在的白族、傣族、京族、苗族、彝族、黎族、布朗族、蒙古族、回族也都有陶姓。

先秦时，陶姓主要分布在山东、河南。魏晋时，陶姓已经发展到了长江中下游。唐朝，在中国西部尤其是西北地区，陶姓突然开始兴盛。宋朝时期，陶姓的分布就清楚了，在西部以陕晋为聚居地，中部以湘贵为聚居地，东部以皖、赣、浙、苏为聚居地。明朝时陶姓主要分布在浙江、江西、江苏、广西、安徽、湖北、四川等地，其中以浙江最多。到今天为止，哪个省的陶姓最多？安徽。13% ～ 15% 的陶姓人口都在安徽。近 600 年间，陶姓的人口流动趋势和宋元时期有很大不同，大方向是由东部和南部向华中地区迁徙，出现了倒流。

周以前陶姓的存在不太明显，历史传说中以及周朝史书上没有太多关于陶姓人的记载。春秋时候，出现了第一位名载史册的陶姓人物，而且还是个女性。是谁呢？陶婴。陶婴，春秋时鲁国人，年轻的时候就守了寡，坚持抚养遗孤，以纺织为生。陶婴的贤良远近闻名，吸引了很多当地人向她求婚。但是，陶婴非常恪守妇道，为了让向她求婚的人打消念头，就作了一首《黄鹄之歌》，以表明自己的志向。鲁人听到这首歌，果然没人再敢动这个念头了。后来，陶婴的事迹被刘向写进了《列女传·鲁寡陶婴》，她也就此名垂青史，成为了妇女坚守贞节的典型形象。

要说陶姓当中最有名的，当属陶渊明。但在这里我不想讲他，因为陶渊明大家太熟悉了。我想讲讲他的曾祖父陶侃。至今各地一些陶姓的祠堂里可能还会有这样一副对联："寸阴珍惜日，一刻爱春宵。"教育大家要珍惜时光。这说的就是陶渊明的曾祖父陶侃了。

陶侃（259—334），江西鄱阳人，后来到庐江寻阳（今九江）一带当官。

他非常勤奋，不喜欢饮酒，也不喜欢赌博，这在以名士风流著称、饮酒风行的晋朝非常少见。他在广州任职时，每天工作很勤奋，闲不下来，一旦空下来，就浑身不自在。不自在到了什么程度呢？没事的时候，他居然搬砖头玩。把一百块砖从房间里搬到外头，又从外头搬回房间里，反正不让自己有闲着的时候。别人见了，觉得奇怪，说："疯了吧你，没事儿搬什么砖头，又不盖房子。"你猜他怎么说？他说："我正在为将来收复中原失地而努力，过分悠闲和安逸可能会使我懒下来，长此以往，将来就不能担当大事了，所以，我要让自己一直辛劳。"陶侃就是这么一个人。

陶侃还是一个非常严谨的人。衙门里很多事情他都亲自去检查，任何事情安排得井井有条，所以衙门口从来没有排队等待的人。换句话说，不管什么事儿，来了都立刻给人们解决，不让人浪费时间等着。他总是跟人强调：人不要游手好闲，要珍惜时间，要有备无患，从长计议。

陶侃反对游手好闲这点，还有一个有意思的故事。

陶侃在广州当官时，有一天他在路上看见一个人手上晃着一把还没成熟的稻穗，一边走一边唱着歌。陶侃喊住他："哎，你过来，你干吗的？种地的？""我不种地。""你不种地你拿稻穗干吗？""我路过一片稻田，觉得长得挺好的，就顺手掐了一把。"陶侃一听，大发雷霆，就把他臭揍一顿，说："你这游手好闲的家伙，不种地你还去掐稻穗，吃饱了撑的吗？"

还有一次在广州一处造船厂，陶侃遇到一些人正准备扔掉木屑、竹钉子之类的造船剩的边角料，他马上给拦住了，说："有备无患，都给我收起来。"他官大呀，人家必须得听，收起来了。结果有一年，下大雪了，路上非常湿滑，人们一上路噼里啪啦摔成一片，出行成了难题。怎么办呢？广州跟北方不一样，很少下大雪，不像北方都会准备些煤渣、碎石子，以备路滑时撒在路上用。这种事肯定又要找衙门解决了啊，陶侃就说："哎，前几年我叫你们收的那木屑呢？扔了没有？没扔撒地上去。"哎，这就用上了，渡过了一道难关。除了木屑不是还有很多竹子的边角碎料吗？后来也用上了。有一年，东晋的大将桓温率兵去征讨四川的成汉政权，需要造船，正好缺钉子，可是铁钉不行，会生锈。这时候，陶侃留的那些边角料就全部做成了竹钉，又派上了用场。

陶姓在今天中国姓氏当中排名第102位，人口大概200万，约占全国人口0.16%。

⊙ 我的兄弟是极品——姜公大被

姜姓是一个古老的姓，古老到有一百多个姓都起源于姜姓，其中甚至包括一些人们常见的大姓。这是怎么回事呢？姜姓缘何有这么大的影响力？

陶姓之后是一个非常古老的姓——姜姓。姜姓的起源很清楚，也非常有意思。

最主要的起源是炎帝神农氏之后。《说文解字》记载："神农居姜水，因以为氏。"炎帝神农氏住在一条叫姜水的河边，就以姜为姓了。还有一种说法是炎帝生于姜水边上。姜水在哪儿？在今天的陕西岐山县。

第二，桓氏改姓，这个相对不多，但是也很昌盛。据《通志·氏族略》记载，唐朝上元年间，经高宗李治批准，大司徒桓庭昌改为姜姓，其子孙世代称姜姓至今。

第三，其他民族改姓。尤以羌族最为常见，因为"羌"跟"姜"有点像，所以曾有一大批羌族改成了姜姓，这样说来，今天姜姓人有羌族血统是有可能的。此外，满族有一个非常著名的姓氏——姜佳氏，改汉姓时就改为了姜姓。同时，现在的侗族、瑶族、彝族、蒙古族、土家族、保安族、白族、朝鲜族、俄罗斯族等兄弟民族里也都有姜姓。要是有一个长得有异国风情、特别像俄罗斯人的人告诉你他姓姜，你可别不信，他还真有可能姓姜。

有一件事最让姜姓感到荣耀，是什么呢？据考证，起码有 102 个姓是从姜姓衍生出来的——吕、许、谢、齐、高、国、雷、易、纪等这些姓的源头全都可以追溯到姜姓。还有些从姜姓分出来的姓就比较有意思了，都是很少见的姓，比如充姓、斜姓、檀姓。此外，还有好多复姓也是从姜姓分出来的：淳于、东郭、高堂、子雅、雍门、申屠、公牛等。其中我个人觉得"子雅"这个姓挺棒的，只可惜我拼命找也没找着姓这个姓的人，我觉得应当倡导恢复。"雍门"现在也不见了，"公牛"也非常罕见。如果从姜姓始祖炎帝开始算，姜姓分出去的姓氏有 247 个，可见这是一个多么古老的姓。

姜姓的发源地在陕西渭河流域的岐水以及河南南阳和山东淄博一带。早在春秋时期，西戎就有姜姓，后来西戎逐渐发展成了羌族，可见这个姓氏基本都在北方和西北这一片。西汉的时候，姜姓开始慢慢往山东、河南移动，并逐渐成为关东大族。所谓关东，在当时是指河南灵宝县函谷关以东的地区，和我们今天说的"闯关东"里的关东完全不同。很多区域古今名字是不一样的，比如过去的山东和山西以哪座山划分的？太行山。太行以东为山东，太行以西为山西。而今天太行以东不仅仅是山东了，还有别的省。后来，为了充实关中人口，又把一些人搬进去了。也就是说，姜姓原来在西北，后来到了东边，但后来又往西搬回去了。搬回去之后，还形成了非常重要的郡望——天水郡，而姜姓最重要的聚居地就是甘肃天水。

汉代晚期以后，姜姓已经开始出现在江苏和四川。到了唐代，天水仍然是姜姓的主要繁衍生存地区，但也开始慢慢往外搬了。到了宋代，广东琼山已经发现姜姓。明清时期，全国各地的姜姓都开始多起来。

根据姜姓的族谱记载，明朝洪武年间有一个叫姜世良的人搬到了福建漳州龙溪县红豆村，并且在此发迹，以后又演变成了广东陆丰的姜氏。乾隆年间，姜世良的第十一世孙移居台湾，除近年新去的姜姓人氏，台湾的姜姓子孙基本都是姜世良的后代。

最早的姜姓名人要数姜子牙了，这个不用说，大家都知道。我想介绍另外两个人，一个是现在人不知道但是过去人都知道的，一个是现在大家都知道但恐怕都知道得不对的。

过去我们讲孝悌，其中的"悌"是指兄弟友爱。关于"悌道"有一个典故，叫作"姜公大被"。姜公可不是一个人，是个统称，是指三个姜氏兄弟。这三兄弟从小友爱，友爱到什么程度呢？结了婚以后也不跟自己老婆睡，哥儿仨得一起睡，他们缝了一条巨大的被子，睡在一起，真是"悌道"到家了。有一次，这姜氏三兄弟碰到了一个要杀他们的盗贼，结果这哥儿仨争先要死，都说："要留就留我兄弟，把我杀了吧。"盗贼一看都晕了，就只抢了他们的东西，连衣服都给扒光拿走了。这兄弟三人回到家，家人问："怎么被抢成这样了？"结果这三个人特别厚道，打死也不说。为啥？因为这强盗他们认识。后来那个强盗特别感激，就把抢的东西全送回来了，给他们磕头谢罪。这得多仁义啊！当然，这个在今天可不能提倡，这成助纣为虐了，遇到这种事儿一定要打110报警。这就是"姜公大被"的典故。

接下来要说的这个人，大家都知道，就是把长城哭倒的孟姜女。有些朋友以为她姓孟，不对，其实她姓姜。可她怎么叫孟姜女啊？是这样的：在古代，待嫁女子或男子的排行是有讲究的，老大、老二、老三、老四分别叫伯（孟）、仲、叔、季，对此有一种说法是，如果这个老大是正房生的，就叫伯，如果是偏房生的，就叫孟。所以孟姜女就是姓姜的人家偏房生的大闺女，所以叫孟姜，这在过去是个大家都知道的常识。

姜姓也是大姓，在今天排在第50位，有460万人，约占全国人口0.37%。

第 十 讲

戚谢邹喻

　　每个姓氏都有几段有名的家训，以激励后世子孙。谢氏家训就非常有名，比如"脱去凡近，以游高明"，告诫子孙要多跟高明的人交朋友。齐国大臣邹忌用自己和徐公比美这件事情来劝谏齐威王虚心纳谏，留下了千古佳话。另外，明朝的戚家军战斗力到底如何？"六月飞雪"的典故最早是说窦娥的吗？这些，在本讲都有讲述。

⊙ 戚继光大摆鸳鸯阵

说到戚姓，最有名的莫过于民族英雄戚继光了。他在抗击倭寇的战争中，发明了一种威力极强的武器，这究竟是一种什么样的武器呢？

戚姓的源流也比较简单。

第一，出自姬姓。春秋时期卫武公有个后代叫孙林父，在卫献公时担任上卿。后来大概犯了点儿事失了宠，在卫国待不住了，就先后跑到了晋国和齐国。一直等到事情过去了，卫殇公即位，孙林父才回到卫国，回来后被封在戚（今河南濮阳）。当时的戚城是连接晋国、郑国、吴国、楚国各国的咽喉要道，非常繁华，河南濮阳至今还有戚城遗址。孙林父的子孙后来就以封地为姓，姓戚。

第二，出自子姓。春秋时宋国的公族之后有姓戚的，而宋国是由商朝遗民的后代建立起来的，所以说出自子姓。

第三，还是兄弟民族的姓。满族、白族、蒙古族、回族、苗族、土家族都有戚姓，景颇族的泡戚氏后来就简称姓戚。

前面讲过，戚姓发源于河南濮阳。卫国灭亡以后，戚姓族人就逐渐迁到了江苏、山东之间。对于中国文化尤其是姓氏文化来说，苏鲁交界地区尤其是山东南部的郯城、江苏北部徐州一带，是一个很重要的地区。徐州是二十世纪五十年代才从山东划到江苏的，今天徐州当地还有不少山东风俗，比如当地人喜欢吃煎饼。在这样一个文化交汇的地方，戚姓迅速发展，然后又从这里继续迁到安徽、浙江、江苏南部。隋唐的时候，戚姓在全国的分布已经比较广了。唐末，再次南迁，出现在湖北、湖南、四川、江西。两宋时期，戚姓主要集中在两个地方——浙江金华和江苏常州。元代以后，又迁往云南和广西。明朝初年大槐树移民时，又有一批戚姓南迁。明末，戚姓到了台湾。清朝时，山东戚姓开始迁往东北。

戚姓的宗祠里面一般都有这样一副对联："抗倭盛名远，防海功德高。"不用说，这说的就是戚姓家族的骄傲——抗倭英雄戚继光。戚继光（1528—1588），山东牟平人，他最开始是在自己的家乡山东备防，抗击倭寇。一说倭寇，大家不要以为都是日本人，其实里边很多都是中国人。当时沿海的一些海盗、私盐贩子，发现官府非常惧怕倭寇，于是他们一遇到官兵，就呜里哇啦假装说外语，还扎个头巾冒充倭寇。倭寇对中国的损害极大，他们不仅在海边武装抢劫，有时还深入内地骚扰。嘉靖三十四年(1555 年)，浙江的倭寇太厉害了，怎么打也打不完，就把戚继光从山东调过来了。到了浙江，戚继光发现，明朝的卫所军根本不能打仗。当时的卫所就好比咱们现在的军分区、警备区，当时的军人作为一种职业，是世袭的，根本就没战斗力，所以戚继光决定重新招兵。从哪儿招呢？从义乌的农民、矿工中招募了三千人，组成了戚家军，并开始有意识地加以训练。他注意到：倭寇的厉害主要体现在武器上。日本人的倭刀很锋利，明军一跟倭寇正面交锋，自己的武器先被倭寇的刀给砍断了。还有日本的长枪、弓箭，都非常厉害。戚继光开动脑筋，决定以己之长克彼之短，经过苦苦思索，他最终创建了一套阵法——鸳鸯阵。这个阵法是冲锋时的一个阵型，具体方法是士兵们挤在一起、围成一团进攻，既不要一长溜地进攻，也不要横着进攻，有点像古罗马的乌龟阵———一帮人把盾牌围起来，挡得像个乌龟似的往前爬，敌人靠近了，就从盾牌的缝里去捅、去刺。不仅如此，戚继光的鸳鸯阵还用长短兵器加以配合。其中用到的最有名的兵器是什么？狼筅。这种中国历史上最经济实惠的武器用竹子制成，具体做法很有讲究：把一根几米长的竹子砍下来，去掉竹叶，留下旁边的枝杈，把枝杈削尖了以后放在尿桶里先浸泡，然后放在火上烤，到坚硬如铁，又坚韧又锋利，就做成了。戚继光发明的这种武器可以说是就地取材，造价低廉，利用了浙江漫山遍野的竹子。戚家军士兵举着几米长的狼筅，横冲直撞，倭寇还没等靠近就被扎得血淋淋的了。于是，狼筅就成为戚家军的制敌武器。

在抗倭斗争当中，戚继光屡建奇功，先后在台州、横屿取得大捷，戚家军也名闻天下。戚继光曾经写过一首诗，其中有一句，非常了不起："封侯非我意，但愿海波平。"就是说，我封不封侯无所谓，只希望中国的海疆能够安宁。可见，这是个了不起的人。后来戚继光还写了好多兵学著作，对中国近代史上的好多将领都大有影响。清朝的曾国藩一开始抵抗太平军时，不用绿营兵，而是从老实的农民当中招兵，打仗采用实用阵法，这些都是从戚继光那儿学的。

由于戚继光的原因，很多人认为戚姓很大，实际上，戚姓比我们想象的要小，在今天只排在了 227 位，很靠后了，人口 36 万，约占全国总人口的 0.028%。

⊙ 谢家"千金"原是男儿身

谢姓在中国历史上非常有名，曾经是晋朝最显赫的家族之一，谢氏家族一度名人辈出，在中国历史上留下了很多传奇故事。

接着戚姓的是谢姓，谢是一个了不起的姓氏，有以下几个来源：

第一，出自任姓。传说黄帝有子25人，得姓者12人。其中第七子被赐任姓，这个任姓儿子曾建立过一个谢国。周宣王在位时，想把自己的舅父申伯封在谢邑，就灭了任姓谢国。谢国遗民从此就以谢为姓。这一支任姓谢氏到今天已经有近4000年了。

第二支出自姜姓，和第一个来源还有些瓜葛。西周末年，周宣王把谢邑封给了舅父申伯，建立了申国。申伯是炎帝后裔，所以姓姜。后来申国为楚国所灭，申国遗民便以都城所在地作为了自己的姓氏。姜姓谢氏现在有3000年的历史，并且已经成为了谢姓的主流。

第三种，外族的改姓。谢姓里面也有其他民族的血统，主要来源是魏晋南北朝时中国北方游牧民族的高车部，这个部族改姓谢的很多。还有土族里面的一支谢加氏，后来也改姓谢。还有一些兄弟民族当中本来就有谢姓，比如瑶族、壮族、侗族等等。

魏晋南北朝的时候，谢姓是中国最显赫的家族，和王姓并列第一。杜甫诗句"旧时王谢堂前燕"中说的就是这个谢。这可是一个不得了的姓，但凡你翻开关于魏晋南北朝的史书一看，不是姓王的，就是姓谢的。唐朝时，谢姓进入福建广东，成为东南地区的名门望族。明朝天启年间，已经有谢姓在台湾出现。最早进入台湾的谢姓，是郑成功的部下，一个叫谢贤，一个叫谢岩，据相关史料记载，他们到达台湾的时间是1664年。从那时到现在，两位谢先生的子孙已经数以万计了。

中国历史上，由于少数民族政权不停地南下，所以长江以北、淮河以北历来战乱频繁，南方相对比较安宁。而谢姓的主体很早就离开中原到了南方，所以受到的伤害很小。这是一个有意思的特点。

谢姓在今天是个大姓，比一般人想象的都大。估计有人不太认可这点，所以待会儿我会把谢姓的相关数据告诉大家。先说谢姓之所以成为一个名门望族，必有它的道理。

谢氏的家训是很有名的。我随便举一个——宋朝程颢、程颐两位理学大师的得意弟子谢良佐。谢良佐在南宋名气很大，他就有一个家训："脱去凡近，以游高明。"不要跟那些庸俗的人混，要和那些高明的人交朋友。"莫为婴儿之态，而在大人之器。"不要老像个长不大的婴儿一样，要表现点大人的风度。这一点在今天不能倡导了，咱们的小大人已经太多了，缺乏的反倒是孩子的天真烂漫。当年不是这样，当年他要你表现出大人的样子来。"莫为一生之谋，而有天下之志。"不要老琢磨着自己这点小事，要有为天下人谋福祉的志向。"莫为终生之计，而有后世之虑。"不要为此生而蝇营狗苟，要考虑身后的清名。"不求人知而求天知"，做事情不一定非得让天下人都知道，只要天知道、对得起自己的良心就行了。"不求同俗而求同理"，不要别人这么干，你也这么干，别人乱闯红灯，你也乱闯红灯，这种"同俗"是追求不得的。"不求人知而求天知，不求同俗而求同理。"我认为这两句话，是足以和范仲淹的"先天下之忧而忧，后天下之乐而乐"相媲美的。这就是谢氏家训。

到了南北朝，谢姓成为天下最著名的望族，名人辈出。我给大家讲两件趣事：

第一个故事。如果家里有个姑娘，我们一般都叫她"千金小姐"，有五个姑娘，就叫"五千金"。现在的"千金"，都是指女孩子，没有说"千金少爷"的。但是最早不是这样。南朝梁时，有一个司徒叫谢朏，他幼年聪慧，很受父亲谢庄的喜爱，谢庄经常把这宝贝儿子带在身边。谢朏也非常争气，十岁就写出了传诵一时的名篇。宰相王景文很欣赏谢朏这个孩子，就对谢庄说："贤子足称神童，复为后来特达。"您的儿子是个神童，将来一定不得了，发达得很。传统社会里，爹是不大跟儿子开玩笑的，谢庄实在宝贝这个儿子，就摸着谢朏的背说："此吾家之千金也。"这就是"千金"最早的出处，是指少爷，不是小姐。那么"千金小姐"是什么时候开始出现的呢？元朝以后。用"千金"来比喻女子，最早的文字记载见于元代曲作家张国宾所写的杂剧《薛仁贵荣归故里》："你乃是官宦人家的千金小姐，请自稳便。"明、清以后的话本小说中称女孩子为"千金"的就更多了。元朝以前"千金"大概是指少爷，可能是因为那个时候大家都重男轻女吧，女孩子将来都是要出嫁的，早晚要赔钱，怎么能叫"千金"呢？现在咱们都说"千金小姐"，如果有点传统文化的素养，可能就会觉得这个称呼是有问题的，因为不符合中国传统。

在魏晋南北朝的时候，谢氏是名门望族，有些位高权重的谢家人甚至影响了当时的天下形势。再讲一个典故，叫"内举不避亲"。在今天，如果我是一官员，提拔了自己的亲戚，那大家肯定都会非议："你怎么能提拔自己的亲戚呢？"但是当时可不是这样，你谢家是名门望族，从你们家随便提溜一个就是人才，所以只要你心里一秉大公，没有私心，为国家考虑，你就可以"内举"，从家里边推举人才，不要因为他是亲戚而回避。我这里说的谢家人是谁啊？晋朝太傅谢安。谢安刚管朝政的时候，朝廷连支像样的军队都没有，所以他就需要组织一支军队。放眼望去，没有合适的将领啊，怎么办？满朝当中，只有亲侄子谢玄一个人有这个才华。但是任用亲戚，是政治家的大忌啊。结果呢，谢安"内举不避亲"，还是推荐了谢玄。然后，从流民当中又召集了很多骁勇的百姓，组成了一支军队，进而培养出很多将领。接下来，一件大事发生了，这就是"淝水之战"。

"淝水之战"说到底就是主要靠谢家人打的，如果没有谢家人帮东晋打了胜仗，中国文化会是个什么样子？难以想象，可能中原的文化就彻底断绝了，因为那时候已经是偏安江南，无处可退了。"淝水之战"时，谢安是东晋的总指挥，这一次他任命弟弟谢石为前线大都督，侄子谢玄为前锋，儿子谢琰为先锋。战争甫一打响，谢琰就首立战功，谢玄、谢石相继告捷。史书上记载："淝水之战，成于玄、琰，然后时实为都督焉。"你看，谢家兄弟俩各带着自己的儿子，把淝水之战打赢了。后面的总指挥、前面的前锋、前锋的先锋都是姓谢的，都是嫡亲。谢姓在魏晋南北朝时候的强盛，由此可见一斑。在中国历朝历代，都找不出几个家族可以和魏晋南北朝的谢姓相比。

我前面说过，谢姓之大超出一般人想象。谢姓在中国排在第 24 位，比大家想的要靠前吧？现在谢姓人口 900 多万，将近 1000 万了，约占全国人口的 0.72%。

⊙ 比窦娥还冤的邹衍

邹姓也是一个古老的姓氏，在春秋战国时期，邹姓就给中国历史留下了一个著名的典故，这个典故是什么呢？在历史的发展中，邹姓还有哪些传说与传奇呢？

接着谢姓的是邹姓。邹姓有下面几个来源：

第一，出自曹姓，是颛顼帝的后裔曹挟之后。西周初年，周武王分封颛顼后裔曹挟建立了邾娄国。战国时，鲁穆公改邾娄国为邹国。邹国后来为楚国所灭，邹国遗民便以邹为姓。邹国在哪里呢？今天山东的邹平县。邹国后裔最后繁衍成了山东邹氏。

第二，出自子姓，是商纣王的庶兄微子启之后，以邑名为氏。管蔡之乱后，周平王封商纣王庶兄微子启于商丘，建立了宋国。微子启死后，其弟微子仲继位。微子仲有后代名正考父，连续辅佐了宋国戴公、武公、宣公三朝，采食于邹邑。正考父的后人有一支便以邑名"邹"为姓。我们知道，孔子的先祖也可以追溯到正考父，因此，可以说邹孔两姓有着莫大的渊源。

第三，出自姒姓，是谁之后呢？越王勾践。勾践的后代有一支姓驺，跟邹字写法差不多，后来写着写着就弄混了，都写成邹了。这是一支。

第四，出自姚姓，谁之后呢？舜。舜帝之后有被封在邹地的，所以姓邹。

还有一个来源比较逗，是蚩尤之后。蚩尤被黄帝打败后，他的后代就跑到了一个叫邹屠的地方，后来人们就将这个地名作为复姓使用，再后来也改姓邹。

还有其他兄弟民族的邹姓，例如满族、回族、土家族、苗族都有邹姓。

先秦时代，邹姓主要活动在山东地区。秦汉以后，迁到河南、湖北。三国两晋时，西入陕西，南下湖南、浙江、江西、安徽。唐朝时邹姓有两次大移民，主要是迁到了江南，远至福建、广东。清朝早期，邹姓进入了台湾。现在江西是邹姓第一大省，人口大概占了全国邹姓的14%。这里要插一句，将近1000年来，邹姓人口数量呈现的是下降态势。

历史上邹姓留下了很多典故，我就给大家讲两个。

第一个，咱们都学过《邹忌讽齐王纳谏》这篇课文吧？我上学时的课本里就有，不知道现在孩子的课本里还有没有，我是建议一定要读的。现在咱们都提倡鼓励教育，建议家长要多表扬孩子，多鼓励孩子，这固然是对的，但是你也要让孩子明白，有些赞扬是不能当真的。"邹忌讽齐王纳谏"

说的就是这么一个故事。在齐威王当政的时候，邹忌劝齐威王多纳谏，他怎么劝的呢？跟皇帝说话不能直溜溜的，邹忌特别明白这一点，所以他从自身经验出发来说。邹忌是个很漂亮的人，每天早晨起来都照照镜子，挺臭美的。他还问他老婆："我和城北的徐公谁漂亮？"徐公是齐国的美男子。老婆说："当然你漂亮。"邹忌不放心，继续调查研究，问自己的妾："我跟徐公谁漂亮？"那妾更不敢说别的了，当然说："您比徐公漂亮。"问了一圈，所有人都说徐公没他漂亮，邹忌感觉挺爽。结果有一天，他碰到徐公了，一看，崩溃：徐公比自己漂亮多了！于是他就跟齐威王讲："我老婆说我比徐公漂亮，是因为爱我；我的妾说我比徐公漂亮，是因为怕我；我的手下说我比徐公漂亮，是因为有求于我。其实，我哪有那么漂亮？我都见过徐公了，比人家差远了。所以大王，您要知道，当您面赞扬您英明伟大的，您得注意分辨，有的人是真的崇拜您，有的人是怕您，还有的人是有求于您。"齐威王很聪明，一听就明白了：要听得进批评意见，多听不同意见。于是他就下了一道鼓励大家进谏的命令。刚开始的时候，门口排起了长队，都是来纳谏的，都想提意见。一个月以后，队伍就短了。又过了一段时间，门口一个人都没了，因为大家的意见都提完了。这个时候，齐国就变成了一个强国，各国都来朝拜齐威王。这就是历史上有名的"邹忌讽齐王纳谏"的故事，说明不靠打仗，单靠政治上的清明，也是能够使他国折服的。

还有一个典故，大家就不怎么知道了。在中国传统文化当中，最根深蒂固的一个现象是什么？阴阳、五行、风水。在"诸子百家"里有一家叫阴阳家，这一家的老祖宗是谁？邹衍。但是大家要注意，邹衍的"邹"其实本是"驺"，只不过现在都写成邹了。

邹衍是齐国著名的思想家、阴阳家，学究天人，爱跟人辩论，所以他有个外号叫"谈天衍"，我们现在谈天论地、谈天说地，就是从他开始的。他有好多著作，但是大多已经亡佚了。《史记》上说他的著作有十余万言，但是到了《汉书·艺文志》时又说"《邹子》四十九篇《邹子终始》五十六篇"，可见其他的著作都没有了。但是他的学说传下来了，比如"大九州"的说法，整个世界分为九大州，就是邹衍最早说的；还有阴阳、五行的转换也是邹衍说的。所以可以说，邹衍这个人影响了中国文化几千年，依我看，就是再过几千年，中国人还是会信这些的。

还有一个"六月飞雪"的典故和邹衍有关。一听"六月飞雪"，大部分人会想到窦娥。其实这个词最早说的是邹衍，跟窦娥没什么关系。邹衍在燕国的时候，燕昭王非常佩服他，就把他请到了燕国国都，拜他为师，还在离幽州蓟县30公里的地方为他盖了一个非常有名的宫——碣石宫，让他住在里面。燕昭王死了以后，燕惠王继位，一些人对邹衍那是羡慕嫉妒恨啊：他工资拿得高，房子住得又大，皇帝对他还好，凭什么啊？所以，这些人就在燕惠王面前说邹衍的坏话。燕惠王听信了谗言，就把邹衍关了起来。邹衍受了诬陷，很多人都为他鸣不平。结果，在当年夏天，燕国的土地上降下了一层白霜，就像雪一样，大家都说："六月飞雪，这是因为邹衍受了冤枉啊。"燕惠王一看，赶紧就把邹衍放了出来。邹衍出来以后，跑到旷野里，拿起竹子做的不知道是笛还是笙的乐器，就吹奏了一段音乐，顿时阳光和煦，雪化掉了。这就是"六月飞雪"的典故。后来又被人用到了《窦娥冤》里，大概是因为民间戏曲传播得太广，所以本来发生在邹衍身上的"六月飞雪"，被根深蒂固地嫁接到了窦娥头上。

邹姓留下的典故实在太多，再比如"明珠暗投"，说的是汉代邹阳的故事。

现在咱们好多年轻的朋友特别认可这个词，都觉得自己怀才不遇，到哪个单位都是"明珠暗投"：才给我2000块钱一个月，我是明珠，怎么就值这么点钱？但"明珠暗投"当初可不是怀才不遇的意思。邹阳是汉初齐国人，他先是在吴王刘濞手下当官，后来发生"七国之乱"，他就投奔到梁国梁孝王门下。邹阳能力出众，遭到了同僚的嫉恨，就有人说他坏话。梁孝王听信了谗言，把邹阳打入了死牢。邹阳为洗雪冤枉，就在狱中写了一道《狱中上梁王书》，里面是这样说的："一个人，如果你莫名其妙地送他礼物，他多半会觉得很奇怪。人家不会觉得这个明珠有多么珍贵，反而会困惑：为什么给我这个？如果在半夜里把一颗明珠扔在黑暗的地方，碰巧走过来一个人看到了这颗明珠，一定会手按着剑，很警惕地看着它，而不会轻易把珠子拿走。因为他不放心：谁扔一颗珠子在这儿，有何意图？"这个才是明珠暗投的本意。今天意思全变了，成了怀才不遇的代名词：我这么大能耐，怎么你们都不识货啊？

邹姓可不是小姓，比大家想象的要大。邹姓在今天的中国姓氏中排名第 70 位，人口 370 万，约占全国人口的 0.29%。

⊙ 伪造证件的喻和尚

按照人口比例来说，喻姓不是一个大姓，但它也有曲折的演变过程。那么，喻姓的来源是什么？它是怎样发展演变的？喻姓在历史上又有哪些名人呢？

邹姓之后是一个非常有意思的姓——喻。这个姓生活中不常见，没几个人见过吧？我见过，我同学当中就有一个姓喻的。

这个喻的来源太精彩了：

第一，来源于姬姓。相传黄帝时，有个医官叫俞柎，他的后代就姓俞。三千多年后，到了宋建炎年间，俞氏后代有个人叫俞樗，聪明好学，中了进士，宋高宗赵构喜欢他的"样样知喻"，就将"喻"字赐给他为姓氏。这样，俞樗的后裔子孙就称喻氏，世代相传至今。

第二，源于芈姓。楚国的一个公族有块封地叫喻邑。这个公族的后代本来姓喻丰，还是个复姓，不过今天好像没有人用这个复姓了。后来逐渐把丰给省略了，简称喻氏。

第三，源于官位。秦汉时期有一种官职叫使喻，也就是传令官。当然了，是官，不是兵。过去没有电话、手机什么的，皇帝有命令有圣旨，是要派人传过去的，这种官就叫使喻。在当过这种官的人的后裔中，就有姓喻的，这是一支。

第四支，源于"谕"姓。这一支是春秋郑国贵族之后，本来姓"谕"，后来大部分都改成了"喻"。东汉的时候，苍梧（今越南一带）有个太守叫谕猛，他的子孙后来就有很多改为喻氏的。喻姓最主要的一支，就是苍梧太守这一支了。有研究姓氏的人说，天底下的"谕"都已经改成了"喻"，其实不完全是这样，因为我找到了确切的证据，证明现在还有姓"谕"的，而且就是这个谕猛的后代。在哪里呢？湖南长沙。此外，湖南张家界和衡阳、云南曲靖和迪庆藏族自治州、台湾云林县也有这个"谕"。可见没有全改。

另外，也有源于鲜卑族的。鲜卑族的渝汾氏，后来都改成了喻。其他兄弟民族，像苗族、侗族、彝族、土家族、藏族、傣族里边，都有这个喻姓。所以喻这个姓很有意思，人数不多，散得还挺广，现在已经遍布全国。所以，即便一个姓再少见，但只要在一个民族中或者在一个地方有一个人姓这个姓，就说明这个姓传下来了。在发展过程中，喻姓逐渐形成了三支：河东一支，即山西的黄河以东地区；江夏一支，也就是湖北武汉一带；还有一支在南昌。

喻姓确实不能说是大姓，但也有非常了不起的人物。

我就举一个诗僧的例子。诗僧，就是会写诗歌的僧人，像近代的苏曼殊、弘一大师，都是非常有文采的僧人。宋代有个著名的诗僧叫喻惠洪，又叫喻德洪。这个名字我说出来以后,有一个姓没准想跟我打官司。因为姓彭的人,往往认为这个诗僧姓彭,但是我手边的资料显示,他姓喻的可能性大。我们别惹事,就暂且叫他惠洪吧。惠洪自幼家贫,14 岁时父母双亡,入寺剃度但没有受戒,做了沙弥。19 岁时到京师,在天王寺剃度为僧。当时当和尚要登记身份,是要有度牒(即和尚的执照)的。度牒这东西很管用,有时候其实就是假身份证,好比《水浒传》里的武松,为掩人耳目,要出家了,度牒早有人给准备好了。但是当时领度牒很难,于是他就冒用了一个叫惠洪的和尚的度牒。所以他到底叫什么名字,现在也无从得知了。惠洪一生不幸,曾经两度入狱,甚至被发配到了海南岛。一直到公元 1113 年,惠洪才获释回到老家江西宜丰县。惠洪精于佛学,长于诗文,著述非常多。他曾写了一本书叫《冷斋夜话》,这本书估计很多人没看过,但是"脱胎换骨"、"痴人说梦"、"大笑喷饭"、"满城风雨"这些耳熟能详的词全都是出自这本书。

喻姓在中国姓氏中的准确排名,我一直无法查到,不同的资料之间冲突很大。有一份资料说,1987 年喻姓排在第 305 位。但另一份资料又说,将近 20 年后的 2006 年,它居然排到了 184 位,有 58 万人。要真是这样,那这 20 年里,喻姓得生出多少孩子来?如果喻姓人口真的排在 184 位,有58 万的话,那还真是不得了。当然,这个数字仅供大家作参考,毕竟它不像别的姓那样有非常精确的数字。但基本上我们可以说,这不是一个很大的姓氏。

柏水窦章

按照传统的说法，柏姓是上古的贵族姓氏，柏姓之人血统高贵，天资聪颖。那么，柏姓到底是怎样起源的？在历史的长河中，它有怎样的发展演变？窦姓起源很古老，在汉朝的时候，窦氏家族就已经名震天下，出了很多皇亲国戚，那么，窦家有什么样的名人？他们又留下了哪些典故呢？

⊙ 带着行李卷上刑场的柏大学士

在过去，柏这个姓读 bó，不读 bǎi。它和嬴姓有什么关系呢？
清朝时的大学士柏俊缘何做了刀下之鬼？这是一起冤案吗？

柏这个姓很麻烦，因为在过去，这个姓读 bó，不读 bǎi，而今天大家都读 bǎi。试想想，如果有一天，姓柏的现代人在地下碰到自己的老祖宗，他问："你什么姓？""我姓 bǎi。"老祖宗都不敢认你是自己的子孙。那为什么这个姓读 bó 呢？这跟它的姓源有关系。

按照今天的读法，柏姓有这么几个姓源：

第一，舜帝的时候，有个贤人叫柏翳（又称伯益），是舜的司徒大臣。舜帝赐其姓嬴，成为嬴姓的始祖，秦始皇的祖上。于是他就有了两个姓：一个是嬴，一个是柏。柏翳是个了不起的人物。在中国历史上，他最早摸索出了驯养牛、羊、猪、狗、鸡、鹅的方法，把这些动物驯养成了家禽，这可是个不得了的贡献，对人类文明的发展是至关重要的。当然，柏翳最为有名的事迹还是协助大禹治水，立了大功。

第二，以封国为姓，这个来源很早。周朝有个国家叫柏国（又称柏子国），故址在今河南西平一带。相传柏国的开国君王是黄帝的臣子柏高，后来柏国被楚国灭掉，他们的后代就以柏为姓。我们现在对于春秋战国的印象都太简单了，只知道战国七雄——秦、楚、齐、燕、韩、魏、赵，其实战国的时候还有很多国家，只不过这七个最大。春秋时期就更多了，至于有多少，今天的学术界都还没搞清楚。

第三，从先祖名字中得姓。远古时代有个人姓柏皇氏，名字叫芝，是东方部落的首领。这个部落的图腾是柏木，所以他又叫柏芝，他的后代就姓柏。

另外，柏这个姓在满族和朝鲜族里也有。所以说，中华民族是个大家庭，很难找到一个兄弟民族里没有的姓。

传说柏姓是上古的贵族姓氏，按照传统的说法，血统高贵，所以柏姓的人天资聪颖。传说中上古时代很多帝皇的老师都是姓柏的。比如黄帝的地官叫柏常，前面提到过的协助大禹治水的叫柏翳，颛顼帝的老师柏亮父，帝喾的老师柏昭，这些都是传说里的人。

柏姓的始祖在河南一带，后来大部分南迁。今天的柏姓人群主要集中在安徽、湖南、陕西、江苏。可以看到，除了陕西在北方以外，其他几个聚居地都在南方，也就是说，大部分都由北往南迁过去了。

一般来说，祠堂里的对联都是把自己家族最显赫的人士给列出来，以激励子孙后代。光宗耀祖是传统文化中很重要的一个概念，真的人人做到光宗耀祖了，就不会去干坏事了，就会事事付出自己的努力了，所以这不是一个不好的概念。柏姓家族过去的祠堂里就有这么一副对联："文授大学士，功封平原王。"

上联中的"文授大学士"，指的是清朝道光年间的大学士柏俊。有意思的是，柏俊不是汉族人，而是蒙古正蓝旗人。除了不是汉族外，柏俊还有值得说的一点：他原名叫松俊，是后来改名叫柏俊的。既然改叫柏俊了，说明他是愿意姓柏的，柏家也愿意认，所以就把他算进来了。你看，柏姓祠堂用一个非汉族的人来作为自己的典范，不仅不是汉族人，本姓还不是柏，还是后改的，我还没见过第二副这么"怪"的宗祠联。下联中的"功封平原王"，是指唐朝平定安史之乱有功的柏良器。柏良器，字公亮，魏州人，功封平原王，画像于凌烟阁。唐太宗时，曾命阎立本在凌烟阁内描绘了二十四位开国功臣的画像，以资纪念。当时能画在凌烟阁上的可都是了不起的功臣啊，后来补画上去的功臣里边就有柏良器。

上面对联里提到的柏俊，官当得很大，但是结局很惨，因为一件科场案被斩首。柏俊历来清廉、持正，不是贪官。但自从当了大官以后，和载垣、端华、肃顺这些人的关系不大好。咸丰八年，柏俊典顺天乡试，拜文渊阁大学士。这官可是极大的，然而，柏俊这次摊上大事了——那年的顺天乡试出现了舞弊的情况。历朝历代对于科考舞弊的处罚都很严厉，清朝也不例外，处理科场案比现在还狠。柏俊摊上的这次科场案，是谁去查的呢？该柏俊倒霉，是和他关系不怎么样的肃顺爷。

肃顺这个人很复杂。他是满族人，贵族之后，黄带子，天潢贵胄。他和别的满人不一样，很看重汉人，觉得汉人厉害、能干，所以他是最早支持曾国藩的。没有他，也就没有后来的曾国藩。清政府最后继承了肃顺的传统，靠着汉族人以及汉族人的武装力量，才平定了太平天国。从这个角度看，肃顺对清朝是有功的。那在柏俊科考案的处理上，他又是怎么做的呢？

柏俊虽是文渊阁大学士，但肃顺在查案的时候，一点也不讲情面。他查到柏俊的家人牵涉到了科场舞弊案，就直接报给了皇帝，说："科场、国家考试是大事，是选拔人才的，必须要保证公平，绝对不允许舞弊，必须要严惩。"这种情况下，咸丰皇帝很犹豫：杀文渊阁大学士？开什么玩笑？这可是一品大员啊。咸丰觉得柏俊毕竟也是受了家人的蒙蔽，家人在收钱，他到底知不知道，该不该杀，或者是不是就判一个斩监候，也就是咱们今天说的死缓？肃顺说："不行，国家法律，尤其是考试，必须非常严肃。"最终，肃顺说服了咸丰，判了柏俊一个斩立决，也就是斩首，立即执行。

柏俊是在哪儿被杀的？北京菜市口。杀之前，柏俊还想呢："没有这个先例啊，杀大学士，何况我也是受了家人的蒙蔽，而且年纪又这么大了。"上刑场之前，柏俊还通知家人把行李铺盖卷带上。为什么？他想："我是大学士啊，我懂的，老规矩嘛，皇帝下道恩旨，罪减一等，改为充军新疆，一般都这样嘛。"所以他就通知家人在菜市口旁边候着，一宣布充军，那是必须马上走的，绝不能停留，这是规矩。刑场上准备好了，也还没上绑，柏俊就等着，眼巴巴地看，还等着皇帝派哪个太监来宣布开恩呢，很镇定的样子。哪知道远远看见来的是肃顺，柏俊大呼："完了！肃老六监斩，我必死无疑！"最终，一刀下去，柏俊人头落地。这一刀以后，清朝的科场舞弊少了许多。谁还敢？连大学士都杀，不敢了。巧合的是，几年后，辛酉政变，慈禧掌权，肃顺也落了个菜市口斩首的下场。

柏姓的排名也无法确定，根据我手头有限的资料，1987 年，柏姓在中国姓氏中排名第 186 位，20 年后排在第 213 位，下降了小 30 位，人口大概 41 万。

⊙ 水佳胤，一个人搞定白莲教

在《百家姓》中，柏姓之后是水姓，按照人口比例来说，水姓不是个大姓，但在中国历史上，历代不乏水姓的忠臣良将，这些人是谁？他们做了什么呢？

柏姓之后是水姓。水姓的源头有这么几个：

第一，出自姒姓，是大禹时候的水工之后，属于以职业为姓。当年有很多人跟着大禹治水，这些人有好多就姓水了。大禹曾带领着很多治水的人到了会稽山（今天的浙江绍兴），并把自己的庶孙留在了那里，后来大禹庶孙的后代便以水为姓。所以绍兴至今还有好多姓水的，都是大禹的后代。

第二，还有一个来源非常有趣。大家知道，古代只有贵族有姓，一般人没姓。到后来普通人也可以取姓的时候，有人便从金、木、水、火、土里边取了个水作为自己的姓。

第三，出自共工氏。共工氏是黄帝时候的水利官员，他的子孙姓水。

第四，上古时代很多人住在河边或者湖边，就以水为姓。

第五，曾有一个复姓叫水丘，后来就简化为水姓。

今天水姓多聚集于浙江一带，尤以吴兴、临安为盛。水姓逐渐在这两个地方发展成为望族，世称吴兴望和临安望。

水姓不算大姓，但是历代都有忠臣名将。水佳胤，明朝天启年间的进士，熟谙兵法，曾经平定了白莲教之乱。大家看金庸的武侠小说，会觉得总有白莲教在闹事。白莲教是很难铲除的，因为它散在全国，一下起来，一下又下去，找不着，灭不光，最终却被水佳胤搞定了，而且他还活捉了教主王森。很厉害吧？另外，他还平掉了粤寇。当时广东也有人造反，水佳胤一次灭掉了 60 余股贼寇。后来水佳胤归隐了，大家为了纪念他，就在蓟州建造了一座水督庙。现在你去问当地的老百姓：这个庙为什么叫水督庙？他可能会说：是不是以前有个人治水、搞水利有功，所以纪念他？他可想不到，这是为了纪念一个姓水的都督，才叫水督庙的。

还有一个叫水苏民的无锡人，是个名垂青史的清官，曾任邵武知县，廉明清正，造福一方。

从水姓可以看出，即使是再冷僻的一个姓，在历史上还是可以查出很多名人的。

水姓的排名不清楚，根据我手头的资料，1987 年在中国姓氏中排名第400 位。至于后来新的数据，不好说，估计人数应该还在 10 万人以上。显然，从人数上来说，这是个小姓。

⊙ 惹恼窦太后的严重后果

窦姓的起源很有意思，是为了纪念一个供人躲避的山洞，那么这个被追杀的人是谁呢？汉初的窦太后可是厉害得很，她做出过怎样惊世骇俗的事呢？

接下来是窦姓。窦姓主要有四个来源。

第一，出自姒姓，是夏朝的皇帝少康之后。少康之后怎么会姓窦呢？这里边有个很复杂的故事。首先需要解释一下"窦"这个字：窦就是山洞的意思。大禹的儿子启建立了夏朝。启的继任者为太康，这个太康吃喝玩乐，不理政事，于是便有部落发动了叛乱。这场叛乱持续了很长时间，其间太康的侄子相不得不带着怀孕的太太缗一路逃难。后来相遇难了，缗逃到一个山洞里躲了起来，最后安全地生下了儿子少康，后来少康又登上了夏朝的王位。为了纪念这个山洞，少康就让自己的两个儿子改姓窦。

第二，出自古代的兄弟民族。魏晋南北朝时有五胡乱华一说，五胡即匈奴、鲜卑、羯、氐、羌，其中的氐族中就有窦姓。这一支窦氏主要在山西、甘肃、四川一带。

第三，有些兄弟民族曾经改姓或者被赐姓为窦氏。比如鲜卑族。

第四，战国的时候，在魏国有一个人叫窦公，他的后代就姓窦。

由以上可以看出，窦姓的起源很古老。到了汉朝的时候，河北清河有户窦氏人家出了位了不起的人物——窦太后。窦太后是汉文帝刘恒的皇后、汉景帝刘启的母亲，非常厉害，完整经历了"文景之治"，参政时间很长，一直到汉武帝的时候。她相信黄老学说，不赞成讲儒学，当时有几个儒生给景帝做老师，跟景帝大讲仁义道德，把老太太惹火了，就说："走，让他们斗野猪去！"那时候皇帝的花园里养了头野猪，窦太后就让人把这两个老头扔在野猪圈里，让他们徒手斗野猪。景帝不落忍了，毕竟是自己老师嘛，于是偷偷地递了把剑进去，俩老头才把野猪给捅死了，保得了性命。可见这窦太后有多不好惹。

从两汉一直到隋唐，窦姓出了很多皇亲国戚，有点权倾天下的意味。我在这里给大家讲两个关于窦姓的小故事，一个是典故，一个是精神。

"沾沾自喜"这个词大家都知道吧？这个成语的典故就出自西汉时期的魏其侯窦婴。窦婴是谁呢？是窦太后的亲侄子。窦婴这个人也很厉害。公元前154年，吴王发动七国之乱，谁带兵去平乱的？窦婴。出征前，皇上赏赐给他一千斤黄金，当然那个时候的黄金也可能是黄铜，古代金和铜不太分。知道窦婴怎么干的吗？他把一千斤黄金放在走廊里，让部下随便拿。可见这不是一个贪财的人。窦婴虽然有本事，背景硬，也没什么毛病，但景帝就是不怎么用他。后来窦太后看不下去了，多次劝景帝任用窦婴为丞相，可是汉景帝死活不同意。所以，"文景之治"不是平白无故就创造出来的，景帝也是很厉害的，自己妈妈的话也不全听，他也要看人，他说窦婴这个人老是"沾沾自喜"，不适合当宰相。这就是"沾沾自喜"的来源。

另外一个故事是关于唐高宗时的宰相窦德玄的。有一天，唐高宗到濮阳出巡，窦德玄跟其他大臣骑着马在后面跟着。唐高宗就问："濮阳又名帝丘，是怎么回事呢？"窦德玄很老实地说："不知道，我答不上来。"旁边还有一个非常有名的大臣，叫许敬宗，一听皇帝在问问题，就赶忙从后边凑过来说："从前古帝王颛顼曾经住在这里，所以叫帝丘。"高宗说："好，许敬宗答得好，有学问。"回来以后，许敬宗私下里跟别人说："大臣不可以没学问，你看窦德玄连这个问题都答不出，我都替他害臊。"这话传到了窦德玄的耳朵里，窦德玄就说："每个人都有能有不能，有知有不知，我不能勉强回答皇帝我不知道的事，这是我能做到的。"换句话说就是："知之为知之，不知为不知，是知也。"就是实话实说的意思。说到教育孩子，古代的家长经常提起的两个榜样都姓窦。一个是《三字经》里的"窦燕山，有义方，教五子，名俱扬"，说的是五代时候的窦燕山。第二个就是窦德玄，教孩子要实话实说。两位窦姓名人，在过去那是家喻户晓，没有不知道的。但是现在，人们都不太知道这两人了。

今天窦姓在中国姓氏中排名第 219 位，一共 38 万人，约占全国人口的 0.031%。

⊙ 章太炎骂人的艺术

　　章姓在历史上也是人才济济，章氏家族有一个著名的家训，内容是什么呢？晚清时期出了一位国学大师章太炎，章太炎先生有哪些有意思的逸事呢？

　　窦姓以后，就是章姓。章姓的姓源主要有三：

　　第一支，出自姜姓，是神农氏的后裔，以国名为氏。商朝的时候有个鄣国，到西周时仍然存在。建立齐国的姜尚姜子牙，便把鄣国收为齐国的附庸国，还把自己的子孙封在那里。鄣国灭亡时，他的子民就以章为氏，去掉"耳刀旁"表示失去了自己的疆邑。

　　第二支，出自任姓。任姓为黄帝赐封的十二个基本姓氏之一。黄帝最小的儿子封在了任地，因此姓任。后来这个任姓又分出来了十个姓，章姓便是其中之一。

　　第三支，出自改姓。改姓的原因多种多样，举几个例子：汉代的章弇本来姓仇，因避仇而改为章姓；元朝人章卿孙原来姓刘，因由章姓人抚养长大，就以章为姓；满洲八旗里的章佳氏后来改为了章姓；当代土家族中原有人以姜加孔为姓，后来不知道怎么就改成了章姓。

　　章姓人才济济，我在这里就给大家讲讲中国传统学术的最后一位大师——章太炎。

　　章太炎（1869—1936），浙江余杭人，他初名炳麟，字枚叔，后来改名为绛，号太炎。这个人了不起，大学问家、大革命家，很多名人都是他门下的弟子，比如鲁迅、钱玄同等。他曾经在扇子上挂上大勋章，去大骂袁世凯。袁世凯当时虽是大总统，却惹不起他，因为他也知道，章太炎是杀不得的，于是就把他软禁在北京，好吃好喝，每个月几百大洋供养着他。章太炎脾气特别大，整张宣纸，画个乌龟，在乌龟身上写上袁世凯，天天骂。袁世凯为了监视他，还派一些人去伺候他。结果章太炎说："你们来伺候我是吧？那好，每天早晨给我磕头请安。"

　　传统文人很多都是真性情，章先生也不例外，他从来不装，可爱得很。五四运动的时候，兴起过一个白话文运动，当时有一位北大教授叫刘半农，他倡导一种学说，说文言文是死的文字，谁再写文言文，就是死人；白话文是活的文字，写白话文的人，才是活人。章太炎一看很生气。有一天刘半农去看他，对他毕恭毕敬的。章太炎先是开导他，说："白话文又不是今天才有的，《诗经》就是白话文，'窈窕淑女，君子好逑。'这不就是白话文吗？'关关雎鸠，在河之洲。'这不就是吗？所以《诗经》就是白话文。我们还有白话文的小说，你看《水浒传》、《老残游记》，还有《海上花列传》，这都是用苏州话写的。你说什么叫白话文，是你们发明的？"刘半农说："白话文是以国语为标准的，国语就是北京话。"章太炎听了哈哈大笑，问刘半农："你说北京话是什么话？"刘半农说："就是中国明清以来京城里人所说的话。"章太炎就问他："明朝的时候，北京人怎么说话？"刘半农回答不出来。章太炎是研究古代音韵的，知道明朝的北京人怎么发音，他就用明朝的音韵背诵了一遍文天祥的《正气歌》。明朝北京人的发音当然与当时的北京话完全不同了，要知道，明朝的北京是讲南京话的，那个时候当官的说的都是南京的方言。即便今天的北京话，也有好多蒙古语、满语的发音。章太炎接着又说："现在的国语，按照你们的说法是北京话，但严格说来，里面有很多是满洲人的音韵，很多字音不是汉人所有的。"刘半农先生就愣住了。章太炎先生后面说的就更好玩了："前一段时间，我看见你在报纸上登广告，征集各地的骂人话。第二天早上，就有很多人到学校里，到你的课堂上，就来骂你老母。所以后来你就不敢做这个工作了，对吧？有这事吧？"刘半农说是是是。然后章先生说:"那我也来贡献一点,给你说说历朝历代都是怎么骂娘的,你拿笔记下来。"于是章太炎就挨个把汉朝、唐朝、明朝人骂娘的话模仿了一遍,甚至明朝的上海人和宁波人怎么骂娘,也说了一通。刘半农开始还记,渐渐地就坐不住了。章太炎从早上一直骂到中午,相当于用各种方言把人家骂了一遍。刘半农实在没办法,当时陪着刘半农先生的也是刘家兄弟,都是很了不起的人物,比如大音乐家刘天华,这些人在旁边听着脸上也都挂不住了。章先生真是学问大家啊!这些人赶紧就说:"我们麻烦先生太久了,我们告辞,告辞。"赶忙出去了。章先生还在骂呢,一直骂到门口。当然,章太炎不是一个低级趣味的人,他这是在开玩笑,这说明他对中国传统文化实在太了解了。

关于章姓,还有个非常重要的人——章仔钧。章仔钧是五代时的福建人,他的家训《太傅仔钧公家训》,是可以列入中国著名家训前十名的:"传家二字曰耕与读",耕读传家;"兴家二字曰俭与勤,安家两字曰让与忍",你要家庭兴旺就要注重勤俭,要家庭安定就要凡事忍让;"防家两字曰盗与贼,亡家两字曰嫖与贱,败家二字曰暴与凶。休存猜忌之心,休听离间之语,休作生忿之事,休专公共之利",你别去占公共资源,比如胡乱在人家门前停个车什么的,这种事情都别干;"子孙不患少而患不才,产业不患贫而患非正,门户不患衰而患无志,交游不患寡而患从邪。不肖子孙眼底无几句诗书,胸中无一段道理,神昏如醉,礼懈如痴,意纵如狂,行界如丐,败祖宗之成业,辱父母之家声,乡党为之羞,妻妾为之泣,岂可立于世而名人类乎哉?"这就是章姓家训,章家子孙至今还在诵念。当然我不敢说全国章家,仅就我家乡附近的章氏宗祠,每次祭祖,都要念诵《太傅仔钧公家训》。

章姓在今天也已经排到了100名以外,排在第114位,人口约150万,约占全国人口的0.12%。

云苏潘葛

　　云、苏、潘、葛是四个紧密相连的姓氏，其中云姓和葛姓人口较少，而苏姓和潘姓人口较多。这四个姓氏在历史上都有精彩的传奇故事和让人津津乐道的名人事迹。这四个姓氏的来源都比较复杂，那么它们都源自哪里？在漫长演变中，又经历了哪些波折呢？

⊙ 墙里开花墙外香的云姓

出自南方的云姓在国内不声不响，不知不觉间却在海外发展壮大，成为泰国政坛上一股重要的力量。这是怎么回事呢？

云姓，是一个比较小的姓氏。它的来源其实挺复杂的：

一个是出自妘姓。颛顼有一个子孙叫祝融，是当时管理用火的火正（古代的一种官位）。后来祝融的子孙被封在郓罗地，号妘子，由此就有了这么一个妘姓。后来有一支妘姓把女字旁给去掉了，只剩下了云字做姓，这是云姓的一个主要起源。

第二，也是出自妘姓，也是祝融之后，但是由于相隔了好多代，所以血缘不太纯正。这一支有个封国叫作郧国（今湖北郧县），郧国后来被楚国灭掉，子孙就开始以郧为姓，由于发音和云相似，后来也就读成云了。

第三，是出自缙云氏。缙云是黄帝时候的一个官名，主要是管理一年四季季节转换的事。到后来，这一支分成了两个姓，一个姓缙，一个姓云。姓缙的我倒还没碰到过，反正后来有一支姓云。

还有一支，和其他姓氏一样，出自兄弟民族或者古代的兄弟民族。古代的代北（今山西北部）有一个姓叫悉云氏，后来融入了汉族，就简化为姓云。还有一个叫宥连氏，后来变成了云姓。此外，北魏孝文帝改革时，鲜卑族全部汉化了，融入了汉族，所以很多汉姓都有鲜卑族的血统，云姓也不例外。鲜卑族有复姓叫是氏云、牒云氏，也都改姓了云。

云姓的迁徙路线不太清楚，但是可以肯定的是，山东琅邪一带很早就有姓云的，后来迁到了别的地方。今天云姓最多的是云南、海南两省。很多人以为云姓跟云南的"云"有关系，其实二者没有瓜葛，云是个北方姓氏，不是南方姓氏。史籍上记载，宋末元初有个人叫云海，陕西巩昌府人，一开始在陕西当官，后来宋朝灭亡以后，他不再当官，率领子孙跑到了广东、海南一带，成为现在南方汉族云氏的始祖。

云姓的名人很多都是海南人，我给大家举一个非常有名的。这个人叫云崇对，字策臣，是海南文昌人。云崇对是清末著名的侨民，旅泰的大企业家。在泰国，云氏家族地位显赫，几乎没有人不知道。云崇对曾经是清朝的候补同知，青年时代到泰国谋生，娶了一个名叫娘坎的泰国姑娘，生下了七男三女。这以后，云氏家族的第二代、第三代在泰国连续出了三个部长。云崇对下边茂字辈的云茂修、云茂伦、云茂保和云茂杰号称"一门四杰"，对泰国政治、经济、外交的影响都很大。当然，根据泰语发音，云姓在泰国已经改叫"云达军"，弄得又好像是鲜卑族的姓氏一样了。这是泰国的云姓。

根据我手头的资料，1987年的时候，云姓进了中国姓氏的前500位，排在第481位。此后的20年里，云姓的人数大概减少了。因为我手头还有个2006年的中国姓氏排名，里面云姓都找不到了，不知道排在第几，500名以内肯定是没有了。

⊙ 苏秦临死设计追凶

苏姓的来源比较复杂，在历史上也是名人辈出，而且早在战国时期，苏姓就出了著名的纵横家苏秦。今人还在沿用的一些典故就和苏秦有关，都有哪些典故呢？

云之后是苏姓。苏是个大姓，它有几个来源：

第一，出自上古颛顼帝。要这么说起来，苏姓跟云姓还是一个老祖宗。因为当时恐怕人的数量比某些动物还要少一点。元谋猿人才几个？北京猿人才几个？后来的山顶洞人也没几个。所以最早大家的血缘其实都差不多的，我们总说中华民族是一家，这话还真不是随便说的。苏姓跟云姓，其实都是颛顼的后代，而且还都是管火的祝融的后代。

第二，来自于古代兄弟民族中的苏姓。这在苏姓里边很奇怪，很早就有，比孝文帝改革还早得多。我们现有其他民族血统的汉姓，很多是北魏时融进来的，但苏姓不一样，兄弟民族中出现苏姓是东汉时候的事。如果大家读过或者看过《三国演义》，肯定都知道乌桓吧。在汉武帝的时候，乌桓里边就有一支归附了汉朝，他们里边就有改姓苏的。等到北魏孝文帝改革的时候，改姓苏的就更多了，鲜卑族就有很多改姓苏的。

此外，满族、锡伯族、裕固族、羌族、彝族等很多现在的兄弟民族当中都有苏姓。还有很多苏姓可能有着外国血统。比如，回族有所谓"回族十三姓"之说，就是指回族里特别大的13个姓，比如马、苏，都是大姓。元末明初，有一个名叫苏拉玛尼的波斯商人，沿着丝绸之路来到中国经商，最后他留了下来，子孙就都姓苏了。像这种有外国血统的苏姓繁衍至今，放人堆儿里都找不着了。如果你碰见个姓苏的人，胡子特别浓，鹰钩鼻子，你可以问问他是哪儿来的，没准就是苏拉玛尼的后代。明朝的时候，锦衣卫里边有个指挥佥事叫速来蛮，是留在中国的色目人。这个速来蛮有个后代，功劳挺大，明朝皇帝就把他名字改了——叫速来蛮太麻烦了，改叫苏荣吧。所以他的子孙就都姓苏。再比如说元代时福建泉州有一位从中亚来的，叫苏唐舍，他后来入乡随俗，也改姓了苏。泉州现在还有一个墓地，里边有几千块墓碑，有的墓碑上面就刻着古叙利亚文、古波斯文。

苏姓发源于河南温县，后来东周时迁都洛阳，苏姓人中当官的也就跟到了洛阳。春秋时，有一个姓苏的人到楚国某个地方（今湖北境内）去当官，后来就定居在了两湖一带。汉武帝的时候，有一个叫苏建的人讨伐匈奴有功，被封在今天陕西咸阳一带，这一支后来又派生出扶风苏氏、武功苏氏、蓝田苏氏等等。此后的一段时间，北方连年战乱，民族南迁，苏姓也不例外，就迁到了江南各地。隋朝的时候，因为有人回河南当官了，所以苏姓又有迁回到河南的。后来在唐朝的两次移民当中，苏姓开始进入福建。

今天的苏姓哪个省最多呢？大家可能想不到——广东。广东的苏姓占了苏姓全部人口的 20%。

苏姓的名人实在太多了，说两个冷僻的。

苏姓在福建同安有个堂号叫芦山堂。这一堂有个人叫苏颂，他发明了世界上第一台天文钟水运气象台，集观察天体、演示图像、自动报时的功能于一身，比欧洲人发明钟表要早 600 年。这就是同安苏氏的贡献。

再讲个跟苏姓有关的民间传说。如果说一个人办事不认真，吊儿郎当，处事随便，好出洋相，咱们管这种人叫什么？二百五。"二百五"的来源就跟苏姓有关。

战国时，有个纵横家叫苏秦，他说服了齐、楚、燕、赵、魏、韩六国结成同盟，对付秦国。所以他受到赏识，被封为了丞相。哪国的丞相？六国丞相。苏秦腰里拴着六颗丞相印，一个人兼着六个国的丞相，苏秦在齐

155

国的时候，秦国担心他真的把六国联合起来对付自己，于是就派刺客去杀他。刺客撞见苏秦以后，干脆利落，当胸一剑，苏秦当晚就不治身亡了。但是在临死前，苏秦跟齐王说："你要为我报仇，一定要抓到这个刺客。"齐王问："那怎么找到他？"苏秦说："有个招儿，叫引蛇出洞，我是肯定活不了了，我死了以后，你把我的头砍下来，扔在路边，然后你一面叫人拿鞭子抽打我的尸体，一面叫人说我的坏话：'苏秦是内奸，大王被他蒙蔽了，死了也不能饶过他，要把他的头砍掉，要鞭尸。大王要感谢那个杀了他的人，杀了他的人赶紧出来啊，大王要重奖。'"古人是很看重自己的身体的，"身体发肤受之父母"嘛，所以对苏秦处以枭首、曝尸、鞭尸，当时没有人不信的，由此可见苏秦之狠。这样一来，果然有四个人就冲出来了。"大王，苏秦是我杀的！"苏秦才挨了一剑，却来了四个人争功。齐王一看，火了，这里边杀苏秦的只有一个啊。齐王又一想：干脆把四个人都干掉算了，反正是你们自己冒出来的。齐王当初悬赏了一千金，这来了四个人，怎么分？四人说："这样吧，我们每人二百五吧。"齐王大怒，说："好办。来人，把四个'二百五'拖出去砍了！"这就是"二百五"的由来。

苏姓是大姓，在今天中国姓氏中排名第 41 位，有大概 580 万人，约占全国人口的 0.46%。

⊙ 潘姓里边的"高富帅"

貌若潘安，说的就是潘姓中一个著名的历史人物——潘安。这个人究竟美貌到什么程度？在他身上有什么样的典故？潘姓在历史上又是怎样演变的呢？

接着苏姓的是潘姓，这也是一个大姓。潘姓的起源主要是下面几个：

第一，出自芈姓，是春秋时候楚国贵族潘崇之后。潘崇曾助楚穆王继位有功，受封为太师。

第二，出自姬姓，是周文王的裔孙伯季之后。伯季曾被封在潘邑，他的后人就以祖先的封地为姓。

第三，出自姚姓，是舜帝之后。商朝时，舜帝的后裔曾建潘子国，后来潘子国被周文王所灭，其后代就以国名为姓，称为潘氏。

另外，北魏孝文帝改革的时候，鲜卑的破多罗氏改为了潘姓。后来满族也有很多用潘作为汉姓的。令人奇怪的是，台湾高山族姓潘的特别多。怎么回事呢？康熙末年，台湾的岸里大社（今台湾台中市附近）有个叫阿穆的首长归顺了清朝，被赐姓为潘。光绪时期，台湾的高山族纷纷归顺朝廷，也都赐姓为潘，这就是台湾高山族潘姓人特别多的原因了。现在的满族、水族、京族、土家族、彝族、瑶族、回族、壮族、布依族等兄弟民族，都有潘姓。

春秋战国的时候，潘姓的主体在湖北境内发展，后来开始往山东、湖南迁徙。东汉的时候，因为有个当官的到了江苏溧阳，所以江苏出现一支潘氏。三国时期的吴国有个右将军就姓潘，是从山东迁到南京一带的。还有一个人大家别忘了，孙权的太太姓什么？姓潘。她是哪儿人呢？浙江会稽人。后来潘姓开始进入福建、广东，北方残留的潘姓开始进入内蒙古、陕甘等地。这也就说明，三国时代，潘姓就已经遍布全国了。到了北魏的时候，很多鲜卑人改成潘姓，而且其中的破多罗氏后来还在洛阳形成了潘姓的一大郡望，这种异族改汉姓还变成了主流的，很少见。

潘是大姓，名人自然也多，过去形容美男子，有一个词——貌若潘安。中国几大美男子，卫玠是一个，何晏是一个，前面都介绍过了，还有一个就是潘安。

潘安的名字其实叫潘岳，怎么就给改成潘安了呢？因为杜甫一首叫《花底》的诗里面有一句："恐是潘安县，堪留卫玠车。"在这首诗中杜甫称他为潘安，由于诗太有名，后代人就叫他潘安了。潘岳非常漂亮，他少年的时候，才华出众，20岁时某一天，赶上晋武帝藉田（古代一种仪式。每年春天的时候，由太监牵着牛，皇帝在后面举着鞭子晃两下，就表示参加劳动了，祈祷五谷丰登），潘岳就写了一首赋来赞美这件事，洋洋洒洒，辞藻优美。人漂亮，才华又好，皇帝就很欣赏他。这会招致什么后果？羡慕嫉妒恨啊。所以潘岳十年不得升迁，到了30多岁，才当了一个县令，这已属很晚了。他当官也很有意思，下令全县种桃花，桃花还有好多典故，这是其中之一。潘岳当县令政绩不错，后来就被一个太傅提拔了上去。该他倒霉，那太傅后来被杀了，潘岳也就被牵连了。

潘岳这个人，有才华，长得漂亮，但是非常势利，曾经与石崇一道，对当时的权臣贾谧非常谄媚。那么漂亮的人，也跟一帮人等在贾府门口，一看贾谧的车出来了，望尘而拜。因此，潘岳落了个不好的名声，等赵王伦篡位、孙秀专政以后，他就被夷了三族——政治品格上的问题，导致了潘岳的被杀。

潘岳政治品格有问题，但他私人品德极好，潘岳的夫人叫杨蓉姬，死得早。夫人去世以后，潘岳居然就不再结婚了，天天思念故人，一思念了就写诗写赋。你想啊，那么漂亮的人，那么有才华，又是当官的，还很浪漫，老婆死了以后还天天想，哪个女的不喜欢这样的。潘岳对他母亲也特别好。他母亲年纪大了，他就辞了官，回家专门伺候母亲。潘岳还挺廉洁的，回家以后，自己耕田种菜，而且还经常给母亲买她喜欢吃的东西。母亲身体不好，年纪大了，想喝奶，潘岳就亲自养了一群羊，挤奶给母亲喝。最早的《二十四孝》里边就有潘岳。总之，潘岳私德好，公德差，用情专，好种桃花，就是这么一个人。

潘岳在后人的心目中是怎样一个形象呢？咱们看《红楼梦》就知道了。《红楼梦》里"尤三姐思嫁柳二郎"的情节大家还记得吗？尤三姐提到自己终身大事时说："终身大事，一生至一死，非同儿戏，我如今改过守分，只要我拣一个素日可心如意的人，方跟他去，若凭你们选择，虽富比石崇，才过子建，貌比潘安的，我心里进不去，也白过了一世。"这是尤三姐说的名句。可见，在曹雪芹的眼里，潘岳除了漂亮也没啥。其实不是的，潘岳绝对不仅是漂亮，这是一个非常复杂的历史人物。

潘姓今天在中国姓氏中排在第36位，人口620万，约占全国人口的0.5%，是个很大的姓。

⊙ 太极仙翁原是葛家人

在漫漫历史长河中，葛姓是怎样发展演变的？道教里的太极仙翁与葛姓有什么瓜葛？葛姓之人在文武两途有哪些传奇故事呢？

潘姓之后是葛姓，葛姓有几个来源：第一，出自嬴姓，黄帝的后裔，以封地为名。黄帝有一个子孙封在葛，他的后人就以封地为姓。第二，以部落名为姓氏。古代有一个部落，叫葛天氏，这个部落的后代也姓葛。

此外就是从别的民族改过来的了。比如北魏孝文帝改革时，就有一支鲜卑人改成了葛姓。现在我们的鄂伦春族、满族、蒙古族、裕固族、土家族等好多民族里都有葛姓，具体的来源就说不清楚了。

葛姓源于河南，一直在中原地区发展。史料记载，周成王的时候，在峨嵋山一带的羌族里还有姓葛的，这说明在西周的时候，葛姓人已经进入四川了。秦朝的时候，安徽一带已经有姓葛的了。王莽的时候，有一个叫葛庐的渡江南迁，安家于句容（今镇江与南京之间），后来成为吴中大族。魏晋南北朝的时候，中原战火连天，原来居住在河南的葛姓大量迁往江南，句容葛姓非常昌盛，出了一个名人——《抱朴子》的作者葛洪。葛洪擅长炼丹，是中国道教史上非常重要的人物，他后来带着自己的儿子和侄子去了广州。现在广州的葛姓就是江苏句容葛姓之后。到隋唐时，葛姓差不多已经分布到全国了。两宋时，葛姓在江浙最为繁盛。明初，葛姓作为大槐树移民姓氏之一，被分迁于河南、陕西、江苏、山东、河北、天津、北京等地。自清代开始，广东、福建沿海就有葛姓渡海赴台了，进而远赴海外。如今葛姓在全国分布非常广，其中以江苏、浙江两个省最多。

葛姓的名人很多，文人方面的例如三国时吴国的道士葛玄，道教称之为葛仙翁，就是太极仙翁，地位很高。前面说到的葛洪就是他的从孙，这一支都是修道的。武的方面也名人辈出，例如清代道光年间的武进士葛云飞，字鹏起，浙江山阴人。他为人刚毅正直，曾经自己打了两把战刀，一把刀上刻的是"昭勇"，一把刀上刻的是"成忠"，誓言要成为忠臣。道光二十一年（1841 年）九月，英军侵犯定海，葛云飞以定海主将的身份与从外边调来的郑国鸿、王锡朋两个总兵官，坚守阵地，奋战六昼夜，最后英勇战死，在中国抵抗外来侵略史上写下了可歌可泣的一笔。

在今天的中国姓氏排名中，葛姓排第 126 位，人口大概 140 万，约占全国人口的 0.11%。

第 十 三 讲

奚范彭郎

　　奚、范、彭、郎这四个姓，在历史上有不少名人，在中华文化很多领域都有一席之地。比如奚姓人在茶道、制墨上建树颇多。陶朱公范蠡每换一个领域都能迅速致富，他的诀窍是什么呢？晚清的中兴大将彭玉麟，原来还是一枚情种。景德镇的郎窑，又是如何得名的呢？

⊙ 中国最早的茶话会乃奚家开创

在中华传统文化中，奚姓之人不仅发明了车，而且还是茶道和制墨的高手，但这样一个优秀的姓氏，有关其迁徙情况的历史记载却并不多。这是什么原因呢？

根据《古今姓氏书辩证》记载，奚姓出自任姓，其自认的始祖是奚仲。奚仲是谁？黄帝 25 子之一的禺阳被封在任地，本为任姓。仲就是禺阳的后人，因为封地在奚，改叫奚仲。我们一般都认为车是奚仲发明的，他在大禹时当过一个叫车正的官，用今天话来讲，就是车辆制造总监。奚仲的后代有些以仲为姓，还有一些以奚为姓，这就成为一支最主要的奚姓来源，而且也是唯一的主要来源，非常纯粹。此外，鲜卑族拓跋氏里也有姓奚的，是奚姓中唯一的兄弟民族血统。

奚姓的迁徙情况不太清楚，我费了半天劲也没查到。但有一点很明确，奚姓现在在全国都有分布。这个姓氏对中国文化有着非常独特的贡献，除了奚仲造车，我再讲两个奚姓的故事。

茶道是一种值得中国人自豪的文化传统。关于茶，我们讲来讲去，总是讲著有《茶经》的陆羽。但是茶道到底是怎么回事？很少有人提及。其实最早发明茶道的是一个姓奚的人。唐朝有个人叫奚陟，是唐代宗大历末年的进士，在唐德宗时已经官至中书舍人了，他跟陆羽差不多处于同一时代。那个时代饮茶的风气刚刚兴起，当时的人怎么饮茶的呢？从关于奚陟的记载里，还能找到一些端倪。

奚陟这个人本性奢侈，他有一套当时公卿之家都很少用到的茶具。这套茶具都包括些什么呢？第一，风炉。茶在喝之前是要先像煎药一样进行煎煮的，风炉就是煮茶用具。第二，越瓯瓷盏。越窑瓷咱们都知道的，非常漂亮，淡绿色的，奚陟用的就是这样一套茶碗。第三，碗托。也就是茶碗所用的茶托。第四，角匕。就是用牛角等动物犄角做的小刀。那个时候的茶可能不是现在这样的散茶，而是像现在人喝的普洱茶一样，是一团一团的，喝之前需要用角匕把它弄碎。奚陟就有这么一套喝茶的家伙什。有一天，天气很热，奚陟邀请了一些同事到家里，在大厅里举行茶会。这可能是茶话会的最早记载了。他开的这个茶话会老有规矩了。客人二十多个，分成两排，奚陟作为主人坐在东侧的首位。怎么喝茶呢？只有两个碗，要递着喝，从西侧客人最后一位开始喝，一直喝到他，要有秩序。我们不知道喝茶时是每人从两碗茶中各喝掉一口呢，还是每人从任一碗中啜一小口？这个不太清楚，反正他有这样一个规矩。史书上的记载非常有意思，怎么说的呢？二十多个人喝茶，只有两个碗，而且茶的量又很少，客人喝茶的时候，还不时嬉笑闲谈，茶碗递得越来越慢，天又热，奚陟就很烦躁。这个时候他旁边有个部下，不会看眼色，端着一摞账本什么的文件来找奚陟签字。奚陟一生气，一下子就把这个官员推了一个大马趴。因为官员是捧着账本、砚台、文件登记册来的，结果砚台里边的墨汁就全洒在了这个倒霉官员的脸上。

这个记载给我们传递了非常重要的文化信息：

第一，茶道的雏形是什么？要有一套家伙什，不能拿什么喝什么。

第二，要有座次。按照官位、年龄或者主客来安排座次。

第三，喝茶要有一定的顺序，不能谁过去都喝一口。

但是这次茶话会，也反映出了中国茶道的特色——说话、闹腾。客人互相聊天、喧哗，弄得奚陟很烦。不像日本的茶道，没有闹的，很安静。或许可以说，后来的茶话会反倒汲取了中国茶道的精华，这最早就是奚姓给我们留下来的。

前面咱们不是讲到那个倒霉的官员把墨汁全泼脸上了吗？这就又讲到了奚姓跟墨有关的第二个人。

在中国的书法、绘画艺术里，墨可是太重要了。像张大千先生，就讲究用明朝的墨。中国的墨文化博大精深。我小时候看到老人家写字时是吃墨的，蘸饱了墨的毛笔尖，放到嘴里吮一下，就弄尖了。我小时候每当流鼻血，我祖母就会拿老墨碎屑敷在我鼻孔里，就不流血了，因为墨里边还有冰片、麝香。

中国最有名的制墨高手是谁？奚廷圭。五代的时候，中国的制墨技术到了顶级水平，当时最有名的就是奚超、奚廷圭父子。

古人做一丸墨，要捣十万杵，拿一个杵要砸十万下，所以古代的墨放再多年都不大会裂，不大会坏。不像咱们今天的墨，买回来搁两天，弯了，弄得你都不知道该磨哪头好。我就经常买到这种墨，买回来以后搁半年没用，就弯得不成样子了。不过倒挺好看，就把它倒过来搁笔了。古代的墨放到现在还一块一块平平整整的，晶莹剔透，泛着油光。

奚家父子做墨太有名了，他们把松烟的工艺发展改进，做出来的墨"坚如玉，纹如犀"，硬度像玉，纹理像犀牛角。"丰肌腻理，光泽如漆"，做好以后，在水里连续泡三年都没关系，水还是干净的，墨还是一整块，手上都不沾，非得磨了才出色。今天的墨，大家买回去往水里泡泡看，过两天就变墨汁了。当然今天的墨也不全是次品，也有好的产品，不能一棍子打死，也许有些地方又发明了新工艺，或者把传统工艺又重新找回来了，这咱们都不敢说，但是我一直没有碰到那么好的墨，这也是事实。奚家父子的墨特别好，得到了文人墨客的高度评价，当时把奚廷圭做的墨叫"廷圭墨"，还得到了南唐后主李煜的高度称赞。这个李煜是个风流天子，喜欢墨而且懂墨，他任命奚超为墨官，而且一高兴，说："你别姓奚了，赐姓国姓，姓李吧。"所以奚姓里边有重大贡献的两个人，就变成李家的了。当然，追根究底他还是奚姓的。

根据我手头的资料，奚姓在 1987 年的中国姓氏中排在第 223 位，而在 2006 年，已经落到第 281 位了，总人口 19 万多。

⊙ 范蠡"三聚三散"明"舍得"

范姓在历史上也是名人辈出，其中最有名的就是春秋时期的范蠡和北宋的范仲淹了，那么在他们身上有什么样的故事？范姓又是怎样起源的呢？

奚之后是范姓，这是一个大姓了。范姓的起源主要有三个：

第一，出自祁姓，是帝尧陶唐氏的后裔刘累之后，以封邑为名。因为刘累有一个封国在范，后来这一支就姓范了。

第二，出自楚国。楚国有一个地方叫范，有一座山也叫范山，所以那边的居民后来就以范为姓，这是一支。

第三支，兄弟民族血统。姓范的有非常大的一支是出自西南夷，就是西南地区过去的兄弟民族。这一支在晋朝末期有一个林邑王，叫范文，他应该是用了汉姓，这一支后来成为越南范氏的主要来源。另外，满族、鄂温克族里也有改姓为范姓的。

先秦时期，范姓的主要活动区域在山西、河南、湖北。秦汉的时候，范姓已经在河北、山东、江苏等长江以北地区、江南地区都出现了。宋朝的时候，范姓主要分布在四川、河北、河南、江苏，此时差不多全国都有零星分布了。明朝初年，由于连年战乱，北方的人口大幅减少，北方的范姓也受到了非常大的冲击。那时候一个县没多少人的，也就一两万人，一个仗打过来，十室九空，不知道多少姓被杀绝了。由此，范姓的活动中心就开始向东南移动，逐渐地开始以浙、苏、闽、赣为中心。今天的范姓主要集中在河南、安徽、山东，这三个省包括了范姓 33% 的人口，其中河南是范姓第一大省。

范姓在历史上的名人太多了。最有名的大概是两个：范蠡和范仲淹。这两个人很有名，但是不等于他们两个人的事大家都知道。

有一个词叫"狡兔死，走狗烹"就是关于范蠡的，这个典故大家都知道，我就不展开说了。下面我讲一个"三聚三散"的故事，也能给我们些启迪。

春秋的时候，范蠡辅佐越王勾践灭掉吴国，报了大仇。越国复兴以后，勾践封范蠡为上将军。范蠡很聪明，他看出越王勾践这个人可以共患难，不能共富贵。有的朋友可以共富贵，不能共患难，吃吃喝喝有钱花的时候，都是好哥们儿，一旦穷了，拜拜，这种人不少。还有一种"极品"，是可以共患难但不能共富贵的。患难的时候大家都是好哥们儿，发展好了以后不行，这种比较少。而勾践正是这种人。所以范蠡辞书一封，放弃高官厚禄，带着少量的珠宝乘舟远行了。民间传说他是带着西施跑的，真实与否我不知道。这是"一聚一散"，"上将军"之类的名利奖赏都是浮云，他把这些浮云都散了，赶紧跑了。

　　范蠡走了以后，还写了一封信，留给了文仲，信上就留下了那句很有名的话："飞鸟尽，良弓藏；狡兔死，走狗烹。越王为人长颈鸟喙，可与共患难，不可与共乐。子何不去？"说勾践脖子又细又长，嘴长得像鹰嘴。这种长相，按过去面相学来说，就是不能交朋友的。补充一点，还有一种面相叫"狼顾之相"，那就更可怕了。咱们人的头只能向后扭90度，再往后扭你就得练体操了。但是狼厉害，它可以扭180度，跑着跑着，头可以扭过去看后边的形势。有"狼顾之相"的人也是不能交朋友的，这是古人的说法。范蠡就发现，勾践这个人不能共享乐，所以他就劝文仲："你也快点离开吧。"文仲把这话放在了心上，称病不朝，但终究没有离去，他觉得自己没有野心，勾践不会那么绝情吧？结果后来有一天，勾践送过来一把剑，告诉文仲，这把剑是好剑。什么剑呢？是吴国的宰相伍子胥用来自杀的那把剑。狠吧？文仲多聪明，一听就明白了：叫我自杀？文仲就问："大王您这是为什么啊？我没有要造反啊，您何必要逼我自杀呢？"大家知道勾践怎么说的吗？勾践说："你曾经对我讲过，你有七套战略，可以灭亡别的国家，我只用了你其中的三个战略，就把吴国给灭掉了。请问你还剩下的四个战略准备对付谁呀？"这话也太厉害了，文仲就只有自杀了。这是和范蠡"一聚一散"有关联的故事，在这里顺便讲一下。

　　范蠡辞去上将军职务到了齐国，改换姓名住在海边，干吗呀？种地煮盐。范蠡是很厉害的人，这样没过几年，又变成巨富了，很有钱。齐国人一看，这个人太有才了，就请他做了宰相。范蠡说："居家则至千金，居官则至卿相，此布衣之极也。久受尊名，不祥。"我在家待着当老百姓吧，我发财；当官吧，又当上了丞相。作为布衣，可是登峰造极了。这可不大吉利，月满则亏，过了头就要往下降了。所以范蠡归还相印，把家产分给了乡邻。所以叫"二聚二散"。

　　第三次是怎么回事呢？范蠡到了定陶这个地方，又发财了，后人由此叫他陶朱公。过去有一副对联，上联是"经营不让陶朱富"，做生意赚得比陶朱公还厉害，下联是"货值何妨子贡贤"，做生意但也可以或者应该像子贡一样贤明。孔子曾说子贡"亿则屡中"，子贡如果在今天炒股票，那肯定是最狠的，他的判断，一判一个准。所以，孔子门下弟子数子贡最有钱。定陶这个地方是一个交通要道，范蠡太厉害了，他干什么都能成，想不发财都难，他本来已经不想赚钱了，但是憋不住手痒，就进行长途贩运，说句不好听的叫投机倒把，又赚了大钱，累计万万。这个时候，范蠡的次子因为杀人被楚国给关起来了。范蠡说："杀人偿命，天理如此，但是我的儿子，不应该死在大庭广众之下。"不要公开处决。于是范蠡就派小儿子携带巨额资金，到楚国去疏通。范蠡的大儿子不干了，说："为什么不让我去呢？为什么叫我弟弟去呢？那别人就会说我对弟弟不好，说我不悌。"但范蠡就是不让他去，这个大儿子就以自杀相威胁，范蠡只好让他去了。大儿子走了以后，范蠡就说："完了，我第二个儿子一定会曝尸于野。"旁边人问为什么，他说："我为什么派小儿子去？因为小儿子懂得散的道理，你要花钱去赔偿受害人，请求他们的原谅。"古代的法律不像今天，今天杀了人是公诉案件，不是你私人想了就能了的，国家要管的。过去如果被害人的家属不要你偿命了，政府也就未必管了。"可我这个大儿子只懂得聚的道理，只进不出的，你知道吗？完了，二儿子的命保不住了。"果然，二儿子的命最终丢了。经此打击，范蠡又一次把钱财散尽了。

这就是"三聚三散"，它其实是提醒咱们今天的人，要懂得"聚散"的道理，懂得"舍"和"得"的关系。这个故事是很有道理的。

范氏还有一个非常著名的人物——范仲淹。范仲淹成名以后的事情咱们就不说了，说说他成名之前吧。过去形容贫寒出身、刻苦读书，最后学业有成、光祖耀宗的人，经常用四个字，叫"断齑画粥"，说你要立断齑画粥之志。这说的就是范仲淹。

范仲淹小时候生活清贫，父亲很早就去世，母亲改嫁了。说到这儿我要说句题外话。其实一直到宋朝，中国古代女性都是可以改嫁的。历史上李清照就曾改嫁过，王安石还劝过儿媳妇跟自己的儿子离婚呢，说给儿媳妇再找一个好人家。所谓的妇女一失节就没法活了，那是后来的事，至少直到宋朝时还不是这样的。范仲淹的母亲改嫁后，范仲淹就到庙里去学习。他没有钱，每天用两升小米熬粥，小米不是黏糊糊的嘛，熬完了以后搁一夜，凝固了，范仲淹就拿根筷子把这块粥画成四块，这就是"画粥"。什么叫"断齑"呢？齑就是咸菜。范仲淹带一小块咸菜，两刀切成四块，每一顿吃一块小米粥，就一块咸菜。如此苦读，后来终于成为了不起的人物。当然，今天咱们的孩子，这么辛苦的不太多了，但是这种精神还是值得称道的。

范姓在今天的中国姓氏排名中位居第 51 位，人口大概 460 万，约占全国人口的 0.73%。

⊙ 痴情将军彭玉麟 "伤心人别有怀抱"

· · ·

彭姓是一个古老的姓氏，在传统文化中，彭钱不通婚，这里面究竟有什么样的禁忌？彭姓在历史上又发生过什么样的故事？一位热血将军为什么发誓要画十万幅梅花？

· · ·

接下来的姓是彭姓。彭姓有四个起源：

第一个起源，和钱姓是一家。我们前边说过钱彭不通婚，因为彭姓是颛顼帝玄孙陆终第三子篯铿之后，钱姓的始祖是篯铿，彭姓始祖也是篯铿，所以钱彭古代是不通婚的。篯铿最早受封在彭（今徐州），建大彭国。彭祖是中国历史上的长寿冠军，后来他的子孙就以国为姓。

第二个是出自妘姓，就是我前面讲的火官祝融的后代。祝融之后共有八姓，彭是其中之一。

第三个出自商代的一个人。商代的时候，有个人叫老彭，是商朝的巫师，管占卜的，甲骨文里经常可以看到这个老彭，所以商代也有姓彭的。是不是子姓？那就不知道了。

另外，其他民族改过来的。现在我们知道西羌、南蛮，后来晚一点的满族、蒙族、回族、苗族、白族、瑶族、土家族、苦聪族、彝族、拉祜族都有彭姓，也不知道怎么改过去的。

明朝洪洞大槐树移民时，彭姓很厉害。怎么厉害呢？当时哪个姓能知道自己这个姓移出来多少人呢？彭姓就知道。有记载，彭姓有 145 个人移出来了。这 145 个人分别迁到河南、甘肃、山东、河北、湖北、湖南，每个省才摊上不到几个人，要这么算的话，当时真是星星之火，后来形成燎原之势，现在彭姓已经成为大姓。

彭姓名人太多了，我介绍一个快被大家淡忘的人。这个人是应该被记住的，因为他在今天得到的重视和评价，和他的勋业德行相比，远远不够，谁呢？彭玉麟。

彭玉麟（1817—1890），字雪琴，湖南衡阳人，著名的政治家、军事家、书画家，清朝晚期的水师统帅、湘军首领，中国近代海军的奠基人，又名彭雪琴，人称"雪帅"，与曾国藩、左宗棠、胡林翼并称"晚清中兴四大名臣"，他在当时的影响力丝毫不比曾、左低，一生金戈铁马，驰骋沙场。不过这些都没什么，最为人称道的其实是他的百转柔情，因为在他身上，曾演绎了一段旷世的"梅姑之恋"。彭玉麟是出了名的铁血将领，平时却总是郁郁寡欢。大家去看曾国藩的日记、郭嵩焘的日记，里面提到彭玉麟的地方都写着："每谈家事，为之叹息，无家事之欢"或类似的话。彭玉麟从小在外婆家长大，外婆家有一个养女叫梅姑，两个人青梅竹马，感情特别好。但是两个人辈分不对，所以梅姑不能嫁给彭玉麟，后来嫁给了别人。出嫁四年以后，梅姑死于难产。彭玉麟听到噩耗后，身心俱裂，吟了一句诗："一生知己是梅花。"他发誓这一辈子，要画十万幅梅花来纪念梅姑。每幅画上，他都盖两个章，一个叫"一生知己是梅花"，一个叫"伤心人别有怀抱"，可见他对梅姑用情之深。

1883 年，中法战争爆发，朝中已无大将。这个时候年逾七十的彭玉麟把画笔一扔，雄姿英发，接受朝廷征召，抬着棺材开赴广东，主持中法战争。现在我们一提到中法战争，都知道是在冯子材的指挥下取得了镇南关大捷，这一役成为中国近代和西方列强打的极其罕见的胜仗，但这一仗其实是彭玉麟在后方指挥的，冯子材是彭玉麟的部下。

顺便说一说老将冯子材。中法战争时，他已经好几年不打仗了，清朝打算重新起用他，就派人到他的老家去传令。清朝的那些高官都是骑着高头大马，耀武扬威，出门坐轿子的。冯子材呢？去征召的人到处找寻不见他，问人在哪儿呢。有人一指：不在那儿吗？来人这才看见，冯子材赤着脚，穿着布褂，牵着一头水牛，领着自己的孙子，在种地呢。冯子材的清廉，都是跟彭玉麟学的。所以在两人的合作下，镇南关这一仗才打赢了，把法国打败了。可是结果呢？这一仗中国是赢了，但清政府居然还是赔钱了，很滑稽的事吧？彭玉麟听到这个消息，忧愤交加，一病不起，很快就去世。那么大的官，死的时候没有一分钱，有人看着一捆捆卷轴，还以为是什么宝贝呢，打开一看，竟然是一捆一捆的梅花画，有几万幅之多。彭玉麟谥号刚直，真是一个顶天立地、有情有义的大将，一个了不起的人。由此可见，像曾国藩、左宗棠、胡林翼、彭玉麟这些人，能够立下大功，不是偶然，是必然的。

彭姓在今天排在中国姓氏的第 35 位，人口 640 万，约占全国人口的 0.51%。

⊙ 以姓得名的郎窑

景德镇的瓷器天下闻名，其中一个著名的窑口叫作郎窑，它和郎姓有什么关系呢？郎姓与费姓为什么不能通婚呢？

郎姓的第一个姓源，出于姬姓，始祖是春秋初年鲁懿公的孙子费伯。费，有两个发音，fèi 和 bì，而且还都是姓，但可不是一家人。费伯的姓发 fèi 这个音。这个费伯，占据了郎城作为自己的食邑，他的后世子孙便以郎为姓。所以郎费（fèi）是一家，郎费（fèi）不能通婚，郎费（bì）可以通婚。这是郎姓的一个起源。

第二是出自兄弟民族。最早的一支南匈奴族中，就有姓郎的。今天的布依族、阿昌族、满族、纳西族、回族、蒙古族都有郎姓。

郎姓发源于山东西南部。鲁国亡于楚后，郎姓开始大量外迁。秦汉之际，河北的定州、临漳，山东的昌乐是郎姓的三个主要聚居区。魏晋南北朝时，郎姓已经出现在安徽、江苏、浙江等地。唐朝末年，郎姓开始进入四川、湖北、湖南。宋朝末年，郎姓开始往更南的地方迁。明朝中期以后，有郎姓进入辽宁。明朝末年，进入北京。现在，全国都有郎姓了。

中国瓷器界有一个非常著名的窑叫郎窑，这是康熙年间景德镇的官窑。康熙四十四年到五十一年（1705—1712），江西巡抚郎廷极在景德镇督造瓷器，因为烧出的瓷器太棒了，所以就以巡抚的姓命名，叫郎窑。郎窑出的瓷器，颜色精彩至极，现在还可以在一些博物馆看到。这是中国瓷器艺术的瑰宝，也是郎姓对中国传统文化的一个重大贡献。

郎姓在今天的中国姓氏里排名第 231 位，人口约 34 万，约占全国人口的 0.027%。

第十四讲

鲁韦昌马

　　无论多么不起眼的小姓，都有值得骄傲的人物或事迹。鲁姓为我们提供了一个词——"孔方兄"，并流传至今；"明目张胆"这个词最早是韦姓人用的，本是褒义词；《三国演义》里的昌姓人，居然让枭雄曹操大为头疼；而马氏家族千古流传的《马氏家训》中又有哪些治家教子的良策呢？

⊙ 因鲁姓得名的"孔方兄"

《三国演义》里的鲁肃原来还是个古道热肠的人，他是怎么给周瑜救急的呢？鲁姓的"三异堂"指的是什么？为什么成为一个著名堂号呢？

鲁姓的姓氏来源也很清楚，虽然多，但是不乱。

第一个来源是出自姬姓，以国名为氏。周初，周武王封其弟周公旦之子伯禽于鲁国（今山东曲阜），是为鲁公。鲁国从周公到顷公一共传了三十多代，是当时非常重要的诸侯国。到了战国的时候，公元前256年，鲁国被楚国灭掉。鲁国的一些公族子孙以及一些普通百姓，就以鲁作为了自己的姓氏。这是最主要的一支来源。

第二支来源非常有意思，是出于鲜卑族。东晋时期，北方有个兄弟民族叫乌桓。乌桓里边很多人后来改成汉姓的时候，用的就是鲁姓。这一支还是鲁姓当中很大的一支，人数很多。

第三，有一些别的民族当中的鲁姓，以及改姓，这在历史上也很多。

比如金朝的时候，有一支原来叫孛术鲁氏的女真人就改成了鲁姓。再比如明清时，甘肃平番县有一个土司，他们家族就姓鲁。其实，这个家族本姓巩卜失加，是蒙古人的后裔，这样一个跟鲁没有任何关系的姓氏，明初的时候被朝廷赐了鲁姓，而这一支后来人也不少。还有像满族、佤族、彝族、白族、苗族、土家族、布依族、朝鲜族等等其他民族当中，都有鲁姓。

在上面这些鲁姓当中，有两支最重要：一支就是姬姓之后，也就是鲁国的子孙；另一支就是乌桓族改姓鲁的这一支。

我们大家知道，古代鲁国的范围大致是在今天山东西南部一带，还包括江苏的沛县、安徽的泗县。公元前256年，鲁国被楚国灭掉以后，鲁国的子孙迁到哪里了呢？下邑（今安徽砀山县一带），鲁姓的子孙就这样移出来了。而这个地方后来又被齐国占领了，成了齐国的势力范围。所以总的来看，鲁姓主要集中在山东境内。

秦汉之际，鲁姓开始向当时的政治中心西安一带迁徙。王莽篡权的时候，鲁姓在朝中十分显赫，世代官居要位。这一支迁到关中的鲁姓被称作扶风鲁姓，后来成为望族，是鲁姓第一大郡望。

东汉中期以后，鲁姓开始向河南新蔡一带迁徙，又发展出来一个非常重要的郡望——新蔡鲁姓，并且以新蔡为中心，向安徽、江苏北部逐渐迁徙。东汉末年，临淮出现一位姓鲁的名人——鲁肃。鲁肃为了躲避战乱，迁到了建康（今江苏南京），后来他的儿子鲁淑、孙子鲁睦都成为东吴的重要将领。这一支当然也非常兴旺。三国归晋以后，鲁肃的子孙开始散居江南各处。永嘉之乱，北方的世族大量南迁，鲁姓当然也在其中。到了隋唐，鲁姓已经广泛分布在江南一带。唐朝前期，鲁姓人口大规模增加。到了宋元之际，鲁姓开始进入福建、广东、湖北、湖南等地。明朝洪武年间，鲁姓作为山西洪洞大槐树移民诸姓之一，被分迁到山东、河南、北京、天津、江苏、湖南等地，又进行了一次大迁徙。清中叶以前，山东鲁姓发展迅速，并且通过闯关东进入了东北。从清朝开始，住在东南沿海一带的鲁姓开始有迁到台湾及海外的。现在鲁姓在全国广泛分布，哪两个省最多呢？山东、安徽。统计数据显示，这两个省的鲁姓就占了全国鲁姓的40%，这也符合它的历史迁徙情况。

历史上，鲁姓人才济济，有文人雅士，也有武将。鲁姓的堂号非常有意思，有个堂号就很怪，叫三异堂。哪"三异"呢？东汉有个宰相叫鲁恭，他把国家治理得非常好，讲究以道德去教化人民。在他的治理下，当时出现了三种奇怪的情况：

首先，虫不入境。就是蝗虫从不到他治理的境内。鲁恭是从基层做起来的，从县令一步步做到宰相，只要他在某个地方当官，蝗虫居然就不来他这儿，都在隔壁县。这是奇观之一。

第二，野鸟化为家禽。飞来飞去的野鸟，不愿意飞了，就到鲁恭执政的地方找一户人家待下来，生儿育女，为人生蛋，被人宰杀，心甘情愿。

还有，童子有仁心。就是小孩子都有仁爱之心，不会去伤害小动物，不会像别的孩子那样抓鸟。

就是这"三异"，成为了鲁恭这一支的堂号。

还有一副在鲁姓祠堂里经常可以看到的对联，非常有意思。上联是：指囷济急；下联是：论钱惩贪。

"囷"是什么呢？就是仓库、粮仓。指囷济急，就是说有人指着粮仓要粮食，粮仓主人肯定就会答应把粮食拿出来赈灾。这讲的就是三国时吴国的鲁肃。鲁肃在《三国演义》里边显得有点窝囊，但历史上的鲁肃不是这样的，真实的鲁肃很厉害。鲁肃是临淮人，家里非常富裕，好施舍。周瑜当时在鲁肃家附近当官，还是个军官，军队没粮食了，就去找鲁肃，求他资助粮食。鲁肃家里有钱，正好有两囷米，也就是两仓库米，每仓库里三千斛，很多。鲁肃就对周瑜说："拿一囷走，送给你了。"这可是鲁肃的私人财产啊，周瑜就凭着这囤粮食，救活了很多人，给养了军队。指困济急讲的就是鲁肃的故事。

下联更有意思了：论钱惩贪，也就是讨论钱的问题，来告诫大家不要贪心。这个典故现在很多人不知道了，讲的是谁呢？说的是西晋时候一个叫鲁褒的人。鲁褒，南阳人，字元道，好学博文。他跟鲁肃不一样，他没钱，穷得不得了，而且是自甘贫困。在元康年间，朝政腐败，贪污横行。鲁褒有感于世道的败坏，就匿名写了一篇文章——《钱神论》。《晋书》里对此有记载，说："元康之后，纲纪大坏，褒伤时之贪鄙，乃隐姓名，而著《钱神论》以刺之。"鲁褒觉得当时大家都太贪心，把钱看得太重，他写的这篇《钱神论》就是对此世道加以讽刺和告诫。我们现在常用的"孔方"一词就出于《钱神论》，还有一句"有钱能使鬼"也出自这篇文章。所以你看，咱们常挂在嘴边的"孔方兄"和"有钱能使鬼（推磨）"，都跟姓鲁的有关。

鲁姓在今天排在全国姓氏的第 115 位，人口约 150 万，占全国人口的 0.12%。

⊙ "明目张胆" 韦家人

韩信的后人怎么会姓韦呢？为什么说韦姓是典型的北方姓氏？现在哪两个省的韦姓人最多？韦姓值得一提的细节还有很多。

韦姓的第一个来源出自彭姓，是颛顼之后。夏朝的时候，颛顼的某个后代被封在豕韦（今河南滑县附近），这一支后来就以豕韦为姓，但豕韦两个字太怪了，又慢慢地就简化成韦氏了。这一支是韦氏正宗。

还有一支韦姓，大家可能都想不到，是谁的后代呢？韩信。韩信被吕后杀掉以后，萧何暗中救下了他的一个儿子，并派人把他送到了蛮荒之地南粤（今两广一带）躲了起来。为了避祸，韩信的儿子就把韩姓去掉了一半，改姓韦了。所以，现在韦姓当中有好多其实是姓韩的。这一支的后人还挺多。

第三支也很奇怪。古代的疏勒国（今新疆喀什一带）就有姓韦的，后来这一支进入了中原，慢慢地就混在汉族里了。

另外有出自赐姓的，例如唐朝的桓彦范就曾被赐姓韦。还有兄弟民族当中的韦姓，具体起源就说不清楚了，可能是那个民族本来就有的，也可能是写汉字写成韦了。此外，还可能出自子姓，例如商王有一个后裔叫子韦，这个名字甲骨文里就有。

汉代的时候，韦姓已经分布到了河南、山东、陕西、山西、河北。魏晋南北朝的时候，为躲避战乱，韦姓虽也有南迁的，但大部分人都留在了原籍，所以出了一支叫京兆韦。唐朝的一些著名诗人，像韦应物、韦庄，论郡望都是京兆韦。陕西长安县底下有一个镇就叫韦曲镇，住的都是姓韦的人。从五代十国到宋、元、明这段漫长的历史时期里，韦姓虽也时不时南迁，但相对而言，依然是留在北方的多，所以韦姓是一个典型的北方姓氏。今天中国姓韦的人哪两个省最多呢？河南和广西，这两个省的韦姓人口数占了全国韦姓人口的 67%，三分之二强。

可能很多人觉得韦姓是个小姓，认识的朋友当中几乎没有姓韦的。但是，在历史上，韦姓名人还是挺多的。我在这里只给大家讲一个典故，就是"明目张胆"。

据《新唐书》记载，唐朝有个人叫韦思谦，是唐高宗的监察御史，为人刚正不阿，不畏权势。在一次出巡当中，他发现有个官员有违法乱纪的行为。这人还是个大官——中书令，而且声名显赫，家喻户晓，我说出他的名字，大家肯定会觉得，真想不到，原来这个人的为人也是有点问题的。谁啊？著名书法家褚遂良。韦思谦发现他违法乱纪了，于是就上疏向皇帝予以揭发，这样一来，褚遂良就被免职了。人家褚遂良毕竟是个有水平的人，能力也很"强"啊。过了几年，皇帝一看，撤职几年了，改过了吧？重新起用吧。刚一复出，褚遂良就对韦思谦打击报复，无所不用其极，把韦思谦降为了甘肃清水县县令。即便如此，韦思谦还是坚持不屈不挠地和坏人进行斗争，他慷慨激昂地说："大丈夫应该敢于说真话，要公开地、大胆地干出一番事业来报答皇上，怎么能做一个庸庸碌碌的无能之辈，以保全妻子和自己的生命呢？我就是要明目张胆！"后来，韦思谦又被起用为御史大夫。所以"明目张胆"这个词的原意是指理直气壮地做好事，腰杆很硬。今天"明目张胆"却跟做坏事联系在了一起，好事反倒不能叫"明目张胆"了。在一千多年的历史长河当中，这个典故的原貌已经被冲刷掉了。

韦姓非常有意思。在我有限的阅读范围里，觉得韦姓是个很大的姓，因为经常看到，每个朝代都有姓韦的。但是我查遍了资料，却连它的排名是多少都不知道。有的资料说它排名在一百名以内，有的资料却说它排名在二百多名，根本无从分辨哪种是正确的。一种我认为比较可信的说法是：在中国姓氏中，韦姓排名第 68 位，人口大概 370 万，约占全国人口 0.3%。当然，我对这种说法没有完全的把握，不一定准确，仅供大家参考。

⊙ 愁煞曹操的昌姓人

在日常工作生活中，我们很少会遇见姓昌的朋友，所以这肯定是个小姓了。那么昌姓究竟来源于哪里？在历史中都有哪些名人和典故呢？

接下来是昌姓。我不知道大家认不认识姓昌的人，估计很少吧？昌姓有以下几个来源：

第一，出自有熊氏，是黄帝的嫡系后裔，始祖昌意。昌意曾经带着全家在中原建了个昌意城，他的儿子颛顼后来成为了部落领袖，建都帝丘（今河南濮阳一带），是为高阳氏。这父子俩在中国上古史上都是非常重要的。后来颛顼的一个儿子就以祖父昌意的名字为姓，这是一支昌姓。

第二，出自任姓。黄帝二十五个儿子，起了十二个姓，其中的任姓后来又分出了昌姓。

第三，传说黄帝有个臣子叫昌寓，他的后代就姓昌。

第四，来自兄弟民族，景颇族、土家族里边也有姓昌的。

今天昌姓的分布，咱们可以说得非常明确，因为这个姓实在是罕见。比如湖北的仙桃、潜江、武汉、黄石、孝昌，河南的信阳、登封、伊川、洛阳，安徽的六安、巢湖、金寨，江西的吉安、新余、萍乡、南昌，湖南的益阳、桃江，江苏的南通，山东的平度，四川成都，重庆市，等等，这些地方都有姓昌的，而且都可以精确到县了。此外，宁夏、内蒙、台湾、海南也都有昌姓的存在。

昌这个姓氏虽罕见，但是历代也有名人。例如大家都读过的《后出师表》，里边就有一句这样的话："曹操五攻昌霸不下，四越巢湖不成……"

你看，曹操厉害吧？可是打一个叫昌霸的人，打了五次都打不下来。昌霸就是昌豨，三国时候的徐州太守，也是当地的豪强，武装强大，连曹操都打不下来。当时的昌姓主要就分布在山东、安徽、河南一带。

昌姓太小，从我手头的资料看，前500名都没排进。所以现在有多少昌姓人口，不知道，我这儿的资料还不够用。

⊙ 福荫子孙的马氏家训

"画虎不成反类犬"，这个典故出自东汉马援之口；还有一个典故叫"车水马龙"，讲的是东汉马皇后的故事。这两个典故分别讲的是什么呢？

马姓的第一个来源是出自嬴姓，从谁那儿改过来的呢？马服氏。原来有个复姓叫马服，最初是战国时赵国的一块土地的名字，在今天的河北邯郸一带。战国的时候，赵国有个大将叫赵奢，是赵国的王族（赵国国君为嬴姓）。他在公元前270年率军大败秦兵，当时的赵惠文王就把马服这块地方封给了他，并且封他为马服君，当时，赵奢的地位跟廉颇、蔺相如一样显赫。他的子孙后来就以地名为姓，姓马。马姓里面主要的一支就是马服君赵奢的后代，还有一些是马服这个地方的人自己给自己取的姓。要知道古代不是人人都有姓的，好多人连名字都没有，等需要起名字时就随便找一个用，像马服这个地方的人就有因为这种情况姓马的。这支马姓的后代，后来有些迁到了右扶风茂陵定居（今陕西兴平一带），所以也有人说马姓的发源地是扶风。

第二，西域古代有马姓人氏，后来迁入了中原居住。

第三，改姓。这种非常有意思。西汉有个人叫马宫，本来复姓马矢，后来改姓了马。这一支的繁衍能力很强，后代有很多。

第四，咱们千万别忘了回族中的马姓，那是太重要了。讲到回族朋友的姓，过去民间有一句谚语，叫"十个回族九姓马，另外还有沙、喇、哈。"十个回族朋友里就会有九个姓马的，另外三个分别姓沙、姓喇、姓哈，可见回族中马姓很多。这主要与阿拉伯人、波斯人人名的音译，特别是与伊斯兰教创始人穆罕默德的音译有关，因为"马"与"穆"谐音，所以很多回族朋友便选用了"马"作为自己的汉姓。

第五，满族中的马佳氏也是很重要的一支，后来改姓为马。

最后一种，子姓。商朝皇室当中，经常可以看到有的人叫子某，甲骨文卜辞里就有子马的条目。这也是马姓的一个来源。

马姓最初发祥在河北邯郸一带，战国末期已经有一些迁到关中，都是马服氏之后。之后马姓不断发展，有很多人成为高官，家族逐渐兴旺。后来右扶风（今陕西省兴平市茂陵）一带成为马氏的重要繁衍地。到西汉的时候，从马矢氏改来的那支马姓也逐渐壮大。两汉到魏晋南北朝期间，马姓开始分布到河南、河北、山东、湖北、四川、甘肃、江苏、浙江一带，同时也大规模迁到西北地区。唐朝末年，马姓进入福建，开始成为当地大族。唐末，河南鄢陵人马殷从军作战至湖南，后来被五代的后梁政权封为楚王，在此基础上，马殷建立了楚国，成为十国之一。楚国的疆域大致包括今天的湖南全部、广西大部以及广东、贵州的各一小部分，所以在这几个省，马姓开始逐渐增多。到了明清以后，马姓开始移居到台湾以及海外。今天，马姓作为中国的大姓，主要分布在北方，特别是西北地区。

马姓在历史上太重要了，名人众多。

有一个成语叫"车水马龙"。这个成语讲的还真就是姓马的人，说的是东汉一位马皇后的事。这位马皇后觉得自己的兄弟生活太奢靡了,太张扬了,就说:"你们家门口车子像流水一样,马都是骏马,络绎不绝,就像一条游龙。"你看,车水马龙原来是带贬义的,是指特别奢侈张扬,不安分。但是今天不是了,车水马龙没有什么特别的意思了,中性词,是指交通繁忙。

接下来我要着重给大家讲的一个典故是"画虎不成反类犬",讲的是东汉马援的故事。马援就是上面提到的那位马皇后的父亲,他不仅治兵严谨、打仗有方,还非常重视自己家族当中子弟的教育,以免他们走上邪路。有一天,他听说两个侄子马严和马敦结交了很多侠客,他认为,这样下去可能耽误他们的学业,就写信劝告他们说:"你们如果听到别人的过失,就应该像听到自己父亲的名字一样,尽管别人在说,你可不能说啊。"因为在过去,晚辈不能说长辈的名字,要避讳。他接着说:"龙伯高这个人非常敦厚、谨慎、谦虚、廉洁,为人正派,是我最敬重的,我希望你们向龙伯高学。而杜季良呢,好讲义气,为人解忧,也是我敬重的,但是我不希望你们向杜季良学。为什么?因为龙伯高的谨慎、敦厚,以你们的天资,是学得到、学得会的。即便学不会,也顶多是'刻鹄不成尚类鹜';但是如果你们要向侠客杜季良学,你们是学不会的,就会'画虎不成反类犬'。"鹄是一种水鸟,比鹅大;鹜是鸭子。这段话的意思是说:你去向龙伯高这个人学,就好比你刻一只鹄,就算刻得不像,总还像一只鸭子,还说得过去,还是禽类。但是如果你要向杜季良学,你们肯定学不像的,就会变成"画虎不成反类犬",你想画虎,画得不像反而会像狗。这个道理很深刻,还被收录到了《古文观止》里,文章题目叫《诫兄子严、敦书》。

下面我想谈一谈马氏的家训,马姓在这一点上很是特别,给后人留下了很多脍炙人口的家训。

第一个家训,就是从上文马援告诫两个侄子的话里得来的,主要的意思是"莫议人过",不要去议论别人的过失;"莫议朝政,谦约节俭,廉公有威，忧人之忧，乐人之乐。"咱们现在很多人是"乐人之忧"，看见别人难过，我高兴，"忧人之乐"，看见别人好过我难受。正确的心态应该是"忧人之忧，乐人之乐"。"学错榜样，画虎类犬；谆谆教诲，牢记莫忘。"后来的马姓家谱，开篇几乎都是这一段话。

南宋名相马廷鸾留给子孙的不是金银财宝，也是一段家训。什么家训呢？"留有余不尽之巧以还造化"，我的机巧、聪明、心机太多了，不要那么多，留着还给造化，还给天地吧。"留有余不尽之禄以还朝廷"，我的俸禄太多了，用不了，给得太多了，还给朝廷吧。"留有余不尽之财以还百姓"，我自己家里当官，钱比较多，用不掉，还给百姓吧。"留有余不尽之福以还子孙"，我的福享不尽，不要我这一辈子都把福给享尽了，留点给子孙吧。马廷鸾的儿子就是马端临，南宋著名的史学家。

现在比较流行的"马氏家训"，是清朝末年头品顶戴两广巡抚马丕瑶的儿子、后来北洋政府总统府的秘书马吉樟写的，以《易经》的第三十七卦——《家人卦》为家训。主要意思是：女主内，男主外，老幼有序；家长对家人要严格要求，不失法度；全家人都要诚信庄重，各尽其责，各尽其道，和睦相处。这鲜明地体现了儒家的教育思想。

在马姓的家训里边，还有一则是特别要给大家介绍的，就两句话："黄金非宝书为宝，万事皆空善不空。"黄金不是宝贝，书是宝贝；什么事都是空的，行善不空。这则家训是谁家的？马英九家的。是由马英九的祖父马立安撰写的，这则家训一直悬挂在马英九的办公室里。

马姓人数比一般人想象的都要多，在今天的中国姓氏中排名第 14 位，人口约 1500 万，约占全国人口的 1.18%。

苗凤花方

　　一提到苗、凤、花、方，一般人很容易以为这四个姓氏是南方姓氏，但是为什么今天苗姓人口在山东省最多，而花姓人口在辽宁省最多呢？这四个姓氏在迁徙演变过程中分别有哪些精彩的故事呢？尤其是其中的方姓，为什么有人说桐城方氏是在曲阜孔氏之后对中国文化影响最大的家族呢？

⊙ 最早预言赵匡胤要当皇帝的苗家人

苗姓名人不绝于史书。比如宋初大臣苗训,擅长天文占候之术,曾经预言了陈桥兵变和赵匡胤的黄袍加身。南宋末年,更是出现了和文天祥并肩作战的苗再成。

苗姓的来源主要有三种:

第一,出自芈姓,这个在古籍当中有记载。春秋时期,楚国国君楚若敖之孙、楚大夫伯棼以罪诛,犯法被杀了,他的儿子贲皇就跑到了晋国。晋国封给他的采邑在苗(今河南济源的西边),之后他的子孙便以邑为氏。这是苗姓最主要的一支。

第二,上古时期有一个名医叫苗父。需要注意的是,这里的"父"是长辈或者"老人家"的意思,并不一定他真的就叫"苗爹",他的后代姓苗。

其他的古代或现在的兄弟民族也有很多姓苗的,比如唐朝的百济民族,在朝鲜半岛,苗就是大姓。拉祜族、苦聪族里有一个姓叫阿沙普,不知怎么就改姓苗了。此外,满族、彝族、畲族、蒙古族、维吾尔族、东乡族、回族里都有苗姓。

前面我们讲过，贲皇的采邑苗就在河南济源的西部，当地现在还有一个地名叫苗亭，据说就是 2600 多年前苗邑的遗址。三家分晋以后，苗姓就开始迁到了山西、河北等地。战国后期，秦国开始四处攻战，意欲吞并六国。苗姓的祖居地河南济源当然也是战火连天了，大批苗姓或者往北迁往山西长治，或者往东到了山东定陶。这样就发展出苗姓的两大支——上党苗姓和济阴苗姓。

两汉时期见于史籍的苗姓不少，比如东汉时期的东阿侯苗光，他的后代就落籍在山东东阿。魏晋南北朝时期，苗姓开始往江南移动，其中有一支苗姓到了浙江金华，形成了苗姓一个非常大的郡望——东阳郡。不过到隋唐时，苗姓的分布地区主要还是在上党和济阴，这两个地方的苗姓非常昌盛。

两宋之际，尤其南宋以后，苗姓开始往南迁到了南方。明初大槐树移民时有上百个姓参与其中，通过这次移民，苗姓人又往南迁了一部分。明朝中叶以后，苗姓在全国大部分地方都有了，沿海的开始进入台湾。清朝中叶以后，随着闯关东的热潮，冀鲁豫三地的苗姓开始进入东三省。

现在的苗姓，山东最多，甘肃、河南次之，这三个省的苗姓人口占了全国苗姓人口的 52%。苗姓是典型的北方姓氏，这跟咱们想象的不太一样。咱们一听到苗，老往苗族那儿想，老以为它是个南方姓氏，不是的，它源于北方，也盛于北方。

苗姓在历史上的名人不绝于书。唐宋以后，苗姓名人更多。比如宋初的大臣苗训，河中（今山西永济）人。这个人很厉害，擅长天文占候之术，会看天象，曾经成功预言了赵匡胤的陈桥兵变。他说："我看天象不对，这颗星这么走，那颗星那么走，赵匡胤看来要当皇上。"结果还真被他说中了。这个苗训在宋初一直官至检校工部尚书。

还有苗再成，南宋人，官一直当到真州知府。民族英雄文天祥带着残兵败走的时候，有段时期很悲惨，很多城都不给他开门，不让他进城。但是到了真州的时候，就被苗再成恭恭敬敬地请到了城里，共商抗元大计。后来苗再成的结局也很惨烈：死守孤城，誓不投降，英勇战死。可见，苗姓还是出了很多了不起的人的。

苗姓在今天的中国姓氏中排名第 146 位，一共大概 89 万人，约占全国人口的 0.071%，人口并不多。

⊙ 为何"凤姓不得入朝"？

凤姓在少数民族地区的势力很大，从明朝洪武十六年起，金沙江畔的罗婺部落凤氏家族先后八次进京晋见明朝皇帝，屡次受到朝廷的赏赐，得到明朝的恩宠。

接着苗的是凤姓。凤姓的来源有四个：

第一，出自高辛氏，帝喾的后代，也就是黄帝的后裔。高辛氏帝喾曾以凤鸟氏为历正（古代一种官职，专管历法）。在古代，历法是很重要的，如果历书上讲今天要霜降，结果却没有霜降的话，那就是天大的事情，大家就会怀疑：是不是皇帝出问题啦？失德啦？皇帝干了一件不好的事情吧？因为古人信奉天人合一嘛。该霜降不霜降，皇帝就要下罪己诏。凤鸟氏的子孙就姓凤。

第二，出自姬姓。这支很有意思，是唐代南诏国王族阁罗凤氏之后。这一支一直说自己是姬姓之后，后来逐渐地简称凤姓。

第三，出自回族。凤姓是贵州一带的回族大姓，那里姓凤的回民特别多。

第四，安徽的凤姓，这支更有意思，跟谁都不一样，是后汉高祖刘知远的后裔。后汉灭亡以后，刘知远的后裔逃到了江南。北宋初年，他们逃到了安徽泾县南乡茂林地区的阳山，到那儿以后听到凤鸟叫，觉得非常吉祥，就把刘姓给改成了凤姓，定居在了那里。后来，这些前朝的后裔被北宋朝廷发现了，本该斩草除根以绝后患，但一看他们连刘都不敢姓了，已经改姓凤了，而且都已是安分守己的良民，就不追究了。但是，据说朝廷下了一个御批："凤姓不得入朝。"凤姓人不许当官，要防患于未然，防着他们。所以，在以后的中国历史上，安徽凤姓确实很少有当官的。

凤姓的迁徙情况不详。像别的姓那样比较详细的迁徙过程，我没查清楚，资料太少。

在历史上，值得特别介绍的倒不是汉族的凤姓，而是彝族的凤姓。金沙江两岸的彝族文化非常有名。随着现在旅游热的兴起，很多人都会到金沙江两岸去玩，有的是去看红军遗迹的，还有的就是去看彝族文化的。当地彝族文化中，最具代表性的就是武定罗婺彝族凤氏家族。罗婺凤氏土司及其后裔，一共在金沙江两岸传了64代，前前后后繁衍2000多年。

明朝是罗婺部落凤氏土司最兴盛的时期，也是从兴盛走向没落的时期。《明史·土司传》和《武定府志》记载，洪武十四年（1381年），傅友德、沐英攻云南，凤氏土司备粮千担，到昆明金马山迎接沐英。迎接仪式是按照彝族最高级别的仪式举行的——数里搭棚，拦门敬酒——这是有名的彝族礼节。大家到那儿去旅游，逃不过这一关的：要过一个门，主人唱歌，你就得喝酒，不喝他接着唱，直到你不好意思为止。凤氏土司下令杀猪宰牛，大摆宴席，三天三夜灯火通明，歌舞不绝，以欢迎沐英的部队。沐英一看，得，这地方还是交给你们来管吧，谁叫你们归顺大明了呢。从洪武十六年起，凤氏家族先后八次进京觐见明朝皇帝，多次得到朝廷的赏赐，一直受到明朝的恩宠。所以凤氏家族在当地的势力一直非常大,甚至影响到了整个云南。

到了第十七代土司阿英统治时,凤势家族的势力到了顶峰。弘治三年(1490年),明孝宗赐姓凤氏,阿英就改名叫凤英了。明孝宗还赐给他一条金带,上面四个字:尽忠报国。从此以后,凤氏土司就更加强大了。一直到1950年武定解放时,当地还是凤氏土司在管理。武定彝族的凤氏土司在西南地区显赫了一千多年,对楚雄州彝族文化的保存和传承有着非常重大的甚至是决定性的影响。

根据我手头的资料,还无从判断凤姓在中国姓氏里的排名,基本可以肯定的是,没有排进前500位。

⊙ 有着东南亚血统的花姓

花姓的名人特别有意思,几乎都是武将——南北朝时期的女英雄花木兰,《水浒传》中的小李广花荣,唐朝大将花敬定,都是特别能打仗的人。

花姓的起源,扑朔迷离。

一种说法是起源于姬姓,是周文王的后代,属于音讹改姓为氏。原来是哪个姓呢?华姓。后来讹变为花,就姓花了。清朝学者段玉裁在《说文解字》"华"字下面做注:北朝以前没有"花"字,都是"华"字。现在都叫《妙法莲华经》,没有说《妙法莲花经》的。其实这种叫法没错,北朝以后才有"花"字的。所以,这一支大概是北朝以后才改姓花的。

还有一个来源,出自外族。唐朝的时候,有来自海外的人改姓了花。

来自哪里呢？一个是婆利国（今天的文莱达鲁萨兰国），一个是诃陵国（今天印度尼西亚的一个古代小国）。隋炀帝大业十二年（公元616年），婆利国遣使入贡，有些人后来不想回去，就留在中国了，最后改姓了花。还有一些人来自诃陵国的，也是来中国做生意的，做完生意就留在了中国。今天福建漳州还有人说自己是文莱、印度尼西亚人的后裔呢。为什么改姓"花"而不是别的姓呢？这也是一个今古音不同的问题。在隋唐时，"花"发hē的音，与"诃"的发音相近，所以这些人以自己的国名为姓，就改姓了"花"。今天在漳州一带，"花"与"诃"的读音还都是差不多的。

第三种，源于其他民族。像金国时期，女真人范用吉改花氏。满族里非常古老的富珠哩族，后来改汉姓时取姓为花。花姓是回族的大姓，主要分布在江浙一带。到云南旅游过的朋友都知道，傣族分为水傣、旱傣，分别指生活在水边和山里边的傣族。其实还有一支叫花傣，这一支的汉姓就姓花。

除了花木兰，最早见于正史上的花姓名人是唐朝名将花敬定。花敬定骁勇过人，曾讨平四川的段子璋谋反。杜甫还专门为他写过诗，诗名就叫《赠花卿》。

唐末五代，北方动荡，民不聊生，北方民众南迁，花姓也在其中。宋元之际，花姓在江南的分布范围越来越大，福建、广东、湖南、湖北均出现花姓。明初的大槐树移民中也有花姓的踪影。到了乾隆年间，山东东平等地的花姓通过闯关东进入了东北。清朝嘉庆年间，贵州贵阳的花姓不得了，科甲成绩特别突出，中进士、举人的很多，像开了花一样，所以当地花姓声望极为壮大。

如今，花姓在全国各地都有分布。其中以辽宁省最多，辽宁的花姓占了全国花姓人口的69%。这说明山东的花姓闯关东到东北后繁衍得非常昌盛。

花姓在今天的中国姓氏中排名第285位，人口有18万，约占全国总人口的0.014%。

⊙ 联苑再无方地山

相对于苗、凤、花三姓，方姓人口较多，所以名人典故也多，其中有著名的"方氏三圣"："墨圣"方于鲁、"联圣"方地山和"骨圣"方先之。这三个人分别有什么样的趣事呢？

接着花姓的是方姓。方姓的来源是怎样的呢？

第一，是炎帝之后。根据古书记载，炎帝有一个叫作雷的后代，被封在方山（今河南叶县附近），称为方雷氏。他的子孙一半姓方，一半姓雷，所以方雷是一家。过去方雷不通婚，依据就在这里。

第二，出自姬姓。周宣王的大臣姬方叔平定了南方湖北一带的荆蛮，为周室的中兴立下大功，被封于洛。其子孙后来就姓方，这是方姓的主体。

第三，还是出自姬姓，但是是从翁姓里面分出来的。这一支分出来很晚，但晚归晚，生命力和繁殖力却极其旺盛。宋朝初年，泉州有一个人叫翁乾度，是姬姓后裔，生了六个儿子，全部都中了进士。这事可是世所罕见。有意思的是，这六兄弟虽是一家人，却是六个姓。要知道，在中国传统里，人们把自己的姓是看得比命还重要的，大丈夫讲究行不更名、坐不改姓，是万万不能改的。这异姓六兄弟是怎么回事呢？原来，这也是时局所迫。翁乾度主要生活在北宋建立前的闽国，当时政局动荡，稍有不慎就可能遭到灭门之祸。为了保险起见，翁老爷子便给六个儿子当中的五个改了姓，分别是洪、江、方、龚、汪，剩下的一个儿子还姓翁。没想到北宋建立以后，六个儿子居然都中了进士，号称"六桂联芳"。

此外，今天的满族、蒙古族、傣族、回族、土家族、朝鲜族、高山族等兄弟民族里都有方姓。

先秦的时候，方姓主要活动在河南一带，但一直不活跃。据说现在韩国的方姓，就是先秦时从河南迁过去的。西汉末年，方姓迁到安徽北部，开始发达起来，形成大族。唐朝的时候，方姓已经分布到中原、华东、江南各地。方姓一直以中原为中心，多次南下移民，唐朝时，在海南、广东、福建就已经有方姓人的记载了。宋朝时，方姓主要集中在福建、安徽、浙江，全国形成了以福建为中心的闽、浙、赣、皖、湘方姓聚集地。宋明两朝，福建的莆田方氏一族中举人数盛况空前，中了进士和举人的竟然有 360 多人，其中进士多达 132 人。仅两宋的时候，就有 28 对父子进士和 26 对兄弟进士，实在了不得。

明清两朝，以安徽的桐城方氏为代表的诗礼世家使方氏的声望达到了顶峰。桐城方氏不但形成了博大精深的桐城方氏易学学派，还开创了主导清文坛两百多年的桐城派，桐城文风后来一直被视为正宗。清朝著名学者朱彝尊说过："方氏门才之盛，甲于皖口。东南学者，推为帜志焉。"东南的学者都以桐城方氏作为旗帜和领军人物。梁实秋先生曾经讲过："桐城方氏，其门望之隆，也许仅次于曲阜孔氏。"当代学者钱理群讲："桐城方氏是曲阜孔氏之后对中国文化影响最大的家族，是中国文化世家的绝唱。"所以在《影响百年中国的文化世家》一书中，桐城方氏被誉为中国第二大文化名门，这就一点也不奇怪了。

现在全国形成了豫鄂皖浙、闽粤两块方姓聚集区，其中安徽是方姓第一大省，居住了方姓总人口的 15%。

方姓的名人和典故太多了，我就给大家讲一讲"方氏三圣"。

首先是"墨圣"方于鲁，安徽歙县人，明朝万历年间制墨业"歙派"的代表人物。方于鲁原来跟随制墨大家程君房学习做墨，尽得程氏真传，三十岁以前就创造了独到的"九玄三极墨"。他著有《方氏墨谱》六卷，里面提到了 385 种墨。所谓方氏墨，分为国宝、国华、博古、博物、法宝、鸿宝六大类。现在谁要有一方方氏墨，那可不得了，那可是比黄金还要贵N倍的。

第二个是"联圣"方地山。方地山（1873—1936），原名方尔谦，字地山，扬州人，清末民初著名的学者、书法家、楹联家。方地山出生于书香世家，母亲很早就过世了，他和小三岁的弟弟是由姐姐抚养成人的。兄弟俩非常聪明，尽管生活困难，他们的父亲方沛森还是坚持供他们读书。兄弟俩很小的时候就很有才名，当时在文坛上号称"两方"。光绪十二年（1886年），刚刚13岁的方地山就考中了秀才。方地山特别擅长写联语，尤其是嵌名联，你的名字报给他，他想都不想，挥笔一写，就能把你的名字嵌在上下联里，而且写得精绝无比。后来他去北洋武备学堂教书，经常在天津的《大公报》上发表文章，结果就被袁世凯看中了，重金请他去做家庭教师，教袁世凯的几个孩子诗词、作文。所以袁世凯的几个孩子文学修养都非常好。方地山还和袁世凯的二公子、当时的风流才子之一袁克文结成了莫逆之交，并且结为儿女亲家。晚年的方地山又收藏上了钱币，又成为中国钱币收藏的大家。后来有很多著名的弟子向他问学，好几位历史教授、文史专家都是方地山的学生。

还有一位"骨圣"方先之，是骨科专家和医学教育家，中医骨科领域圣人级的人物，首创了骨关节结核病灶清除疗法，用中西医结合的方法治疗骨折。

总之，方姓人才特别多，几乎在每个行业里都可以做到顶级水平，其他的就不一一介绍了。

方姓是大姓，在今天的中国姓氏里，排名第63位，人口410万，约占全国人口的0.33%。

俞任袁柳

　　俞、任、袁三姓的来源最早可以追溯到上古时期，柳姓的来源也可以追溯到春秋时期，所以说这四个姓都是比较古老的姓氏。史书中都记载了哪些关于上古名医俞跗的神奇故事呢？任姓究竟是源自黄帝还是更古老的伏羲氏？袁姓和黄帝又有什么特别的关系？除了"柳下惠坐怀不乱"之外，还有哪些和柳姓相关的有趣故事呢？

☉ 神秘的太极俞家村

浙江省武义县俞源村是一个充满神奇色彩的古村落，该村出过尚书、大夫、进士、抚台、知县、举人等 260 人，历代书香不绝，当地一直流传着有关刘伯温的传说。

俞姓的第一个来源很古老。黄帝有个臣子叫俞跗，是个医术高超的医生，精于诊脉，被誉为"杏林之祖"。现在一讲到古代医生就会说扁鹊，其实扁鹊本是上古轩辕时代的一个名医，后来"扁鹊"就演变成医术高超者的代名词，而我们所熟知的名医扁鹊是春秋战国时期的秦国人，本名秦越人，因其医术高超而被人尊称为"扁鹊"。俞跗的事迹在《史记·扁鹊仓公列传》中已经有所记载，他行医的时代远比战国名医扁鹊早得多。俞跗的子孙就以俞为氏。这是俞姓的一个主脉。

第二，春秋的时候，郑国和楚国公族当中都有姓俞的。

第三，出自其他民族或者改姓。比如满族、彝族、土家族、回族、朝鲜族都有俞姓。清满洲八旗有姓尼玛哈的，后来就改姓了俞。

第四个来源，商朝的时候有一个部族叫俞族，后代就姓俞。

俞姓得姓很早，但是隋唐以前见于史籍记载的俞姓寥寥无几，数得出来的就下面几个：

众所周知的"知音"典故中的俞伯牙；东汉时，西域有一个国家叫于阗（今新疆和田），这个国家曾经有个王叫俞林（这当然不是汉族名字，而是当地于阗语的译音）；东晋时，安徽宣城有个人叫俞纵；南朝时的宋朝，有个人叫俞金。

虽然隋唐以前俞姓很少见于史册，但这有数的几条材料足以说明，隋唐以前俞姓已经开始南迁，不然不会出现在安徽，更不会出现在建康（今江苏南京）。唐朝时，俞姓开始往广东迁移，还出现了个有名有姓的始祖。武则天当政时期，江陵（今湖北荆州）有个人叫俞文俊，他发现有个地方突然冒出一座山来。别人都说："是不是地震的前兆？要不就是地震的后果。"俞文俊却讲："不对，这是因为女主武则天居了阳位，女主是阴，怎么能当皇帝呢？"俞文俊非常大胆，不只是说说而已，还上奏了朝廷，说武则天当皇帝如何如何不对。武则天什么脾气？一下子就把他发配到了岭南。现在广东、广西一带的俞姓，很多就是这个俞文俊的后代。

隋唐以前，俞姓长期生活在山西、河南、河北、湖北等地。明初，作为山西洪洞大槐树移民诸姓当中的一个，俞姓开始大规模南迁。今天俞姓主要分布在安徽、浙江、江苏，这三个省的俞姓占了俞姓总人口的70%，俞姓已经以南方为主要聚居地了。

众所周知，神农尝百草时曾经把各种草都吃一遍，吃完以后，分辨出哪个有毒，哪个没毒。据说，当初跟着神农氏一起吃草的就有俞姓的得姓始祖俞跗。俞跗的医术也是实践当中得来的，总结为八个字："割皮解肌，洗涤五脏"。割皮，就是把皮给割开；解肌，就是把肌肉给切开；洗涤五脏，就是把肚子剌开，五脏六腑给洗一遍，然后搁回去。这是最早的外科手术。

关于俞跗就有这样的一个传说。黄帝的小儿子禺阳得了重病，黄帝就赶忙去请俞跗。俞跗到的时候，禺阳已经气若游丝，命悬一线了。俞跗不慌不忙，当着黄帝的面掏出一把刀来，划开了禺阳的肚子。旁边的人说："这还了得？人还有气呢，你就给他一刀？"俞跗什么都不说，把禺阳的五脏六腑掏出来洗了一遍，又给搁进去，原样缝好。缝好以后，人家就说："你胆子也太大了。"结果俞跗说了一句至理名言，这句话今天做医生的都应该好好记住："做医生的首要条件是什么，你们知道吗？首先要忘掉自己，忘掉自己的荣辱，才能把心完全放在病人的身上。"

讲到俞姓，我还要介绍一个非常神秘的地方。浙江省武义县有一个古村，叫俞源村。这个村距离武义县城二十多公里，有农户七百户，人口两千多人，是中国比较大的俞姓聚居地，村民基本都姓俞。明清两代几百年的时间里，这个村出过的尚书、大夫、巡抚、知县、进士、举人，足足有 260 个。有人说这得益于俞源村的风水好，因为这个村的布局是经过精心的规划和设计的。设计师是谁呢？刘伯温。据说当年建村时，刘伯温给这个村设计了七口神奇的水塘。这些水塘的神奇之处，过去的人一直不知道，因为在地面上是看不清楚的。直到 1997 年，当时有架航拍的直升机注意到，这七口水塘是严格按北斗七星的方位来布局的，也就是说，是跟天象吻合的，这才发现了水塘的玄机。到今天，这七口水塘还保存着，清澈见底，活水源源不断，非常值得一看。此外，飞行员还发现，这个村里大多数建筑的布局，都或多或少有着太极八卦图的影子。

俞姓在今天的中国姓氏中排在 100 名以外，第 119 位，人口 140 万，大概占全国人口的 0.12%。

⊙ 任老先生的廉政哑剧

任姓是古老的大姓，历代任姓名人故事很多。比如任姓得姓始祖任不齐、司马迁《报任安书》提到的任安等等。至于任棠老先生的哑剧，又是怎么一回事呢？

任姓是很古老的一个姓。第一个来源是源于黄帝。相传黄帝二十五子，得姓者十四人，为十二姓。这十二个姓应该是中国最早的姓了，里面就有任姓。不过，也许是因为任姓的历史太过久远了，所以还有人考证出，任姓应该是源自更古老的伏羲氏。任姓到底是黄帝还是伏羲的后裔呢？众说纷纭，莫衷一是。不过还好，现在的任姓，并未把老祖宗推得那么久远，而是把孔子的弟子任不齐作为得姓始祖。

第二个来源，出自母系氏族社会的一个古姓——"妊"，与女性妊娠有关。在古代，任姓的"任"最早是写成"妊"的，这大概是母系氏族社会的残留，后来才改成了"任"。

第三个来源是出自风姓，太昊之后。山东济宁附近有一个风姓之国，子孙多姓任。

再有就是改姓或其他民族采用汉姓而来的了。比如根据《魏书》的记载，在今天四川重庆一带的巴族，有一个统帅就姓任。像古代的西夏党项族里面也有姓任的。今天的哈尼族、瑶族、回族、满族、蒙古族、土家族、羌族等兄弟民族里，都有任姓，分布得很广。

先秦的时候，任姓主要活动在山东、河南、湖北等地。秦汉时期，任姓已经扩散到陕西、四川、甘肃、广东、江苏、浙江一带。到了宋代，任姓出现在福建的移民中。明朝的时候，任姓已经遍布全国，而且开始从中原往西部迁徙。今天来看，任姓的第一大省是河南，其人口数大概占了全部任姓人口的11%。

任姓是非常古老的姓，历代和任姓相关的典故特别多。我不做过多介绍，就讲一个大家都不太了解的故事好了：在过去，形容一个官特别清廉，有一个典故——"清如任棠水"。

任棠是东汉人，家住甘肃天水。这人学问很大，没当官，在家以教书为生，是天水著名的隐士。按照中国的传统，新任官员到了任职的地方，首先要拜访当地有名望的人，特别是那些隐士。有个新任官员叫庞参，到天水来当太守，就先去拜访任棠。到了任棠家，任棠正在家等候。见到新太守，任棠既不迎接也不说话，只是把刚从地里拔出的一棵薤（一种野草）摆到桌子上，又在堂前放了一盆清水，然后就抱着小孙子跪在堂前，一动不动了。庞参就这样被晾在一边了，跟着庞参来的随员训斥道："你这什么意思？太守老爷到了，你也不起来迎接？"任棠理都不理。庞参涵养很好，就拦住随从，说："咱们走吧，任老先生这是在教导我们呢。摆一盆清水，是希望我们做清水一样的清官；拔一株薤，是希望我们能够铲除欺压百姓的豪强；他抱着孙子，长跪在堂前，是希望我们这些当官的要爱惜民力，要抚恤老弱幼小。"于是，这个故事就传下来了，还记载进了《后汉书·庞参传》里。甘肃天水那边的任姓，大多是任棠的后代，堂号为"水薤堂"，典故就出自这里。

当代的任姓是大姓，在中国姓氏中排名第59位，人口420万，约占全国人口的0.34%。

⊙ 古今装疯卖傻第一人袁凯

　　唐太宗贞观年间，一个姓袁的相士名扬天下，他就是袁天罡。连唐太宗都对其术数之精奇深奥大为称赞。相传武则天尚在襁褓中时，袁天罡还曾为她相过面。袁天罡真的这么神吗？

　　任姓后边是袁姓。袁姓的第一个来源是出于姚姓，是舜之后。舜是颛顼的后代，因生在姚墟而得姚姓。舜的后代有个叫诸的，字伯爰，他的孙子便以祖父的字作为自己的姓，称爰氏。由于"爰"和"袁"读音相同，所以后来的子孙就以袁为姓了，史称袁氏正宗，后来又衍生出汝南袁氏与陈郡袁氏。

　　袁姓的另一个来源是出自黄帝。因黄帝所在的部族善制作车辕，故又称轩辕氏。同样是因为"袁"和"辕"的读音类似，其后裔便有以袁为姓的。后迁徙至河北，成为河北袁氏一支。

　　另外，古代兄弟民族当中有很多姓袁的。比如高车族、丁零族，这些民族今天都没了，但是里面有姓袁的，已经融入了汉族。

　　还有改姓，这个在历史上很多，还有个感人的小故事。

　　明朝崇祯年间，战乱不休。有个山东人叫袁葵，到山西洪洞县当县令，正赶上当地闹饥荒。袁葵可是个清官，自己的俸禄本来就没多少，却还收养了几百个孤儿和弃儿。老百姓养不起的、快饿死的孩子，他全养起来了。之后这几百个孩子就跟着他姓袁了。等灾荒过后，他就让各家把这些孩子认领回去。因为他是当官的，老了是要致仕回乡的。这些孩子为了报答他的恩情，就决定一直姓袁，不再改回原来的姓了。还有一些本来就是孤儿，他就叫那些家里没孩子或者缺少劳动力的人家分别领养。不管是姓张、姓王，不管谁家领养的，孩子还都姓袁。这样一来，一下子就多出几百个姓袁的。三四百年过后，当地的袁姓人口已经是个不小的数了。所以说，山西洪洞的袁姓，是很特殊的。

此外，满族、蒙古族、回族、土家族、彝族、瑶族、白族、朝鲜族等民族都有袁姓。

袁姓最早的发祥地是河南，由于战乱等原因，就慢慢地开始往外播迁，逐渐散落到了全国各地。到宋朝的时候，浙江、江苏、江西的袁姓特别多。宋代以前福建就已经有袁姓出现，之后开始大规模地进入广东。明清之际，袁姓已经遍布全国。

袁姓名人实在太多，翻开一部《三国志》你就知道有多少姓袁的了。我在这里给大家介绍一个在历史上非常有名的人——袁天罡。一听这名字就可以知道，他一定是个周易高手。

袁天罡是唐朝初年成都人，善风鉴。"风鉴"，按今天的话来讲，就是相面算命。历史上有很多袁天罡算命的故事，最有名的一次是给武则天算命。有一天，武则天的爸爸把他给请去了，让他给家里人算命。武则天的哥哥们，他稍微算了算，就算好了。武则天那时候刚出生，包在蜡烛包里，还给打扮成了男孩的样子。袁天罡无意中看到了这个婴儿，眼前一亮："不得了啊，这位公子神色奥妙，前途不可限量。"接着他又说，"别急，请你们抱着他再走两步，我还要好好看看。"其实他是在等武则天睁眼。结果武则天眼睛一睁，他大吃一惊道："龙睛凤颈，贵人中之最贵者也。"再仔细看，又惊讶道："这不是男孩吧？若是女孩，那不可预测，将来一定是天下之主呀！"

这就是袁天罡算命的故事。过去，袁天罡在民间的名气是很响的，只是由于社会变迁，到今天已经没多少人记得他了。

在历史上，由于各种原因，装疯卖傻的人很多。要问装疯卖傻最厉害的是谁？也是姓袁的。这个名字还挺好记，比袁世凯就少一个字，叫袁凯。

袁凯是明朝初年的一位侍御史。有一天，朱元璋在纸上圈了一批要处决的囚犯，让袁凯把名单拿给太子看一看。结果太子看了名单以后，拿起笔删掉了很多人名。朱元璋一看，心里有些不快："这什么意思啊？我做恶人你做好人？我要杀那么多人，你非免掉那么多？"朱元璋不高兴了，就问袁凯："你说朕与太子哪个更仁慈一点？是应该杀呢，还是应该赦免呢？"袁凯是个精明人，当时就觉得这个问题暗含着杀机——如果说"皇上您对"，当然皇上会很高兴，可皇上总有死的一天，等太子当了皇上，自己的日子肯定不好过；如果说太子对，那立马自己也就报销了。所以袁凯想了半天，说："陛下对于这些人处以极刑，从法律上来讲是对的，但是太子原谅这些罪犯，也正说明太子心地仁厚。"朱元璋认为他在耍滑头，想两面讨好，更生气了，就把袁凯关进了大牢。

过了一段时间，又把袁凯给放出来了。但是这件事毕竟给朱元璋留下了印象：这人是个滑头。所以只要是朝廷开会，朱元璋就问："袁滑头来了吗？"袁凯心想："这事不对啊，这官不能当了啊。"所以他就想出了一个对策——装疯卖傻。

有一天上朝的时候，他故意摔了一跤，假装中风了，在地上抽搐，旁边的臣子都乱成一团。朱元璋说："你这滑头，还中风了？来人啊。"旁边就来人了，要命的是，手里还拿着一把铁钻。朱元璋就叫人用铁钻钻他的腿，以试探他是不是装的。袁凯装疯卖傻的意志实在了得，咬紧牙关，被钻得腿上全是血洞，居然一声不吭，继续做中风状。朱元璋一看，这绝对是真中风了啊，那行，别当官了，赶紧走人吧。然后就把他赶回了家。

一般人可能会想：都挨了几钻了，也回家了，就不用再装疯卖傻了吧？该在家享福了吧？这个袁凯，警惕性非常高，他知道朱元璋的厉害，早晚会派人来看他，所以他在老家还是装疯，叫家里的佣人打了一根铁链，挂在自己脖子上，出门叫人牵着走。

朱元璋听说了此事，决定再试试他，于是就下诏，委任了他一个儒学教授的官。这个时候，是不是欺君，就要见分晓了。当然，为了避免露出马脚，他也可以选择不去上任，继续在家里装疯卖傻。但是这袁凯厉害，走了一步险棋，居然去赴任了，而且是毅然地拖着链子去的。儒学教授倒是当着，在这个官位上天天坐着，可是脖子上拖着条链子，天天唱小曲。这下朱元璋彻底晕了：得得得，这个人看来是真疯了，随他去吧。功夫不负有心人，袁凯后来躲过了朱元璋杀戮功臣的那股狂潮。这便是中国装疯卖傻的第一人。

袁姓在今天的中国姓氏当中排名第 36 位，人口 700 万，约占全国总人口的 0.54%，很靠前。当然，还有一种说法，差一位，37 位，620 万。这是两种资料，但排名都很靠前。

⊙ 柳秀才的忌讳传千年

我们经常祝福别人"安康"，其实最初这个词应该是"安乐"。这有什么区别吗？区别大了，这在一个柳姓秀才眼里，可是有天大的区别。怎么回事呢？

接下来一个姓是柳姓。

第一个来源，是出自姬姓，也是从古老的姓分出来的。春秋时，鲁孝公有个后代叫展禽，曾担任鲁国士师，主管刑狱。他的封邑在柳下，死后的谥号为"惠",这就是那个"坐怀不乱"的柳下惠,非常有名。

第二,出自芈姓,是楚怀王的孙子熊心之后。秦末,熊心被项羽推为首领,也称楚怀王,号称"义帝",建都于柳。后来他的后人就以柳为姓。

第三,改姓和兄弟民族当中的柳姓。明朝末年的大名人柳敬亭、柳如是,其实原来都不姓柳,都是改姓。另,满族、蒙古族、彝族、苗族、水族等兄弟民族中均有柳姓。

柳姓发源于河南北部,鲁国被楚国灭掉以后,有一些迁到了楚国。秦灭六国以后,又有柳姓进入山西境内,并且逐渐出现在河东(今山西永济一带),成为一支望族。唐以前,柳姓已经到了四川、广西、福建等地。唐以后,柳姓在南方兴盛起来,广为分布。明朝大槐树移民,柳姓也是众姓之一。清朝开始,柳姓开始出现在台湾,后又远赴海外。

跟柳姓相关的典故,"柳下惠坐怀不乱"大家都熟悉,我还是讲一个大家也许不知道的。

现在,逢年过节咱们一般都祝福人家什么?幸福安康。其实,这句祝福原来是"幸福安乐"。这两者有什么区别吗?

唐代有个秀才叫柳冕,他有个特点:学问好,但是忌讳多。比如要去考试,周围的人跟他说话,他就给人家严格规定:不许说"乐"、"落"这样的音,因为这能跟"落第"联系起来。仆人们当然很注意了,但是一不小心还是会说错,说错就挨打。于是仆人就把安乐的"乐"说成"康"。等发榜以后,柳冕也不敢去看,到底中没中,他不知道,心里紧张啊,就派仆人去看。

仆人看完以后回来,柳冕就问他:"我中了吗?"那仆人的回答真可谓是千古绝唱,他说:"你康了。"——他不敢说"落了",怕挨揍。所以"安康"一词是这么来的,原先跟健康没什么关系。

现在的山西晋城还有柳氏民居,即柳宗元后代的聚居地,保存得极为完好，整个村落全是古建筑，外边有围墙隔开。这是全国保存最好、最古老、最原生态的柳氏聚居地。

柳姓在今天中国姓氏中排在第113位，一共114万人，约占全国人口的0.09%。

第十七讲

鄢鲍史唐

　　鄢姓虽然是一个非常罕见的姓氏，但是血脉很纯正。就人口数量而论，鲍姓不是大姓，但历史上人才辈出。史姓和唐姓是相对人口较多的大姓，历朝历代的名人不胜枚举。那么这四姓究竟出自哪里？他们给后世留下了哪些有趣的典故和趣闻呢？他们在中国大地上的迁徙轨迹是怎样的呢？

⊙ 默默无闻出真人的酆姓

酆是一个非常罕见的姓氏。即便有一个著名的人物——酆去奢，也仅仅是出现在道教传说和地方传说中。这个人有哪些神奇的故事呢？

酆是一个非常罕见的姓氏，所以在历史上的迁徙和分布情况都不太清楚。酆姓人自己认为，他们的血缘非常纯正，但是从哪儿来的？有可能他们自己也说不清楚。

历史上比较著名的酆姓人物，我只知道一个，叫酆去奢，是道教传说和地方传说中一位非常著名的得道真人。酆去奢是宋代衢州龙丘人，从小就修道。在民间有很多关于他的传说。

比如，经常有人看到酆去奢长时间坐在山石上修道，既不见他吃东西，也不见他喝东西，一待可以待好几年。据说只要打雷、下雨，就可以看到云龙、雷公、电母、神鬼都来找他玩。他待的那块山石不高，大概离地也就一百来米，于是好多人在那儿偷看，还有些人爬到近前去偷听。半夜里，这些人经常听到他跟人谈话，说各种人们听不懂的语言。还有的时候，半夜三更，看见他跟四个人坐在一块儿。这些人都戴着道士的那种远游冠，身穿绛红色衣服，头上梳着螺髻，头发从旁边垂下来。旁边的侍从都是光明照身的金童玉女。当然，这些多半都是神话传说了。但是酆去奢在道教当中的地位很高，这一点是肯定的。

关于酆姓在今天中国姓氏当中的排行和总人数，我手头完全没有资料统计。

⊙ 鲍家无懒凳

除了"管鲍之交"外，鲍姓还有两个掌故，一个叫"二鲍纠慝"，一个叫"鲍家无懒凳"，分别讲的是谁呢？有何教育意义呢？

鲍姓有以下几个来源：

第一，出自姒姓，是春秋时的夏禹裔孙敬叔之后，以邑名为姓。敬叔曾在齐国当官，他的采邑叫鲍，后代就以此为姓。

第二，出自伏羲氏。在古代的记载中，伏羲氏经常写作"庖牺氏"。在春秋战国时，"庖"与"鲍"又有通假之义，因此在庖牺氏的后裔中，有以"鲍"为姓氏的。

古代的一些兄弟民族，比如北魏孝文帝改革的时候，也有一些人改姓为鲍。代北（今山西北部）有一个民族叫鲍俎氏，后来全族人就全部姓了鲍。满族当中，比如保佳氏、瓜尔佳氏，改为汉姓时用的也是鲍姓。景颇族的金别氏，汉姓是鲍。佤族羊布拉氏、尤斯拜氏，汉姓也是鲍。蒙古族有一个著名的姓氏叫孛儿只斤氏，改用汉姓时也是选用了鲍。可见，鲍姓的来源是比较复杂的。

先秦时，鲍姓还不大为人所知，主要活动在今天山东地区。宋朝的时候，鲍姓主要分布在安徽、浙江、山东、江西、江苏一带。明朝时期，鲍姓越来越集中在浙江、安徽两地。到目前为止，还是浙江的鲍姓人最多，占了鲍姓总人口数的15%，其次是山东、青海、江苏，这四个省的鲍姓人数占了全国鲍姓人口的将近一半。

以人口数量论，鲍姓不是大姓。但是在历史上，鲍姓人才辈出。比如，大家都知道的"管鲍之交"。在这里，我给大家讲讲另外两个典故：

第一个叫"二鲍纠慝"。字面意思就是：有两个姓鲍的，专门去纠正或者去抓那些傲慢的、不正当的行为。汉光武帝刘秀有个叔叔叫刘良，被封为赵王。有一次他外出回来，经过城门洞时，他的车子和一个叫张邯的右郎将的车交错而过，结果两辆车都堵在了城门洞里，张邯要出来，刘良要进去。刘良大发雷霆，就把看门的门侯叫了过来，大声怒骂，让他跪在地上，磕头认罪。司隶校尉鲍永得知了此事，非常气愤。其实他跟那个门侯也没什么关系，也犯不着去得罪光武帝的叔叔，但他还是上了一疏，说赵王刘良是诸侯、藩臣，蒙皇帝的洪恩，入都伺候，他应该晓得门侯的官虽小，但也是在替国家执行职责，是替皇帝在看这个城门，这样藐视他，应该严加惩处。这一举动得到了大家的赞叹。后来，鲍永又把性格耿直、不畏豪强的鲍恢提拔为督管从事，所以这一下就有了"二鲍"。"二鲍"都不避权贵，连光武帝都让他们三分。光武帝后来专门讲："贵戚且宜敛手，以避二鲍。"你们这些皇亲贵戚，收敛一点吧，避一避二鲍吧，别冲着他们去，自找倒霉。这就是"二鲍纠慝"的典故，非常有意思。

另外一个典故，叫"鲍家无懒凳"。乾隆年间，扬州的水陆交通发达，盐商很多，其中有位盐商叫鲍志道，富甲江南，就在扬州盖了一座府邸。落成那天，管家引着他四处巡视。刚进大门，鲍志道就看见大门两边各有一条长凳。鲍志道就问管家："这是怎么回事？为什么放两条凳子在这儿？"管家说："老爷，这个凳子专门有个名字的，叫懒凳。在大户人家，下人跑进跑出买东西，或者在门口看门看累了，就可在此坐会儿，便于休息。这样也可以显示老爷您的仁爱、宽容。"鲍志道沉思了片刻，吩咐管家，撤除此凳。从此以后，凡鲍家不许有懒凳，也就是不许有人偷懒，不允许在大门口坐着。这个典故后来就被用来形容某户人家非常勤劳，努力干活，一刻不停。当然了，这样做对"下人"是不大宽厚的了。

关于当代的鲍姓排在中国姓氏的第 179 位，人口 67 万，大概占全国人口的 0.054%。

⊙ 史家一门九进士

江苏溧阳的史鹤龄从康熙年间入翰林后，其子、其孙、侄孙、曾孙、女婿、外甥相继为翰林，史称"一门九进士"，堪称海内无第二家。

接着鲍的是史姓。它有下面几个来源：

第一个来源，是黄帝时期创造文字的仓颉之后。当然，到底有没有仓颉这个人，是有各种说法的。仓颉之后，分出来好几个姓氏，比如仓姓、史姓、侯姓，还有侯冈、夷门等复姓；还有一个姓，干脆就姓仓颉。现在的仓颉之后主要是前三个——仓姓、史姓、侯姓。

第二支，出自西周初年的太史尹佚之后，属于以官职称谓为氏。周太史尹佚和太公、周公、召公并称为"四圣"，是当时很重要的人物。尹佚的后代就以祖先的官职为姓，姓史。

还有一支姓史的，就不是汉族的血统了。隋唐的时候，西域有所谓"昭武九姓"，其中有个史国，史国人后来到了中原，逐渐融入汉族，就姓史了。其实他们本来是粟特人，是古代丝绸之路上最主要的经商民族，今天的山西等地，还有好多有关粟特人的文化遗存、考古发现。

另外，改姓和其他兄弟民族当中的史姓。比如唐朝初期，与唐朝对抗的突厥阿史那部，就有改为史姓的。据此我们大致可以猜到，安史之乱时的史思明就是突厥族。

史氏最初以官为姓，先秦列国都有史官，所以春秋战国时期，史姓相当广泛地遍布各地。到唐末五代的时候，湖南、浙江、山西都有史氏。宋代，江西、河北出现了史姓。到了明代，史氏遍布江南。现在中国的主要省份基本都有史姓，以湖南和山东最多，两个省的史姓加起来占了全国史姓的37%以上。

要了解一个姓的文化，可以看家谱。但历经多次战乱，很多家谱早没了，这样的话，还可以去搜集家族祠堂的对联，祠堂的对联写的一般都是这个家族最引以为傲的人物。史姓人才鼎盛，也体现在一副对联里，这副对联是挂在江苏溧阳的史氏祠堂里边的，上联是："祖孙父子，兄弟叔侄，四世翰苑蝉联，犹有舅甥翁婿。"祖孙父子连续四代全是进士，还不算完，连舅舅、外甥、岳父、女婿都是进士。下联："子午卯酉，辰戌丑未，八榜科名鼎盛，又逢己亥寅申。"下联全是连着的干支纪年，实际上就是这些人中进士的年份，就是说只要开科，这个家族就有中进士的。哪个家族这么厉害？清朝康熙年间，江苏溧阳人史鹤龄进入翰林院。令人惊奇的是，此后他的儿子史夔，孙子史贻直，侄孙史贻谟，曾孙史奕簪，女婿于小谢，外甥于敏中、任兰枝、管干珍，全都成了翰林。尤其是于敏中，那可是清朝重臣，乾隆年间任军机大臣近二十年。这个家族太了不得了，大概再找不出第二个可与其比肩的，由此可见史姓的人才鼎盛。

史佚，也就是前面讲的尹佚，史姓得姓始祖之一。西周初年任史官，辅佐武王克商，与周公、召公、太公共同辅佐成王。这个人也很厉害，他曾经留下了一句我们到现在还在用的话："天子无戏言"，君无戏言。在古代，皇上其实是蛮怕史官的，因为史官有责任把皇帝的一言一行都记下来，做得好我记下来，做得不好我也记下来，哪怕你杀了我，我也不改，这就是中国史官的优良传统。"天子无戏言"，这句话实际上是约束帝王的，就是说你说话要谨慎，表态要慎重，不能随便瞎改。

另外，中国古代有一本教儿童识字的书，叫《急就篇》，是西汉时一个叫史游的人写的。当时还没有《三字经》、《百家姓》和《千字文》，教孩子认字的书主要是这么几篇：《仓颉篇》、《训纂篇》、《凡将篇》、《滂喜篇》。可惜的是，这些到今天都失传了，唯一留下来的就只有《急就篇》。《急就篇》里每一篇分别介绍了姓氏、衣食、臣民、器物、虫鱼、服饰、音乐、宫室、植物、疾病、药品、官职等等，全部编成了三个字、四个字、七个字，朗朗上口，合辙押韵，实际上和后来"三百千"的功能是一样的。可以说，《急就篇》是童蒙读物的老祖宗，《百家姓》真正的起源恐怕就是它。《急就篇》里面有一章就列举了 132 个姓，有意思的是它的描述方式——单姓加两个字，复姓加一个字，以凑成三个字一句，成为一个口诀。比如它的开篇是："宋延年，郑子方。卫益寿，史步昌。"这句就讲了宋、郑、卫、史四个姓。"宋延年"，后面加了"延年"两个字，取吉祥的意思；"郑子方"，加了"子方"两个字，也是好字；"卫益寿"和"史步昌"也是如此。如果是复姓，就在后面加一个字。《三字经》和《百家姓》，都继承了《急就篇》的这个传统。

在今天的中国姓氏中，史姓排名第 85 位，是进了前 100 名的大姓，人口 308 万左右，约占全国人口的 0.19%。

⊙ 唐家的仁义"咸猪手"

　　山西太原的晋祠，乃是唐姓的总祠堂，这应该是别的姓非常羡慕的。唐姓总祠堂为什么在晋祠呢？原来，这其中还有一段故事。

　　唐姓出自伊祁姓和姬姓，是黄帝之后。相传尧帝是黄帝的玄孙，姓伊祁，名放郧，尧是他的谥号。他最初被封在陶，后来又被封在唐，所以叫唐尧，后来他的子孙中就有姓唐的。西周初年，周武王的次子叔虞被封在唐，后来叔虞的儿子迁都于晋水之旁，改称晋国。虽然改成了晋国，但唐叔虞的很多后人仍姓唐。另外，根据《后汉书·南蛮传》记载，东汉时，有个南蛮部落叫白狼族，其首领的汉姓就姓唐。三国时的陇西羌族和元代西域的畏兀儿人（也就是维吾尔族的前身之一）中也有姓唐的。今天，很多兄弟民族也有唐姓的存在。所以，唐姓也是一个多民族的姓。

　　唐姓最初主要活动在山西、陕西、河北、河南一带。秦汉时期，唐姓已经进入了山东、江苏、安徽、四川、广东等地。魏晋南北朝时，和别的姓氏一样，唐姓也开始南迁，迁到了福建、湖南一带。到了明清的时候，唐氏族人迁到了台湾。唐姓远播海外比较早，清朝时，闽粤的唐氏中就有很多出去的。比如，印度尼西亚姓唐的比较多，其中有个叫唐裕的船王就是较早迁出去的唐姓的后裔。唐姓在日本、韩国、越南也都有分布。现在，唐姓在国内主要分布在湖南和四川两省，这两省的唐姓人口大概占了全国唐姓人口的 35%，其中湖南独占 18%，是唐姓第一大省。

　　唐姓是非常显赫的大姓，在历史上姓唐的名人志士多了去了，留下的佳话、典故也不胜枚举。我还是按照老规矩，介绍个咱们平常都用或者都听说过的，但大家可能没太留意过原来这典故跟唐姓有关。

有一个典故，过去诗歌当中经常用，叫"绝缨"。绝就是断绝，缨就是过去人的帽缨子。这是一个什么典故呢？在汉代刘向的《说苑》里有记载。公元前605年，楚庄王平息了一次叛乱，班师回朝，在宫内举行盛大的庆功会。楚庄王和臣下开怀畅饮，非常高兴。到了晚上，意犹未尽，庄王就命令点上蜡烛，点上火堆，彻夜狂欢。庄王也是喝高兴了，为了助兴，就让自己的爱妃许姬去给大家敬酒。许姬非常漂亮，她一敬酒，大家就更高兴了。过去住的房子不那么防风，正当许姬敬酒的时候，一阵大风吹来，把蜡烛给吹灭了。这个时候已经半夜了，蜡烛一灭，漆黑一片，大家都看不见了，居然有人趁机动了"咸猪手"，拉了许姬一把，想占便宜。这个许姬非常镇定，她不声不响，一把将那个人帽子上的缨子揪了下来，捏在手上。等蜡烛重新点起来的时候，她悄悄地跟楚庄王说："有人刚才耍流氓，我把他帽缨揪下来了，你得为我做主，得把他抓到。"要放在一般人头上，肯定火了，这是干什么？这不是老虎头上拍苍蝇，找死吗？居然敢调戏我的爱妃？可是楚庄王特别了不起，他说："来来来，各位，我们玩个游戏，咱们把帽子上的缨都给拔了吧。"大家就听从庄王的吩咐，纷纷把帽缨子拔了下来，接着开怀畅饮。这时候许姬沉不住气了："太窝囊了！我被人调戏了，抓住了物证。你不但不抓人，还把物证给毁了？！"所以她对楚庄王非常不满意。楚庄王很大度地对她说："君臣尽兴，有人酒后失仪，情有可原。大家刚刚得胜归朝，如果为了这件事诛杀功臣，将士要寒心的，就不会为楚国尽力了。爱妃啊，你这个就算了吧，没有得逞，属于未遂，所以就别抓了，这事就让它过去吧。"

转眼间到了公元前597年，楚庄王亲自率领军队攻打郑国。不料中了郑国的埋伏，楚庄王被敌兵团团围住。正当非常危急的时候，楚军当中有一员不起眼的勇将唐狡，单枪匹马杀入重围，拼死救出了楚庄王。回去以后，楚庄王就要重赏他。唐狡却谢绝了，他说："大王，不用赏我了，您不杀我我就感激万分了。那次绝缨会上，扯许姬衣袖的正是小臣。小臣当年耍了流氓，却蒙大王不杀之恩，所以当时我就下了决心，我这条命就是大王的，以后一定找机会舍身报答。今天好不容易碰到了这样一个机会，我这么做还不是应该的吗？"所以，"绝缨"就成了一个典故，用来表示宽宏大量。

关于唐姓，还有特别值得介绍的一点，就是它的总祠堂。中国很多姓的祠堂都没有了，尤其是总祠堂。但是，唐姓的总祠堂不仅还在，而且可能会永远在。为什么？因为它所在的位置比较特殊——在太原的晋祠。厉害吧？晋祠就是唐姓的总祠堂。怎么回事呢？晋祠在北魏前就已开始修建，最开始叫唐叔虞祠，是为了纪念唐姓的始祖、周武王的幼子唐叔虞而建。唐叔虞死了以后，他的儿子燮继位，因为附近有晋水，所以他把唐国改名为晋国，唐叔虞祠也就跟着改名为晋祠。唐贞观二十年（646年），唐太宗李世民到晋祠游览，写了晋祠之名并予以作序。今天的晋祠还有国宝级的建筑群，里边的铁人像都是宋代的，还有中国第一座"高架桥"——鱼沼飞梁，非常有名。唐叔虞祠在今天的晋祠建筑群里依然存在着，只不过是在北侧。1961年3月，晋祠成为国务院公布的全国重点文物保护单位。所以，唐姓很有福气，拥有一个举世闻名的总祠堂，这应该是别的姓非常羡慕的。

当代的唐姓毫无疑问是大姓，在全国姓氏中排在第18位，人口1400多万，大约占全国人口的1.05%，过了1%了，是真正的大姓。

第十八讲

费廉岑薛

费、廉、岑、薛四个姓人口不一，大小不一，其中，费姓、廉姓、岑姓较小，薛姓则排进了全国姓氏排名前 100 位，算是大姓了，完全超出了人们的想象。不但如此，这四个姓氏的演变也非常精彩，更是不乏名人，费长房、廉范、岑毓英、薛素素分别是这四个姓氏中的骄傲，都是历史上很有影响的人物。

⊙ 博学忠烈满费门

费这个姓不是很大，但是人们对它的误读不少，其中有一支应该读成 bì，但是现在都读成 fèi 了。这两个发音到底应该如何区分呢？

很多人可能会觉得费这个姓氏很少见，认识的费姓人也不多。这个姓今天很多人已经念得不对了，因为它有两个音，一个念 fèi，一个念 bì。这是怎么回事呢？我们先来看它的来源：

第一个来源，出自嬴姓，也就是说跟秦始皇家族是一个来源。颛顼的裔孙伯益，曾协助大禹治水有功，受封于费，这个地名的古音读作 bì，也就是今天的山东费县。伯益因此也叫大费，他有两个儿子，长子大廉继承了他的爵位，次子若木，没得到爵位，就成平民了。若木为了表示自己血统的高贵，就用父亲的封地名来作为自己的姓。所以，他的后代就姓费。现在费姓的后代都不分了，都自我介绍姓 fèi，其实绝大多数都是姓 bì，费县也应该读作 bì 县。

第二支，源于姬姓。春秋时期鲁国有一个大夫，叫费序父。费序父的食邑也叫费，不过是今天山东鱼台一带。费序父的子孙就以他的食邑名为姓，称为费氏，这里也读作 bì。

第三支也是出于姬姓，还是属于以食邑为姓。春秋时期，鲁懿公姬申的孙子姬无极封在了山东费县西北，时人称之费无极，费无极的后人便姓费。

第四支，还是出于姬姓，是春秋时期鲁桓公之子季友之后。季友的封邑也在费（bì），在今天的山东费县东南。这一支的后代也称费氏，是费氏的正宗。

还有一支出于姒姓，是夏禹的后裔费昌、费仲之后。这里就该读作 fèi 了，其实从汉语音韵学的角度看，似乎也不一定有道理。费昌是夏朝末年人，他曾经劝谏夏桀，不要那么残暴，夏桀当然不听，所以他就投奔了商朝。商汤当然很高兴了，给他的封国叫作费国，在今天的河南偃师附近，费昌的后裔子孙就以国名为姓，称费氏。巧合的是，在费昌的后代中，有个人叫费仲，又成了商末纣王的大臣，不过是个佞臣。在商朝覆灭之时，费仲为周武王姬发所杀。费昌、费仲的子孙都称费氏，世代相传至今，这里读作 fèi。

换句话说，只要是出自姬姓，念 bì（嬴姓也是姬姓之后，因此也念 bì）；既非姬姓也非嬴姓之后，念 fèi。当然，这个说法也不是没有争议，因为在古汉语发音中是没有轻唇音的，也就是说，今天的唇齿音古人是没有的。比如"豆腐"，古人念 dòu pu；比如"师傅"，古人一定念 shī pu。古人没有唇齿音，所以，这两个费的发音大概很接近。当然按照现在的发音标准严格区分，就一个念 bì、一个念 fèi。实际上呢，却又很难区分，因为大部分人都念 fèi，都习惯了。

跟别的姓氏一样，费姓有很多也是源于鲜卑族、蒙古族、满族这些兄弟民族当中的改姓。改成汉姓了，就都姓费（fèi）。

根据《史记》的记载，若木的子孙就已经"或在中国，或在夷狄"，说明在夏朝的时候,费姓在中原及其周边地区就已经广泛分布了。春秋的时候,随着费姓各支祖先被先后分封于各地,费姓队伍迅速壮大,在山东、湖北境内都有姓费的。两汉时期,除了河南、山东、湖北这些地方以外,有的费姓子孙甚至已经到了犍为郡、吴兴郡。吴兴郡地跨现在的江浙,犍为郡则地跨今天的云贵川三省,是很大的一个区域。

三国时期,费姓出了一个鼎鼎大名的人物,读过中学的大概都知道这个人——费祎。费祎是江夏人,就是今天湖北孝感这一带人,后来因为求学,到了益州,最后成了蜀汉的辅国宰相。后来,又跟阿斗结为了亲家,当时诸葛亮对费祎的评价是非常高的。费祎的子孙后来就成为四川地区非常显赫的一支费姓。现在很多费姓都说自己是江夏费氏,来源就是费祎这里。

后来,随着北魏鲜卑族的改姓,比如费连氏、费莫氏纷纷改姓为费,河南、山西、河北也出现了很多姓费的。这些其实都是兄弟民族,并不是汉族。到了唐末五代的时候,由于战乱,中原一带的费姓就开始迁入安徽、江苏、浙江,大规模地往南走,其中有一支进入到福建。宋朝末年,蒙古军南下,费姓又接着往南迁到了两广地区,所以两广的费姓基本上是宋朝以后才有的。

明朝初年,作为大槐树移民中的一支,山西的费姓又开始迁往全国各地。明清两代,浙江绍兴的一支费氏,主要从事着一种特殊的职业。什么职业呢?师爷。借着到全国各地衙门做师爷的机会,这一支费姓就散往了全国各地,其中有一些费姓师爷后来就定居在了北京。今天北京的费姓,你去问他们:"哎,你老家哪儿的啊?"很多人会说:"我祖籍浙江。"有可能就是因为他们的祖先到北京来当幕僚,最后没回去。清朝中叶开始,费姓人开始渡海到台湾。在今天,费姓在全国都有分布,而且,基本上都统一成念 fèi 了。比如,河北、上海、江苏、安徽、浙江、湖北,费姓特别多,上面这六个省市的费姓人口加起来,占了费姓总人数的 85%。

在历史上,从人口规模看,费姓当然不是大姓,但是名人极多。

比如前面提到过的，商纣王身边非常重要的大臣费仲。从某种程度上来说，费仲几乎改变了中华民族的历史。为什么这么说呢？历史记载，商纣王曾经把西伯姬昌囚禁在羑里，想杀他。于是，姬昌的家人便竭力搭救他，甚至还用上了内线，主要的内线便是费仲。费仲这个人很贪婪，于是他们就向费仲献上了美女、奇物、宝马。费仲拿了人家这么多好处，就跟商纣王说："把姬昌放了吧，反正他也没什么价值，留着也没用。"商纣王就把姬昌给放了，这才有了后来的周文王。如果没有周文王那就不会出现周朝，如果没有周朝，那中国历史后来的发展难以想象。

后来还有一位费姓名人叫费直。费直是东莱（今山东莱州）人，在易学上大有建树，曾发展了一门独特的"费氏易"。今本《周易》就跟"费氏易"大有渊源，今天讲《周易》不能忘记费姓的贡献。

关于费姓，还有件有趣的事：费姓本身是个小姓，可居然出过两个名字一模一样的名人，都叫费长房。这事在别的姓里太难找了。

第一个费长房是东汉人。他曾经学道，但是学得有点半吊子，没有学成就回家了。相传他除了能治百病外，还有一个爱好——打鬼。据说他动不动就抓个鬼来，拿鞭子抽，所以鬼一听到他的名字就怕得要死。但他毕竟是个半吊子，学业不精，结果后来有一次抓鬼时，他把镇鬼符给弄丢了，对付鬼就无计可施了，就让鬼给杀了。这个故事见于《后汉书·方术列传》。现在有个重要的风俗，就是费长房传下来的。哪个风俗呢？九九登高。重阳节要登高，以驱邪、辟鬼，就是费长房传授的法术，今天已经演变为一种风俗。

第二个费长房是隋朝的，四川成都人，没准就是前边提到的费祎的后代，他是隋朝著名的佛教学者，现在很多佛经就是他翻译的。两个费长房隔了几百年，名字一模一样，很有意思。

近年来南海成了热点地区，媒体都非常关注南海，关注中华民族的海权。有意思的是，南海有个岛就叫费信岛，是为了纪念一个叫费信的人而命名的。费信（1388—？），江苏昆山人，明朝著名的航海家、外交家，曾四次陪同郑和下西洋。作为郑和的重要助手，费信留下了很多航海记录，写成了一本书——《星槎胜览》，成为后世研究郑和下西洋极其重要的第一手资料。为了纪念费信的巨大贡献，也很有可能是因为他第一个发现的那个岛，这个岛后来被命名为费信岛。

费姓也出女杰。众所周知，明朝的崇祯皇帝是在煤山上吊死的。据说崇祯生前身边有个宫女就姓费，叫费贞娥。李自成的农民军攻进皇宫时，费贞娥才16岁，为了追随先帝于地下，就打算投井自尽。这一幕正好被农民军士兵看见了，就赶忙把她给捞起来了，就没死成。费贞娥真是不寻常，人家问他："你为什么跳井啊？"她说："我是公主。"一听是公主，一般士兵就不敢去抢她了嘛。李自成听说她是公主，就把她赏赐给了大将李过。费贞娥其实还是抱着报仇的决心的，她想：与其被一个小兵抢走，还不如说自己是公主，这样才能够接近级别较高的将领，才有机会为崇祯皇帝报仇。果然，她的目的达到了。结婚当晚，她趁李过喝多了、睡着了，就用身上暗藏的匕首割断了他的咽喉，然后就自杀了。费贞娥在民间很有名，昆曲《铁冠图·刺虎》讲的就是这个故事。

在今天的中国姓氏排名中，费姓排在199位，接近200位了，人口47万，约占全国人口的0.036%。

⊙ 至仁至义有廉范

廉姓被人们所熟知，很大程度上应该归功于廉颇，在人们的印象中，廉姓应该是一个大姓，事实上却不是如此，廉姓是人数不多的小姓。

接着费姓的，又是一个非常有意思的姓——廉姓。廉姓是一个非常古老的多民族姓氏，它有下面几个来源：

第一个，源于嬴姓。上一节说到费姓的第一个姓源时，我提到过，继承了伯益爵位的是他的长子大廉。所以大廉的子孙也就姓廉，而伯益是黄帝、颛顼的后裔，因此这一支是很正统的黄帝后裔。

第二个来源，源于维吾尔族。元朝的时候，有个维吾尔族人，汉名叫布鲁海牙。他曾经当过一个叫肃政廉访使的官，简称"廉使"，相当于今天的中纪委巡视组组长。布鲁海牙被任命为肃政廉访使的时候，正赶上儿子出生，双喜临门。高兴之余，布鲁海牙决定给自己改个名字，叫廉允中，从得封的官职名中取一个字，作为自己的汉姓。允中，就是说办案的时候要秉公而断。他的儿子本来叫卜鲁凯雅，也就给起了个汉名叫廉希元。这支廉姓后来很庞大，因为长时间跟汉族生活在一起，维汉一家，不再区分，所以很多子孙现在都忘记自己是维吾尔族了，都自认为汉族了。这是廉姓非常重要的一支。

第三个来源是出自子姓。殷商末期，商纣王有个大臣叫飞廉，也是大廉之后，大概是商王赐姓子的。飞廉奔跑速度特别快，是个飞毛腿；他的儿子也非常有名，叫作恶来。父子俩都是商纣王的亲信，而且还都是佞臣。后来周武王伐纣，攻进朝歌城，飞廉和恶来就都被杀了。恶来还有个兄弟叫季胜，就是后来战国七雄之一赵国的祖先。在飞廉的子孙当中，有一支本来姓飞廉，是个复姓，后来大概用的人少，就把"飞"字去掉了，只姓廉，这是廉姓的又一个来历。

还有一支源于芈姓，是春秋初期楚国大夫斗廉的后裔。斗廉的后裔分成了好几个姓，一支姓斗廉，一支姓斗，一支姓廉，还有一支姓季。

其他的来自兄弟民族。比如有一支源于回族。元朝的时候，福建泉州有个清真寺，最高领导叫夏不鲁·罕丁。夏不鲁·罕丁被伊斯兰教信众尊称为"摄思廉夏"，就是长者、尊者的意思。后来夏不鲁·罕丁就从"摄思廉夏"四个字里取出两个字"廉"和"夏"，作为自己后裔的姓氏。所以现在泉州姓廉的和姓夏的是一家人。这是非常特别的一支。

先秦的时候，廉姓已经分布在河南、河北、山西。廉姓最有名的郡望就在山西夏县，称作河东廉姓。

西汉时期，廉姓进入江南；唐宋时期，进入四川；宋元时，进入到福建和广东。今天廉姓最多的省份是河南省。

廉姓不大，但是名人不少。春秋时期，有个人被称为"毓秀贤人"，他的名字就让人油然产生敬意，就叫"廉洁"。至于后来的廉颇，就更不必说了，"将相和"、"负荆请罪"这些典故我们耳熟能详，就不再详细介绍。在这里，我介绍两个大家不太熟悉的廉姓名人。

在过去，一说到讲义气、有气节、重感情，有"重如廉范"一说，这和东汉一个叫廉范的人有关。这个廉范，年轻时曾拜一个叫薛汉的人为师，薛汉就把他推荐给了当时的陇西太守邓融。邓融赏识廉范的才识，就委任他做当地的功曹史，就好比今天的组织部长。但没过多久，邓融因为涉嫌职务犯罪被人举报了。廉范知道邓融这一劫逃不过了，于是赶紧跟邓融说："大人，对不住，我生病了，想辞职回家养病。"邓融当然很生气："我一手提拔的你，看到我有点难处，你就先弃我而去，也太不地道了吧？"即便如此，邓融还是放他走了。廉范后来到了洛阳，更名改姓，改头换面，换了个职业，到监狱里边去当了个狱卒。邓融后来果然被逮捕进京，下了大狱，巧合的是正好被关到廉范所在的牢里。廉范就在牢里尽心尽力地伺候邓融，不让他受太多的罪，以报当年知遇之恩。邓融觉察到了狱卒的好意，说："你长得很像我手下当年那个功曹史廉范啊？"廉范假装不认识他，说："你别胡说八道，被关晕了是吧？我怎么会长得像别人啊？你给我老老实实改造。"自此以后，邓融就不再说别的了，不敢认啊。后来邓融刑满出狱，一贫如洗，穷困潦倒，廉范依然用他当狱卒的那个假名字追随着邓融，在他身边侍养他。后来一直到邓融死，送邓融回南阳安葬，廉范都没有透露自己的身份。邓融也就到死都不知道他就是廉范。

故事还没完。廉范也是真倒霉，刚刚把邓融送走，他的老师薛汉又出事了。薛汉受到楚王谋反事件的牵连，被杀了，可是没有人敢为他收尸。廉范不惧这些，冒死前来收尸，把老师安葬了。皇帝龙颜大怒，这个时候已经知道这个狱卒就是原来的廉范了，说："好你个廉范，居然敢冒天下之大不韪，为一个叛臣来收尸！"于是下令召见廉范。廉范到了朝堂之上，毫不畏惧地说："我比较鲁莽，性子也急，但是我很刚直。薛汉已经被皇上杀了，我也就不说什么了，他一定有罪。但是，我跟他有师生之情，所以，我得为他收尸。现在收尸也收完了，皇上您如果要杀我，我也没有怨言。"这一下，倒把皇帝给感动了，廉范也因此名满天下。当时还没有科举制度，实行的是察举制，所以廉范很快就被推荐为秀才。后来廉范一直当到蜀郡太守，主管四川全省，勤政爱民。

还有一个人，跟前边提到的人有关，就是那个改姓廉的维吾尔族人布鲁海牙。除了那个廉希元外，他还有一个儿子叫廉希宪。廉希宪自幼学习汉文化，独好经史。元朝建国初期，各种典章制度都不完备，廉希宪就以中书省重臣的身份，积极推行汉法。作为忽必烈的重要谋士，廉

225

希宪经常用孟子的仁政学说去劝谏忽必烈，推行了不少好的政策。所以，他得了一个外号——"廉孟子"，以说明他对孟子学说的推广功不可没。1280 年，廉希宪病逝在北京，终年 50 岁。现在北京好多廉姓其实都是廉希宪的后代。

在今天的中国姓氏排行榜上，廉姓排在第 290 位，人口不到 20 万，约占全国人口的 0.012%。

⊙ 清末 "官屠" 岑春煊

· · ·

说到岑姓，就不得不说到壮族，因为这是一个同南方少数民族关系密切的姓氏。岑姓的代表人物岑毓英、岑春煊父子俩在清末有过哪些杰出的事迹呢？

· · ·

接下来是岑姓。

岑姓的第一个来源，出自姬姓，是周武王的堂弟姬渠之后，因为他分封的地方叫岑，在今天陕西的韩城，所以他的后代就姓岑，已经有 3000 多年的历史了。这个记载在《吕氏春秋》里有，很明确。

第二个来源，属于古代兄弟民族汉化后的改姓，而且还是很重要的源流，比上个来源"姬姓岑"还要兴旺。秦汉之际，粤西雷州半岛一带生活着一个民族，史籍里管他们叫俚人，也有写作娌人的，他们当中就有很多姓岑的。俚人出过好多杰出人物，尤其是在南北朝、隋唐之际。比如，威震岭南的南越首领冼夫人及其孙子冯盎，在很长一段时期以内，力保了岭南的安定和国家的统一。到了唐朝后期，俚人开始逐渐消失，其中有一支到了海南岛，后来成了现在我们所熟知的黎族。现在两广交界的地方，还有很多地名用"岑"这个字，比如在苍梧县有条河叫岑溪，贵州有个地名叫岑巩。现在当地也还有好多姓岑的，要追本溯源的话，他们本来都不是汉族，但是已经完全融入汉族了。这一支后来名人很多，而且跟中国近代史关系密切，后面会讲到。

还有一支岑氏，出自壮族，也很厉害。宋朝的时候有一个民族，叫作僮族。怎么念呢？很多人开口就会念错，想当然就念 tóng 嘛。错啦，念 zhuàng。"僮"字有两个读音，一个念 tóng，一个念 zhuàng。后来因为"僮"字的含义不够清楚，又容易读错，字形也有点小瞧人的嫌疑，1965 年，周恩来总理倡议，把"僮族"改为"壮族"。

壮族的先民原来是无名无姓的。壮族有这样一个传说：有一天，各大部落的首领聚在一起开会，讨论取姓的问题。取姓的方式倒是很简单：主持人的部落最强大，就以黄为姓，因为在壮语当中，"黄"的意思就是大王；养黄牛的部落就姓莫，因为在壮语当中，黄牛就叫"莫"；还有一个专门负责抓鸟的部落，就姓陆，"陆"就是大鸟的意思；牵着狗来的那个部落，就姓麻，因为在壮语当中，狗就叫"麻"。这些部落都很高兴，结果旁边还有一个部落，是承办这次会议的，他们的首领心想："你们在那儿争姓，我们给你们杀牛做饭。哦，你们都有姓了，高兴了，我们的姓呢？"他很不高兴，就在那儿叫："哇，我们的姓呢？"大家没理睬他，结果这位首领就火了，拿起刀就在砧板上面敲："我的姓呢？我的姓呢？"开会的人一致决定：你就姓岑吧。在壮语当中，砧板就叫"岑"，所以这支部落就姓了岑，壮族的岑姓就是这么个来历。这一支后来也出了很多名人。

在历史上，岑姓光辉灿烂，汉朝的时候就出过一个岑姓名人，他应该就是我讲的第一支"姬姓岑"的后代，叫岑鹏，是汉光武帝的大将，是历史上岑姓第一个名人。岑鹏我倒不想为大家介绍，我想讲的是两位在清朝晚期鼎鼎大名的岑姓人物。

一个是岑毓英。岑毓英（1829—1889），广西西林人，壮族（那时候叫"僮人"），曾当过福建巡抚，后来官至云贵总督，死后被追赠为太子太傅。岑毓英在福建巡抚的任上，曾经提出了著名的"台防三策"，即保卫台湾的三项对策。此外，他还在台湾大兴水利，比如大甲溪水利工程和台北城就是在他的规划下建成的。因此，岑毓英可谓是台湾近代化的前驱。中法战争的时候，岑毓英作为中方的最高统帅，节制滇、粤、楚军，指挥了宣光战役等战役，多次击败了法军援军。在战争实践中，他还开创了一个战法，叫"地营战法"，他的学生还根据他的实战经验，将这种战法整理成了一本书《地营图说》。"地营"就是地道，因此，可以说地道战就是从岑毓英那儿传下来的。战事结束后，岑毓英代表清政府进入越南，主持了勘定中越边界的大局。

岑毓英了不起，他的儿子岑春煊照样不差。岑春煊（1861—1933），是岑毓英的第三个儿子。起初他是个放荡不羁的纨绔子弟，当年晚清有京城三恶少，岑春煊就是其一。但是后来改过自新，慢慢地变好了。光绪二十六年（1900年），八国联军攻占北京，慈禧太后带着光绪皇帝逃往陕西。逃亡途中，第一支赶到慈禧面前"勤王"的队伍就是岑春煊率领的。这是大功一件，岑春煊立即赢得了慈禧太后的好感。当时的慈禧太后，要吃的没吃的，要穿的没穿的，岑春煊的出现无疑是雪中送炭，所以他后来的仕途一路绿灯。在清末的新政中，岑春煊也做出了不少贡献。光绪二十八年（1902年），出任山西巡抚期间，在英国传教士李提摩太的帮助下，岑春煊创办了一所重要的大学——山西大学堂，也就是今天山西大学的前身。此外，岑春煊在署理四川总督期间，建立了警察制度，严肃吏治，曾一举弹劾了四十余名贪腐官员。因此，他和袁世凯、张之洞并称"清末三屠"。哪三屠呢？袁世凯杀人多，所以叫"人屠"。张之洞有时候对读书人不客气，因此有一说叫"士屠"；另外张之洞花钱厉害，花钱如流水，因此还有一说叫"钱屠"。

还有一个"官屠"，说的就是岑春煊，指他肃贪惩腐比较严厉，连英国人都称他为"满洲虎"（英国人误以为他是满族人）。

清末有一个叫法，"南岑北袁"，北面是袁世凯，南面就是岑春煊。虽然二人并称，但岑春煊跟袁世凯的关系可没那么好。袁世凯想给岑春煊下绊子，但是碍于慈禧太后非常欣赏他，所以一时半会儿很难挑拨成功。后来袁世凯跟庆亲王奕劻合计，想出了一个绝妙的方法。这就是中国历史上最有名的 PS 事件！他们 P 了一张照片，把岑春煊和梁启超 P 在了一起，就像一张合影，去拿给慈禧太后看。慈禧太后哪懂这高科技啊，她坚决相信有图有真相啊，于是对岑春煊产生怀疑了，觉得他跟乱党搞在了一起，就冷落了他。受到冷落后，岑春煊暂时先蛰伏起来，暗中领导反袁。他曾经说："袁世凯生，我必死；袁世凯死，我则生。"跟袁世凯的仇，那是不共戴天的。

岑春煊还有一点不得不提，他曾为广东、广西的教育做出过重大贡献。特别是广西的教育，基本上就是岑毓英、岑春煊父子俩奠基的，现在当地好多老学校都是岑春煊主持建立的。此外，岑春煊还是桂系军阀的开山祖师，国民党的创始人李宗仁、白崇禧，都是他的晚辈。

岑姓在今天的中国姓氏中，只排在第 235 位，很靠后，人口 57.8 万，约占全国人口的 0.036%。

⊙ "十能"才女薛素素，不战而屈人之兵

在人们的印象中，薛姓应该是一个小姓，但事实不是这样，薛姓不但人口多，而且名人不少，"薛涛笺"就是薛姓人的发明。

在这一讲里最后一个姓是薛姓。薛姓有几个来源呢？

第一，源于任姓。任是黄帝的小儿子禺阳的封地，禺阳的十二世孙奚仲，因为发明车辆有功，被大禹任命为车正，专门管理天下车辕之事。大禹赐封奚仲以薛（今山东滕州一带）为邑，称薛侯。奚仲的后人都以此为荣，索性以薛为氏，是为薛氏之始。

第二，源于妫姓。这一支跟战国四公子之一的孟尝君有关。孟尝君的父亲是出任齐国宰相的田婴，曾被齐威王封在薛，他的后代就有姓薛的，这支跟孟尝君是有血脉联系的。

姓薛的里边还有很重要的一支，冒姓，就是出于某种目的，本来不姓薛，冒充姓薛的，因为薛姓在某段时期也是个望族。这里面出了个有名的人——冯小宝，武则天的男宠之一。冯小宝自称是周文王后裔，陕西人，闯荡江湖，在当时陕西铜川一带贩卖药材，所以身体健壮，而且非常英俊，武则天非常喜欢他。他后来改了一个名字叫薛怀义，结果他的子孙就都姓薛了，这一支薛姓在今天还是蛮重要的。

另外就是源于各种兄弟民族了，匈奴族、鲜卑族、突厥族、蒙古族、满族等好多兄弟民族都有姓薛的。

薛姓从春秋战国得姓以后就开始从山东向周边地区扩展，很快就到了湖北、湖南、河南、河北、山西、江苏。秦朝到两汉时期，薛姓人口大规模增加，因为当官或其他各种原因，分散到全国各地。当然，黄河、淮河下

游依然是薛姓的主要聚居地。西汉末年，因为打仗，一部分薛姓就到了长江流域。东汉末年，有个人叫薛永，追随着刘备进入四川。薛永父子是蜀汉重臣，他们就在四川住了下来，这一支叫"蜀薛"，是薛姓里面非常重要的。魏晋时期形成了河东薛氏，到了隋朝，河东薛氏因为出现了一个薛道衡，而成为全国性的望族。到了后来，又出现了一个望族——薛居正家族。和别的姓一样，薛姓在历史上也一直往南迁徙着。明初大槐树移民时又有薛姓移往全国各地。从清朝开始，薛姓开始在台湾出现，并且从台湾远播东南亚。

薛姓是个大姓，比咱们想象的都大，人才鼎盛，我在这里就给大家介绍两位才华出众的女性。

一个叫薛涛。薛涛（约768—832），长安人，唐代女诗人。据说薛涛既漂亮，又聪慧，八岁能诗，通晓音律，声名倾动一时。因为她的父亲很早就过世了，所以她就沦为了歌伎。当然，这里的歌伎跟今天的"妓"可不是一回事，那个时候的"伎"专指有才艺的人。薛涛曾发明了一种别具特色的笺纸，长宽适度，深红色，便于写诗，时称"薛涛笺"，流行一时。现在薛涛尚有诗集存世，大家可以看看。

还有一位才女薛素素，是明朝万历年间南京的名伎，非常漂亮，也非常有才华，被称为"十能"才女，诗、书、画、琴、弈、箫、绣，样样精通；同时，她还有三项绝技——驰马、走索、射弹。骑马骑得特别好，绳子拉在两棵树之间，她能在上面走来走去，打弹弓的技术也很是了得，是当时有名的女侠。当时有个叫李征蛮的将军，非常爱慕她，最终追求到手了。后来李征蛮去南方征讨少数民族叛乱时，随身带了一幅薛素素打弹弓的画像。结果这个画像在南方兄弟民族当中广泛流传，他们深感佩服，奉薛素素为天仙，不战而降。薛素素书画功夫了得，也有作品留世，上海博物馆就藏有薛素素的一幅作品——《兰石图》。

最后再介绍一个我的同乡——清末著名的外交家薛福成。薛福成曾参与了维新变法，做过浙江的宁绍台道台（监察宁波、绍兴、台州三地），任过湖南的按察使，还当过驻英国、法国、比利时、意大利四国的公使。薛福成曾提出君主立宪，主张发展中国的工商业。他有很多著作，其中最重要的一部叫《筹洋刍议》，可以视为中国近现代要求开放、改革的发端之作。薛福成的哥哥薛福辰是当时著名的医生，曾被召进宫去给慈禧太后看过病。薛福成故居在无锡著名小吃店王星记边上，王星记的小笼包子实在好吃，我有时会驱车上百公里去解解馋。

薛姓在今天的中国姓氏中排在第 76 位，也算大姓之一，人口 381.5 万，约占全国人口的 0.24%。

第十九讲

雷贺倪汤

　　在雷、贺、倪、汤四个姓氏中，雷姓的祖先传说是黄帝手下的大将；贺姓的起源比较多样，好多兄弟民族中都有贺姓；倪姓不仅是一个古老的姓，而且和曹姓、朱姓关系密切；要说哪个姓最为古老，非汤姓莫属，汤姓非但古老，而且还是一个多民族、多渊源的姓氏。那么这四个姓氏，在历史上都发生过哪些历史故事？它们又是如何得姓的呢？

⊙ 没有雷发达，哪有故宫颐和园

雷姓也是一个比较大的姓氏。故宫、颐和园的规划设计都有雷姓人的功劳，晚清时在清政府财政危机的解决上，雷姓人更是贡献了自己的一份智慧。

雷姓历史悠久，来源极其复杂，主要有：

第一，源于姜姓，是炎帝的后裔，叫方雷氏。炎帝神农氏往后传了九代，传到一个叫作雷的子孙。雷是黄帝手下的一员勇将，黄帝率领炎黄部落和蚩尤激战的时候，雷奋勇杀敌，将生死置之度外，为打败蚩尤立下了大功。黄帝论功行赏，就把他封在了一个叫方山的地方。关于方山的位置，一种说法是今天的河南叶县、方城一带，还有一种说法是河南嵩山少林寺附近。雷在方山建立了自己的诸侯国，他的子孙后代最早姓方雷，是个复姓。后来分开了，要么姓方，要么姓雷，所以这一支的方和雷是同宗同源的。这是雷姓的第一个来源。

第二支，源于子姓，始祖是商纣王的宠臣雷开。商纣王很大程度上就是被雷开教唆坏的。周武王灭商以后，雷开的后裔子孙就姓雷，这是一支。

第三支，源于蛮夷。这个就比较有意思了。过去有一支民族叫潴山蛮。"潴"这个字有两个音，一个念 tú，还有一个音念 zhā，所以潴（tú）山蛮也叫潴（zhā）山蛮。这是当年楚国很多民族的一个结合体，这支民族的酋长被一致称作"雷迁"，就是首领的意思。其部族人多以首领之官称为姓氏。其中的一支后来慢慢迁到岭南地区，就融入到苗族、瑶族、彝族、侗族、畲族、壮族、黎族、布依族这些兄弟民族当中去了。现在，这支雷氏主要分布在广西、湖南、广东等地区，严格意义上不算汉族，但是今天恐怕早就汉化了。这个雷氏有一个非常重要的聚居地，就是广东雷州半岛地区。

其他的来源就是很多兄弟民族了，比如古代的氐族，当代的蒙古族、满族。蒙古族里面的雷氏很有意思。蒙古族有一种乐器，蒙古语发音叫"忽雷"，是元代宫廷音乐的主要乐器。这种乐器后来一直流传下来，到了民国年间，还有人收藏着。过去的某些音乐都是家传的，像中医一样，一代传一代。所以，这种乐器弹奏者的子孙就以雷为姓了。满族里的刘佳氏，后来不知道什么原因，也有改姓为雷的。总之，兄弟民族们改汉姓的时候，有很多人取了雷姓，我就不一一介绍了。

先秦时期，雷姓的活动范围仅限于河南叶县、方城、嵩山这一带，刚开始时还不活跃，史书上很少记载。到了秦汉时期，雷姓东迁到安徽和江西，在南方发达起来了，形成了豫章雷氏，成为一个望族。魏晋南北朝是雷姓发展的重要时期，因为在这个时期，西北羌族、氐族和巴蜀蛮族中的雷姓开始兴起，并且汉化。随着大量兄弟民族的雷姓汉化，陕甘宁地区和川鄂地区成为雷姓的重要活动中心。唐宋时期，雷姓一方面在西北发展，一方面开始向东南地区移民。到了明朝时期，雷姓的重心已经迁到了南方，南方各地基本都有雷姓了，尤其是江西、福建地区比较多。现在雷姓的第一大省是四川省，四川的雷姓人口占了全国雷姓总人数的 16%。

雷姓在很多人印象中不算大姓，能想起来的也就是雷锋。雷姓其实不小，在历史上出过很多了不起的人，随便就能举出几个。雷发达（1619—1693），江西建昌（今江西永修）人，明末清初有名的建筑工匠。故宫太和殿就是雷氏家族主持重建的，圆明园、颐和园等皇家园林的大部分建筑也是雷发达家族建造的。雷氏家族设计的建筑样式独具特色，人称"样式雷"。现在的故宫工部档案里，雷氏家族主持营造工作200多年的档案都还保留着。雷氏家族后来就留在了北京。可以这么说，没有雷发达这个家族，后来的颐和园、后来的故宫就不会是现在的样子。

还有雷以针，也有写作雷以诚的，这个人一般人不太知道，湖北咸宁人。雷以针有什么贡献呢？他是道光年间的进士，太平天国运动的时候，他奉办江北大营军务。当时朝廷打太平军打得没钱了，他就在扬州创办了一种税收制度，叫厘金，一下子使清政府财政收入大大增加。如果没有他创办的厘金制度，清朝的军费根本就接济不上，恐怕就被天平天国给灭了。雷以针顿时名声大噪，得到了清政府的重用。

再举一个吧，雷履泰（1770—1849），山西平遥人。道光三年（1823年），他创办了中国历史上的第一家票号——日升昌。今天若到平遥古城去看，日升昌的老房子还在。

雷姓在今天的中国姓氏中，排在第78位，人口369.2万，约占全国人口的0.23%。

⊙ 贺姓缘何本姓庆？

除了因为避讳而改姓外，贺姓更多的是古代的兄弟民族取汉姓时常用的一个姓。那么，贺姓都有哪些民族的血统呢？

接着雷姓的是贺姓。一般人可能会认为贺姓是个大姓，其实根本没那么大，是个小姓。而且，贺姓还有一个特点可能也跟一般人的既有观念有很大不同，那就是，贺姓是个得姓较晚的南方姓氏。前面讲到的姓大多源于北方，贺姓却是源于南方，而且也比一般人想象的年轻。

最早是没有贺姓的，是后来改的。东汉有个人叫庆仪，是当年的齐国公族庆公之后，追溯上去应本该姓姜。庆仪当过汝阴令，他有个曾孙叫庆纯。在汉安帝的时候，为了避汉安帝的父亲清河王刘庆之讳，庆纯改名为贺纯。他的后代就以贺为姓了，这是贺氏正宗，贺姓人都以贺纯为得姓始祖。很多别的姓都是起源于黄帝、商朝、周朝，秦朝就算晚的了，可贺姓到汉安帝时才有，所以它是比较晚出现的。

除了由庆姓改过来的一支以外，贺姓多少都有兄弟民族的血统。比如鲜卑族拓跋部落里的贺兰氏、贺赖氏、贺楼氏、贺敦氏，在北魏孝文帝改革的时候，都改为了贺。另外，吐谷浑部落里边的贺尔加氏、贺尔基氏、苏贺氏、贺郏氏也有改姓为贺的，吐谷浑就是今天土族的祖先，所以现在土族里边贺姓特别多。还有源于满族的，比如满族最古老的一个姓氏赫舍里，后来就改姓了贺。此外，锡伯族、苗族、裕固族、布依族、撒拉族、俄罗斯族、东乡族、回族，都有贺氏。所以说，贺氏的主体恐怕是兄弟民族。

贺氏得姓在浙江绍兴一带。因为贺纯的缘故，得姓伊始，贺姓就成为绍兴一大望族。魏晋南北朝时期，北方战乱，贺姓地处江南，受的干扰比较小，会稽贺氏和当地的虞、魏、孔三姓共称为"会稽四姓"。等到北魏孝文帝改革，大改汉姓，鲜卑族贺氏大量出现，长江南北的贺氏不断交融，逐渐在北方又形成了两大郡望——河南郡和广平郡。唐朝时期，会稽贺姓开始北上。比如贺知章的后代、著名词人贺铸，就出生在河南汲县，但是到了晚年，他又搬回老家，住在了苏州、常州一带。可见贺姓的流动性很大。到了宋朝，北方的贺姓已经比较多了，其中河南、河北、山西、山东、山西最多。明初，大槐树移民，贺姓也是很重要的一支，迁到了全国各地。今天，贺姓在全国均有分布。其中湖南、山西贺姓最多，这两个省的贺姓人口占了全国贺姓的 30%。

贺姓的名人实在太多，在这里，我只想介绍一位值得记住的贺姓人物——贺长龄。贺长龄（1785—1848），号耐庵，湖南善化人，原籍浙江会稽。嘉庆十三年（1808 年）中进士，当过翰林，授过编修，为官四十年，忠于职守。他在山东兴修水利，解除水患；在贵州查禁罂粟，禁止吸食鸦片，整饬吏治，储粮备荒，劝课农桑，创办各种教育机构，还主持兴修了《遵义府志》。要问全中国哪个府志修得最好，《遵义府志》天下第一。这个话不是我说的，是梁启超说的。众所周知，贵州多山，地无三尺平，天无三日晴。贺长龄在贵州为官九年，对当地的教育发展做出了重要的贡献。直到今天，贵州再偏远的地方都有学校，再偏远的地方都有考场，都是贺长龄那时打下的基础。在教育方面，贺长龄还担任过岳麓书院的山长。道光二十八年（1848 年），贺长龄生命里的最后一年，他委托魏源编了一本很重要的书——《皇朝经世文编》，120 卷。传统中国的很多读书人全身心投入到八股、科举当中，留心"经世"是难能可贵的。比如怎么输送？怎么治水？怎么禁鸦片？怎么兴学？都是扎扎实实的实务。魏源有两本书很重要，一本是《海国图志》，是林则徐收集齐资料，然后委托他编的；另一本就是《皇朝经世文编》，是贺长龄搜集的资料，前期工作完成后，再交给魏源编的，也非常重要。

贺氏在中国姓氏中排名第 93 位，勉强排进 100 位，属于大姓，人口 270 万人，约占全国人口的 0.17%。

⊙ 史上洁癖第一人：倪云林

- - -

在倪姓名人中，最有个性的非倪瓒莫属了。倪瓒是元代著名的画家，除了画作之外，更著名的是他的洁癖，实在世所罕见。

- - -

接着贺姓的是倪姓。

倪姓的第一个来源是出于曹姓，是黄帝的后裔郳武公之后。郳武公曾将他的次子封在了郳（今山东滕州境内），建立了一个国家叫郳国，就相当于郳国的附庸。刚开始时，郳国子孙都是姓郳的。后来郳国为楚国所灭，为了避祸，郳国后人就把今天咱们说的"耳刀旁"给扔了，只留下左边这个"儿"字的繁体字。"儿"在普通话里面念 ér，在江浙、上海一带就念 ní。后来，又加上了一个"单立人"，就变成了今天这个"倪"。汉初就出现了一个非常有名的御史，叫倪宽。

还有一个来源，来源于姬姓，是古代颛顼帝的后裔。在今天的山东邹城市一带，古代曾经有过一个以蜘蛛为图腾的部落，就叫郳。现在当地还有好多地名与此相关，比如郳城、郳峄山。西周初年，颛顼帝的一个后代曹挟被周武王封在了郳，是为郳侯。郳侯建立的郳国非常弱小，后来还有个名称叫郳娄国，再后来又叫邹国，这个读音大概是讹掉了，讹成了邹国。孟子就是邹国人。这一支以蜘蛛为图腾的后来也变成了倪姓。实际上，曹、郳和倪这三姓同宗同源，血缘相通。

还有一支，商朝有个诸侯叫兒伯，这一支的后代不知道什么时候给姓加了个"单立人"，也姓了倪，但是史籍上有记载。另外还有很多倪姓是源自于古代的鲜卑族、蒙古族、满族等兄弟民族的改姓，所以，倪姓也是个多民族的姓氏。

山东的滕州和枣庄，各有一个地方叫倪城，这一带就是春秋时候郳国的所在，是倪姓的起源地。被楚灭国以后，倪姓开始北移，移到千乘（今山东博兴）一带。后来，倪姓在那里繁衍昌盛，形成了一个郡望就叫千乘倪姓。两汉时期，见于史册的倪姓逐渐增多，只不过那个时候的倪，还写作"郳"。除了在山东境内以外，还有很多倪姓进入了安徽北部。汉魏之际，"郳"字就没有了，全部改成了"倪"。魏晋南北朝的时候，倪姓陆续南迁。隋唐之际，倪姓在北方的分布范围逐渐扩大，河北、河南、山西，都有了倪姓的分布。唐末，倪姓大规模地迁往江南。两宋开始，倪姓明显壮大，在史籍上就可以找到很多倪姓名人，他们的籍贯分布在江苏、安徽、江西、福建、湖北、湖南、广东、广西等地。明初大槐树移民当中，倪姓移民分别被迁往山东、河南、江苏、安徽、河北。清代开始，福建的倪姓到达台湾，并且有倪姓开始闯关东。今天的倪姓在江苏、湖北、上海三个省（市）分布最多，三地倪姓占了全国倪姓的 60%。

倪姓在中国历史上也出了很多名人，在这里我想介绍一位画家。现在的字画收藏很热，有一个名字经常出现，这就是倪瓒。倪瓒（1301—1374），江苏无锡人，号云林居士、云林子，因此又叫倪云林。他博学好古，擅画山水、墨竹，跟黄公望、王蒙、吴镇并称"元四家"。倪瓒的祖父是当地的大地主，富甲一方，非常有钱。倪瓒的父亲很早就去世了，但是他同父异母的哥哥在当时是一个道教的上层人物，管理常州、杭州一带的道教，有"真人"的称号。元朝的时候，道士的地位很高，比如丘处机就曾被封为"长春真人"。当时的道教首领既不用交税，也不用交租，还可以躲开官场的倾轧，且有额外的生财之道，所以倪家非常有钱。倪瓒从小接受了极好的教育，也养成了非常怪的性格。什么性格呢？清高自许，洁身自好，不问政事，不问生计。倪瓒很懒散，他不叫自己倪瓒，叫"懒瓒"或者"倪迂"，说自己很迂。

倪瓒的绘画成就暂且不提，他还有一个著名的特点——洁癖。如果想在中国历史上找出个"第一洁癖"，那绝对非倪瓒莫属。倪瓒的洁癖到了匪夷所思的程度。他对上厕所这事看得很重，居然为此造了一个别致的厕所：用香木搭起来一个很高的阁楼，阁楼下面是粪坑，粪坑里铺上洁白的鹅毛。"凡便下，则鹅毛起覆之地，不闻有秽气也。"他在上面解手，粪便掉下来，鹅毛飞舞起来，就把秽气给盖住了。除了倪瓒，谁还能干出这种事情？

这还没完，倪瓒的文房四宝，得有两个佣人专门负责随时擦洗。不光是文房四宝，他院子里的树每天都要洗一遍，每个叶子都洗，专门有佣人干这活。倪瓒的洁癖太厉害了。有一天，有个好朋友来访，晚上住在他家，他怕朋友不干净，思来想去睡不好觉，一晚上起来三四次，偷看他朋友有没有不卫生的动作。突然，朋友一声咳嗽。就这一声，让他一晚上没睡着，因为他老惦记着：啊！咳嗽了，吐痰了？这口痰吐在哪里了？睡不着了。第二天，他就叫了个佣人，去看看那位朋友痰吐哪儿了，找出来清理掉。佣人满地找，就是找不到。其实这个朋友可能只是咳嗽了一下，没吐痰，或者知道倪瓒爱清洁，干脆给它咽下去了，也不一定啊。总之就是没找着，倪瓒不放心啊，非让再找，找不出来不罢休。结果，那个佣人无计可施，就去找了一片树叶，上面有点脏，就跟他说："老爷，找着了。"把倪瓒吓得看都不敢看，赶紧说："扔掉，去扔掉，记住啊，扔到三里以外。"佣人就举着那片也不知道是什么树的叶子，跑到三里外给扔掉了。

倪瓒这个人太有意思了。还有一次，他喜欢上一位姓赵的歌女，费了很大的力气才把这位歌女带回自己的别墅留宿。但是呢，又怕她不干净，所以，一次又一次、一次又一次地叫她去洗澡，每次人家洗好了，他都觉得不干净，不放心。这个歌女就洗了一夜的澡，到天亮还在洗。即便这样，倪瓒也还是觉得洗得不干净，又给人送回去了。

倪瓒的性格也很孤傲。当时是元朝末年，割据东南的张士诚的弟弟张士信，有一次派人带上很多绢和钱，上门请倪瓒画画，倪瓒不干，说"不能为王门画师"，不给人家画。还把绢给撕了，把钱给退回去了。结果有一天，他在太湖上泛舟，被张士信给撞见了。张士信哪能忘了曾经受到的侮辱啊，就带着手下把倪瓒给暴揍一顿，挨揍时倪瓒一声不吭。人家看他被打得跟猪头一样，就问他："挨揍时怎么不出声啊？"他居然说："哎，一出声便俗。"这个理由真是新鲜，可见这是个多么奇怪的人。

大概是因为时局动荡，倪瓒的晚年很落魄，家财都散尽了，只能住在一个朋友家里。倪瓒住在别人家里，还是收不住他的那份孤傲。朋友的女婿叫金宣伯，也是个有名的读书人。倪瓒头一次见到金宣伯，冲上去就给了人家一个大耳光——他嫌金宣伯长得丑，衣服也邋遢，他受不了，就给人一个大嘴巴。这样一个性格的人，其下场大致也是可以料到的。民间传说倪瓒有两种死法：一种是疟疾，拉肚子拉死的。第二种是朱元璋把他扔在粪坑里给淹死的。老百姓的心理很有意思：你那么爱干净，那就给你编个最脏的死法。这就是倪瓒的故事。

明末还有一位非常著名的画家，叫倪元璐，天启年间的进士，官至户部尚书兼翰林院学士。这个人刚正忠烈，非常正直。李自成攻陷北京的时候，他上吊殉国了。

在今天的中国姓氏中，倪姓排在第 116 位，人口 172 万人，约占全国人口的 0.11%。

⊙ 百家姓中最古老的姓：汤

汤姓是百家姓中最为古老的姓氏，而且渊源很多，得姓比较复杂。汤姓在历史上到底是如何演变的呢？都发生过什么样的故事呢？

汤姓很古老，多民族，多渊源，这也就算了，更麻烦的是，跟前面讲的费姓一样，它也有两种读音，一种读 tāng，一种读 yáng，而且严格说来，恐怕读 yáng 才是正确的。现在姓 tāng 的后人，大概自己也不分了，都说我姓 tāng，其实他恐怕是姓 yáng 的。这两种发音的渊源是什么呢？

汤姓第一支源于子姓，是商朝的建立者成汤之后，因为定都于河南商丘，所以又称商汤。在他的后代中，就有以"汤"为姓的，是为河南汤氏，称为汤氏正宗。问题是，这一支本应该读 yáng，成汤恐怕也应该读成 yáng，可是到现在都读 tāng 了。

第二支也是源于子姓。西周初期有个亳国，国君叫汤子偃。据说，汤子偃曾有子孙跑到西边的夷狄中去了，所以他还是西部各个兄弟民族的始祖。隋唐的时候，吐蕃的将帅当中出现了一批姓汤的，比如汤乞髯、汤忠义、汤没藏等等。其实这些汤姓都是汤子偃的后代，只不过早就融入了当地吐蕃族。这里面的一支后来还形成了藏族里边的汤姓，其姓念 tāng，不念 yáng。

第三支，出于荡姓。春秋时期，宋国有个家族，叫荡姓家族，后来把草字头给去掉了。当时楚国有一个大臣叫荡原，就是证明。比如江苏苏州有一部汤氏家谱，里面就有记载："吾祖宋公子意诸，以祖封邑为荡氏，其子孙因避祸，去草字改汤。"其实这个"荡"姓今天还有，在河南、河北、山西、福建，每个省都发现了十几户姓荡的人家，成为非常罕见的姓氏。荡姓家族这支汤姓应该读 yáng，不读 tāng。

第四支源于风姓，是远古伏羲氏的儿子汤的后代。传说伏羲与妹妹女娲成婚，育有十子，其中有一个儿子叫"旸"。所以这一支实际上是写讹了的，最早是日字旁、右边繁体字的那个"旸"，现在则逐渐写成了"汤"。现在的汤姓当中有几支就是以伏羲、女娲为始祖的。这支也应该念 yáng，不念 tāng。

第五支还是源于子姓，是商纣王的庶兄微子启之后。周初，以商朝遗民为基础，微子启曾建立了宋国。传到末代君主子偃时，宋国被齐国联合魏、楚两国攻灭。子偃有个弟弟叫子昌，子昌有个儿子叫子隆。后来秦始皇统一六国，大兴专制，焚书坑儒，子隆为了避祸，就改成了汤氏，其后裔子孙世代相传至今。这一支也应该念 yáng。

还有两支源于官位的。秦朝的时候，有一个官叫汤官，是管帝王的御用糕点的御用厨师。像我们现在吃的面条最早就叫汤饼。当过这个官的人，后代就成为汤官氏。本来有个复姓叫汤官，后来就简化为单姓汤。这一支念 tāng。

还有一个也是官位。南北朝的时候，有一种爵位叫汤沐食侯，是陈朝开国皇帝陈霸先设置的。这个爵位地位在开国男爵之下，又在乡亭侯之上，级别很低，正七品，相当于咱们今天的处级干部。虽说是个侯爵，但也只不过是七品。这个汤沐食侯主要是封赐给陈霸先家族的。开皇九年（589 年），陈国被隋朝灭掉了。陈国王族中，有的子孙就不敢姓陈了，就用自己的爵位中的前两个字作为自己的姓，称为"汤沐氏"，后来又分化为两个氏——汤氏、沐氏。有意思的是改姓之后的效果，当时有记载，说隋朝兵丁看到姓陈的就杀，因为是陈国的后代嘛，但是这一支改成"汤沐氏"以后，隋朝的兵就不敢杀了，他们以为跟自己的皇帝同族，是杨坚的后代呢。当时人少，同姓的很有可能就是有血缘的，所以这一支就躲掉了。由此看来，这个"汤"在当时是念 yáng。

还有好多汤姓是源于改姓。在历史上，源于满族、蒙古族的汤姓，一律念 tāng。比如，满族当中有一个唐古氏，满语叫 Tanggu Hala，唐佳氏，满语叫 Tanggiya Hala，后来都改姓汤。汉族里面的"汤"大部分都应该念 yáng，非汉族的都该念 tāng，但是大家今天都统一念成 tāng 了。很多姓 tāng 的人，你要是跟他说：你该姓 yáng。他肯定不干：为什么姓 yáng？我姓 tāng。还真没地方说理去。时间一长，很多兄弟民族跟汉族都融为一体了。反倒是兄弟民族因为有他本民族的语言在，所以知道某个汉字在他那儿念什么，完全可以对应起来。汉族就不一定了，比如陈霸先的后代那一支，最开始在"汤沐食侯"这个词里，是不是就念 yáng 的？不知道。

先秦时期，汤姓主要活动在中原地区。汉朝的时候，汤姓已经迁徙到江苏。有意思的是，当时越南北部都有汤姓了。唐朝的时候，随着中原的两次南下移民，汤姓分布到了安徽、浙江、江西、湖南、四川、福建等地。明朝的时候，汤姓迁到两广。清初，汤姓进入台湾。目前湖南、江苏、湖北、福建四省汤姓比较多，基本占了全国汤姓的 45%。现在湖南是汤姓的第一大省，境内汤姓人口占了全国汤姓人口的 17%。长江流域汤姓比较多，黄河流域相对少。

汤氏名人极多，例如大家都知道的文学家汤显祖。再例如明初朱元璋杀戮功臣，谁逃脱了？汤和。汤和跟朱元璋是同乡，都是安徽凤阳人，一同起兵，渡江以后守常州，多次击败张士诚部，后统兵攻取浙东、福建、四川，又守备西北，战功赫赫。汤和是个明白人，非常了解朱元璋的心理。所以，洪武十八年（1385 年），汤和主动要求解除兵权，深得朱元璋欢心。次年，朱元璋还派他在沿海筑城设防，防备各种各样的流寇。汤和死后追封东瓯王，得以善终。

清朝还有一位以果敢闻名的理学名臣，叫作汤斌。汤斌（1627—1687），河南睢州人，顺治年间的进士。汤斌当过很多官，后来不想当了，就回家去跟当时的名儒孙奇逢学习。康熙年间，应博学鸿词科再次出山，当过《明史》的总裁官。现在《二十四史》里面的《明史》就有汤斌的一份功劳。为什么说汤斌比较果敢呢？因为他曾经下令，每个州县建立学社，讲《孝经》，同时还下令，严禁刻印、出售小说，他认为这些都是不正经的东西，不该看。这样说来他对小说的发展起过一些遏制作用。

在各行各业里边，都有汤姓名人，而且在一些大家都不太熟悉的领域里面，汤姓也很厉害。比如这几年特别流行的拿铁和铁丝做成的铁画，其创始人就叫汤天池。

汤姓在今天中国姓氏排行榜上排在第 101 位，人口 246 万，约占全国人口的 0.1%。

滕殷罗毕

滕、殷、罗、毕都是比较有意思的姓氏，各有一段精彩纷呈的故事。滕姓是中华民族最早的十二个姓之一，源于黄帝最小的儿子禹阳。殷作为姓本来有三个读音，读音不同，起源也就不同。罗姓非常有趣，有一支竟然来自古代一个主管抓鸟的官职。毕姓更是由于毕昇的贡献而名扬海内外。那么在历史上，这四个姓氏都是如何演变的呢？

⊙《岳阳楼记》，为滕子京"美言"

作为中华民族最古老的姓氏之一，滕姓名人辈出，湖南的岳阳楼就是滕姓名人滕子京修建的，岳阳楼的修建过程还有一段不为人知的插曲呢。

滕姓非常古老，源流非常复杂，也是个多民族的姓。

滕姓正宗源于姬姓，黄帝之后。黄帝的二十五个儿子，赐了十二个姓，其中第六个便是滕姓。"滕"最早写作"塍"，念 chéng，田埂的意思。在古代汉语发音当中，滕、塍是不分的。后来有人又把它改成了底下有水，大概因为有了水，田才会好。底下有"土"字的"塍"，今天还有人姓，还念 chéng，但是成了非常罕见的姓氏，与滕姓是同宗同门。滕姓的老祖宗最早封在山东滕州一带，也就是滕国故地。

源流二，也是出于姬姓，但就不是黄帝那一脉了，而是周文王的后代。周文王的第十四子叫错叔绣，封国也在滕（今山东滕州一带）。这个滕国灭亡以后，王室后裔纷纷外逃，离开了故国。为了表示不忘国耻，永怀乡土，就以国为姓。有意思的是，他们在逃亡中，生怕别人知道自己姓滕，想到他们的始祖叫错叔绣，于是还用过一个复姓，叫滕叔氏。滕叔氏今天几乎没有了，基本上都又改回了滕姓。还有的人改成了"塍"。

其他的就是源于各个兄弟民族了，比如鲜卑族、蒙古族、满族，都有以滕氏作为汉姓的。在这些改姓里，有一些是相当早的，比如鲜卑族里的叱罗滕这一支，很早就融合到了汉族当中。

滕姓发源于山东滕州，滕国被灭以后，滕氏子孙散居在山东、河南等地。东汉的时候，滕姓在北海郡（今山东昌乐、寿光一带）发展起来。两晋的时候，滕姓在南阳郡（今河南、湖北的部分地区）繁衍，开封的滕姓也特别昌盛。南北朝到隋朝，滕姓大量南迁到安徽、江苏、浙江、湖北、湖南、江西、广西等地。唐以后，浙江金华滕氏一枝独秀，出了不少人才。江西临川一带的滕姓，也在唐以后进入到福建，宋朝以后又进入广东。北宋末年，靖康之耻以后，滕姓开始集中搬迁到浙江临安、湖南永州、江苏苏州等地。元朝初年，四川、云南开始出现滕姓。明朝初年，大槐树移民里的滕姓又迁移到山东、河南、江苏。清朝开始，滕姓闯关东进入到东北，沿海的滕姓也开始移居海外。

滕姓名人很多。很多人都读过范仲淹的《岳阳楼记》，我们大多记住了范仲淹，却忘了一个问题：岳阳楼是谁修的？实际上在《岳阳楼记》里，范仲淹已经提到他了——滕子京。现在岳阳楼有双公祠，里面就供着范仲淹和滕子京两个人的像。

滕子京（990—1047），原名滕宗谅，子京是他的字，河南洛阳人，跟范仲淹同为1015年的进士。在古代，同科进士是彼此视作兄弟的，对各自的孩子则视同子侄辈，因此两人关系特别好。滕子京在很多地方都当过官，而且在各地的官声都不错。据记载，滕子京"自任好施予，喜建学，为人尚气倜傥，清廉无余财"——乐善好施，为官清廉，重视教育，到处建学校，是个风流倜傥的才子。据说滕子京在甘肃当官的时候，还擂过战鼓，可见不是一个文弱书生。但也是在甘肃，他出了一件事，什么事呢？有人举报他滥用钱财。大概是因为打仗，他的性格又不拘谨，所以花钱有些大手大脚，结果一下子超出了预算，多用了十六万贯公款。这可是个很大的数字，于是朝廷就免了他的官职，先是贬到陕西宝鸡，后又贬到虢州（今河南灵宝）。即便这样，还是有人不肯放过他，说用了那么多公款，惩罚太轻了，陕西、河南还算富庶，太便宜他了，还得降。于是，庆历四年（1044年），又把他贬到了岳州巴陵郡，也就是今天的湖南岳阳。当年的岳阳是偏远之地，可不像今天是鱼米之乡。滕子京在岳阳一待就是三年，就是在此期间，重修了岳阳楼。滕子京修岳阳楼的钱来得有些巧妙——他先是放出了想重修岳阳楼但苦于没钱的风，然后在大街上贴了个榜，大意是说：有谁欠人钱财，多年不还的，赶紧老老实实还回去，还给债主，否则本官就要强制执行了！很多人一看，滕大人还管要债啊？就赶紧把欠了多年的钱给还上了。后来怎么样呢？古人比现代人风雅，那些债主们一看，这是个好官啊，帮我们把钱要回来了，人家要修楼，修楼这事可以名垂青史啊，咱就把这钱捐出来吧。所以滕子京就用这些钱，一共一万贯，重修了岳阳楼。滕子京早就摸透了这些人的心理，所以耍了个小手腕，解决了经费问题。

　　宋人王辟之《渑水燕谈录》里称："庆历中，滕子京谪守巴陵，治最为天下第一。"就是说巴陵一下子被他治理得特别好。知道这个背景以后，再去读范仲淹的《岳阳楼记》，就可能理解得更深一些。范仲淹是苏州吴县人，从小在太湖边长大；小时候母亲改嫁，范仲淹又随继父去洞庭湖畔的澧县和安乡县读过几年书，就在洞庭湖附近。所以，范仲淹对这种湖光山色的景致应该是非常熟悉的。他一看自己的好朋友滕子京重修了岳阳楼，当然很愿意写点东西。同滕子京一样，当时范仲淹也是被贬下来的——因为庆历新政失败，他被贬到河南南阳当官。《岳阳楼记》的开头写道："政通人和，百废俱兴。"这是替滕子京辩白呢，是"政通人和，百废俱兴"之后才修楼的，不是民生还没搞好、老百姓楼都还很破、学校都还是危房，自己就先造个办公楼或会所，把政府衙门造得美轮美奂，不是这样的。还有那句有名的"不以物喜，不以己悲，居庙堂之高则忧其民，处江湖之远则忧其君"，也是说给滕子京听的，虽然被贬那么远，也得记着皇上，记着天下大事，"先天下之忧而忧，后天下之乐而乐"。这么说来，《岳阳楼记》实际上是一篇非常谨小慎微、有点纠结的文章，实际上是为滕子京帮忙的，要堵住攻击滕子京的人的嘴巴，不然又会有人上奏章，攻击滕子京"花一万贯修了一座楼"，他要再被贬，就没地方贬了。了解了这些情况，我们可以从一个新的角度去理解这篇文章。

滕姓在今天中国姓氏排行榜上位列第 167 位，人口 90 多万，100 万不到，约占全国人口的 0.06%。

⊙ 忒不靠谱的殷家送信人

同费姓一样，由于起源不同，殷姓最初也有三个读音，但随着历史的发展，现在人们都把它读成一个音了。那么殷姓有哪几个起源呢？如何判断何时该读哪个音呢？

接着滕姓的是殷姓。殷姓更麻烦，前面的费姓和汤姓都有两个读音，已经够乱的了，可是殷姓有三个音：一个读 yī，一个读 yān，到今天又读 yīn。起源不同，读音就不同，血脉也就不同。这一点古人不会搞混，可是今人恐怕早就混淆了，不区分了。

殷姓的第一个来源是子姓，是帝喾之子殷契之后。商朝的建立者商汤就姓殷。在古代，以殷为中央正统之意，叫万邦中央之国，所以商朝又称殷商，商朝的好多子孙就姓殷。商被周灭了以后，商纣王有一个庶兄叫微子启，被周公封在了宋国，管理殷商遗民。微子启的后人中有一些人就借用地名改姓宋，还有一些人则采用了殷姓。殷姓最初应该念 yī ；到了春秋末期念成了 yān ；到了唐朝以后，又念成了 yīn。

北宋建立后，这支殷姓人碰到了一个问题。赵匡胤的父亲名字中有个"殷"字，叫赵弘殷。为了避讳，很多殷姓人就得改姓了。因此，公元 960 年以后，殷姓纷纷改姓，有的改姓为汤，有的改姓为商，有的改姓为戴，还有的改姓为林。所以，今天这几个姓的有些人翻开家谱一看，怎么老祖宗都是一个？别奇怪，就是一个，都是由殷姓改过来的。

第二个来源是源于地名。河南颍川境内有条河叫殷水，这条河周围的人就都姓殷。这个好理解，跟日本一样，日本有好多姓就是这么来的。古代日本的平民，本来没有姓的，直到 1875 年掀起一场"造姓运动"，老百姓必须要有姓了。一些人就去问当官的："我该姓什么？""谁知道你该姓什么？你家那儿有什么？""我们家房子在松树底下。""叫松下吧。"过一会儿又一个人去问："我该姓什么？""你有田吗？""我有田。""田长得什么样？""像只乌龟。""就叫龟田吧。"这支殷姓也是如此，家附近有一条殷水，就姓殷了。但是这支殷姓最早是读成 yān 的，到了唐朝以后，才改读的 yīn。唐朝以后也就跟殷商王族那支混在一起了。

还有一支，也是源于子姓。西周初期，有个部落叫北殷氏，与殷商的始祖还有些血缘关系。后来北殷氏中的一些人进到了汉族的队伍里，被汉化了，还有一些人就成了氐族、羌族的祖先，但都简称为殷氏。这一支的正确读音应该是 yān，现在也读 yīn 了。

换句话说，有皇族血统的、帝喾之子这一系的最早读 yī，由地名而来的和由北殷氏简化的最早都读 yān。当然，现在都读 yīn 了。

还有好多是其他兄弟民族改姓过来的，比如满族、彝族、回族、瑶族、土家族、侗族、佤族、苗族等等，都是当时取了一个汉姓，就取成殷了。

先秦时期，殷姓的活动范围很大。战国时期，河南的魏国、冀鲁地区的卫国、川陕一带的秦国，都有殷姓的足迹，但是河南一直是最主要的。到了秦末，殷姓人主要聚居在河南野王（今河南沁阳）。秦汉时期，浙江会稽（今绍兴附近）已经出现殷姓。西汉初期，殷姓南移到淮河上游一带，形成了非常著名的望族——汝南殷姓。三国两晋的时候，殷姓由淮河向东南迁移，过长江，全面进入江南。唐宋开始，殷姓在江苏形成大族，风头逐渐压过汝南殷姓。明朝的时候，殷姓已经散布在全国各地。现在殷姓主要集中在云南和江苏，跟河南的关系已经不太大了，这两个省集中了全国殷姓人口的 44%。

殷姓的人才很多，我举两个比较有意思的。过去有个典故，跟写信有关，叫"付诸洪乔"，又叫"洪乔之误"。这个洪乔是谁呢？洪乔本名叫殷羡，洪乔是他的字，晋朝人。这个人性格有些古怪，经常玩一些"黑色幽默"。有一天，他要出远门——去豫章（今江西南昌）当太守。当时没有邮局，京城里很多人就托他捎信给豫章那边的亲戚朋友，总共有 100 多封信交到了他手里。他背着信就出发了。走到赣水边时，也不知他怎么想的，竟然把那 100 多封信全扔河里去了，扔的时候还说了一句话："沉者自沉，浮者自浮，殷洪乔不为致书邮。"意思是说，该沉的就沉了，该流的就流了，爱漂哪儿就漂哪儿去吧，我才不给你们送信呢。所以后世就把信遗失了叫作"付诸洪乔"。

还有一个典故也很有意思。我们碰到一件事很奇怪，会说什么呀？现在的年轻人，基本都是一抹额头：Oh, My God！古人可没有这么干的，古人会说"咄咄怪事"。这个"咄咄怪事"也跟一个姓殷的人有关，此人还跟上面那个殷羡殷洪乔有点关系，就是殷洪乔的儿子殷浩。殷浩，字渊源，陈郡长平（今河南西华县）人，东晋名臣。魏晋时候的人，都有一个特点，按今天话说，就是自由散漫、行为古怪，殷浩就是这么一个人。他"识度清远，好老、易"，好读《老子》和《易经》，当时大家都喜欢清谈，也比较看重这一点，谁最能说，谁的威望就最高，至于实际本领如何，反倒不为人所关注。殷浩这个人就是因为太能说了，所以让人以为他无所不能。可能因为殷浩名声太大了，某一年，突然不知道怎么他就当建武将军了，都督扬、豫、徐、兖、青五州军事，管五个大地方，相当于现在的大军区司令。当上将军后，殷浩就去北伐了。结果明摆着的，失败了。于是他就被免为庶人，变成了老百姓。殷浩很不爽，他也不上访，跟上级去反映情况，他就"竟日书空"，整天在空中写字，引起了很多人的围观，那时候认字的人也不多，有认字的一看，念了出来："咄咄怪事。"就这四个字，他一直写到死。也不知道他的"怪"指的是啥，是仗打输了免了你的官怪呢，还是当初叫你去当将军怪呢？这就是"咄咄怪事"的来历，现在很多人可能都不知道这个典故了。

在今天的中国姓氏排行榜上，殷姓排在第 111 位，人口 170 万，约占全国人口总数的 0.13%，也是一个不算太小的姓。

⊙ 好鹤而亡的卫懿公

"卫懿公好鹤而亡"，说的是春秋时的卫懿公因为痴迷于养仙鹤而差点亡国的故事。这个故事和罗姓又有什么关系呢？

罗姓是一个典型的多民族、多源流的姓氏，来源相当复杂。主要是两支来源：

第一支来自于妘姓，是颛顼帝的孙子祝融的后裔。妘姓也是中国最古老的姓氏之一。黄帝之子有十二姓，祝融的后裔则有八姓——曹、彭、秃、董、妘、斟、己、芈。周初，祝融的妘姓后代被封在了罗国，位于现在的湖北宜城，比较偏南了。周庄王时，罗国被楚国所灭，罗国遗民南迁，定居在今天的湖北枝江一带，并开始以罗为姓。到了周王朝末期，又迁到了湖南长沙。

第二，源于官位。西周初期，有个官职叫"罗氏"，专门掌管天下鸟群的捕捉与饲养，以供王公贵族欣赏和食用。很多诸侯国都有这个官，这种官的子孙后来就姓罗。

还有就是源于其他民族的改姓，像古代的鲜卑、突厥，现在的蒙古族、满族、苗族、布依族、黎族、土家族、朝鲜族、俄罗斯族、羌族、佤族等等。

蒙古族里面有一支姓罗的是"黄金家族"的后代，即成吉思汗的后代。这一支在内蒙古的翁牛特旗，叫孛儿只斤氏，是成吉思汗第三个弟弟合赤温的后裔，在蒙古族中威望很高。

满族曾经有一个非常奇怪的姓氏，叫觉罗禅氏，就是指清朝的宗室子弟和外人私生的孩子。众所周知，清朝的宗室姓爱新觉罗，和蒙古族一样，爱新觉罗家族也自称"黄金氏族"，"爱新"是"黄金"的意思，"觉罗"就是"氏族"的意思。有一些宗室子弟，本人姓觉罗，但是他私自跟民间女子生的孩子，就不能姓爱新觉罗，也不能入皇家的玉牒，但是毕竟又有皇家的血统，所以专门起了个姓叫觉罗禅。后来很多觉罗禅氏的子孙，索性汉姓就改姓罗了。所以，满族朋友当中的罗姓要注意了，你可能是有爱新觉罗血统的。

湖北宜城是罗氏的发源地。先秦时期，罗氏一直活动在湖北、河南、甘肃地区，楚文王的时候，罗姓开始进入湖南的汨罗县。秦汉的时候，罗姓已经出现在江西，一直到宋朝，罗姓都是江西的大姓，非常繁荣。随后，罗姓从江西往南进入两广地区，向西进入湖南。今天提到江西，很多人以为离广东很远，其实不是的，江西和广东接壤，从江西一跑就到广东去了。

还有湖南，跟广东也是接壤的，不像我们想象的那么遥远。古人做事不急，也不像今天有时刻表催着，他走着走着，没准追只野猪就追过境了，猪往南跑，人也往南走，野猪追不追得到不说，反正人一不小心就跑到那儿了，就是这样的一个过程。在明朝的时候，祖国大江南北都已经有罗姓的分布，广东、福建、四川的罗姓均得到稳定的发展。清初，罗姓进入台湾。今天，罗姓在全国主要分布在四川、广东、湖南三个省，这三个省罗姓人口占了全国罗姓人数的41%，这是有统计数字的。而其中的四川又是罗姓第一大省，占了全国罗姓人数的17%。

罗姓名人辈出，我就不一一介绍了，就讲一个"卫懿公好鹤而亡"的历史典故，说起来，这个典故还和罗姓的来源有关。前面讲过，罗氏是周朝的一个官职，专门掌管抓鸟、养鸟的。春秋的时候，卫懿公姬赤非常喜欢仙鹤，就在很多地方建了大型养殖场，专门养仙鹤，又专门派罗氏去照料。不仅如此，他还把这些仙鹤分出了品级。这有点像今天咱们公安、解放军部队里边的警犬、军犬，可不是一般的狗，人家可是有工资、有编制的，属于事业单位，甚至不仅仅是事业单位，还是"军事人员"或"公安人员"，每个月吃狗粮拨多少钱，看病花多少钱，都有严格的规定，都是有预算的。等这些警犬、军犬退休了，就住在养老院，有专人喂、遛、养老送终，走了以后还要专门火化，专门埋葬。卫懿公对待他的仙鹤也是这样，上等的鹤，给的"俸禄"（鹤粮）相当于大夫；稍微差一点的，比如长得不太好看、腿不够长，给的"俸禄"就相当于士，总之都是有等级的。每逢外出，卫懿公一定要带只鹤，让它在自己车前站着，他称这只鹤为"鹤将军"。当年卫国的罗氏就是给卫懿公喂鹤的，当然动用了很多钱，当时老百姓恐怕都没鹤吃得好。

公元前660年的冬天，北方民族北狄趁卫懿公荒淫奢侈、一心养鸟、民怨沸腾的时候，大举入侵。卫懿公着急了，赶紧组织卫国兵马抵抗，急需征兵。老百姓却不买他的账，说："君好鹤，可用鹤击狄。"你那么喜欢鹤，派鹤去打不就完了吗？要我们打，我们才不去呢。卫懿公急了，老百姓说：

"哎呀,他们都是高官厚禄,工资很高啊,这是大夫,那是士,还有鹤将军,这不正好一支队伍吗?有文有武,你去打吧,我们不打。"在这种危急形势下,宋国的宋桓公看不下去了,发兵相救,才把卫国给救下来了。但是,卫懿公已经被敌军杀掉了,卫国都城也被敌人给毁掉了。卫国人只好渡过黄河,在一个叫"曹"的地方,也就是今天的河南滑县,建立了新的卫国,并拥立了一位新的国君,就是卫戴公。这就是"卫懿公好鹤而亡"的故事,为了养鹤,国家差点给亡掉。

很多人没觉得罗姓算大姓,觉着也就中等吧,因为大部分人都认识一两个姓罗的,但是也不多,不像张王李赵那样一抓一大把。其实,罗姓是个很大的姓。在今天的中国姓氏中,罗姓排名第 22 位,人口 1236.7 万,又抵得上欧洲一个国家的人口了,小一点儿的两个国家都够了,约占全国总人口的 0.77%,将近 1% 了,很厉害的一个数字。

⊙ 为什么毕昇老家毕家堡没一个姓毕的?

毕姓虽然不是人口众多的大姓,但对人类的贡献很大——毕姓名人毕昇发明了活字印刷术。那么,毕昇发明活字印刷术是受到了谁的启发呢?

接下来是毕姓。毕氏源流很复杂,也很古老。

源流一,出自于姬姓,是周文王第十五个儿子姬高之后。姬高可是个了不起的人,他曾经随着周武王伐纣,立下了赫赫战功。周朝建立以后,他还负责清理冤狱,平反了很多冤假错案。所以姬高位列"周初四圣",是周朝初年的四个圣人之一。后来姬高被封在渭水沿岸的毕(今陕西咸阳北部), 成立了毕国, 他是公爵, 所以又叫毕公高。毕公高的后代当然就姓毕了。有意思的是, 毕公高的后代毕万也很有名, 他后来到晋国去当官, 就被封在了魏地, 成为战国七雄之一的魏国的祖先。后来毕万的后代当中也有改姓魏的, 所以毕、魏是一家, 同宗同源, 很多姓魏的也以毕公高为自己的始祖。这一支是毕氏正宗。

源流二, 也是出于姬姓, 是黄帝的小儿子禺阳之后, 是任姓所改。禺阳姓任, 后代的一支从任姓改为毕姓。这一支原来也住在咸阳附近, 离上一支挺近的, 而且任姓毕氏的得姓应该早于姬姓毕氏。

其他的来源就是各个民族的改姓了, 比如匈奴族、突厥族、蒙古族、满族、彝族、土家族、苗族、鄂温克族, 都有姓毕的。

这里边有意思的是源于突厥族的一支毕姓。唐朝的时候, 西域某个地方(前苏联的某个中亚加盟共和国境内), 有一个非常小的国家叫毕国, 实际上就是一个城。这个毕国有个王子, 叫阿史那·社尔, 他曾经帮助唐朝和突厥打过仗, 在临终前他留下了一个遗愿, 说:"我一生飘零, 在我死后, 希望能够陪伴我最尊敬的天可汗(唐代其他民族首领对唐太宗的尊称)。"他的愿望最终得以实现, 唐太宗的昭陵附近有很多战功赫赫的名将陪葬, 里边有一个西域胡人, 就是这个阿史那王子。因为心向大唐, 唐朝封阿史那王子为毕国公, 从此他的很多子孙就以毕为姓。还有改成其他姓的, 从毕国公里取字, 有姓国的; 从王子名字中取字, 有姓阿的、姓史的。后来, 这几个姓的后裔都融入了汉族。

这支毕姓到今天还是能够分辨出来的, 他们有一些明显的体貌特征: 身材高大, 眉骨很高, 瞳孔微黄, 鼻梁高耸, 男的一般有山羊胡。最妙的是, 十个手指中斗少箕多, 基本上十个手指都是箕。所以, 如果你看到姓史的朋友、姓毕的朋友、姓阿的朋友、姓国的朋友, 可以先跟他握握手, 握完手以后翻过来看看, 如果十个都是箕, 那有可能就是"外国友人"喽。

三千多年前的毕国, 在今天的长安、咸阳两地之北。春秋的时候, 毕万到晋国去当官，据此可以推断，毕姓人自此就在山西扎下根来。战国的时候，滕国有个人叫毕战，可见当时已有毕姓人进入山东。先秦时期，毕姓主要繁衍在河南和山西境内，黄河以北那一片。西汉时，河北的毕姓多了起来，南方的广西也出现了毕姓。也是在西汉，有支毕姓迁徙到了山东东平，成为当地的望族。南北朝时期，东平毕姓非常昌盛，这一时期很多毕姓名人，祖籍都是山东东平，而且血缘很清晰，谁是谁的儿子、谁是谁的侄子，都排得出谱系。与此同时，毕姓的太原郡望、河内郡望、河南郡望也日益壮大。北魏的时候，鲜卑族有很多人改汉姓，就有改姓毕的，大量迁入洛阳，所以毕姓的河南郡望就特别发达。唐安史之乱以后，有个叫毕宏的京兆人，也就是今天西安那边的人，迁入了四川；河南偃师有个叫毕构的，迁到了山东。唐朝末年，回纥的军队开始南下掳掠，加上黄巢起义，战乱不断，毕姓就开始大量南迁，迁到了两湖一带。北宋时，已经有毕姓人到了江东，毕姓开始出现在安徽、浙江、江西一带。明初，山西大槐树移民里面也有毕姓，从而毕姓又迁到了陕西、山东、河南、河北、北京、天津。乾隆年间，河南、山东的毕姓进入了东北三省，福建的毕姓还有去往东南亚的。

现在山东、河南、黑龙江的毕姓最多，这三个省占了全国毕姓人口的70%。毕姓不算大姓，人口没那么多，但是对世界文化做出过巨大贡献。甚至可以说，毕姓有一个毕昇就足够了，他发明的活字印刷术是中国古代四大发明之一，是人类文化史上的伟大革命。

毕昇（970—1051），湖北省黄冈市英山县草盘地镇五桂墩村人。看到这儿您可能会说，他的家乡怎么锁定得如此精确？因为1989年，在这个五桂墩村发现了毕昇的墓碑。在过去，印刷用的版都是木制的，用枣木或者梨木刻出来，所以有个词叫"灾枣祸梨"，用以形容自己的文章不好，是古代文人很文雅的一种自谦说法——发表文章就需要砍树，就给梨树和枣树带去灾祸了。过去刻版很麻烦，刻错一个字，或者掉了一个字，这块版就不好用了，虽然还可以挖改，但是很麻烦。而毕昇的活字印刷就方便多了：

先是用胶泥刻成一个个字，把这些字烧硬，就像现在的铅字一样，常用的字多刻几个，比如"之乎者也"；然后弄一个铁制字盘，当中是一个个隔开的格子，每个格子可以放一个字，底部铺着一层用松香、蜡、纸灰做成的药剂；排版的时候，只要按内容把字逐个排列好，再用一块板压平，就可以直接印书了；头一版印好了，把字盘下面的松脂给烤软了，把这些字给抖下来，再排第二版、第三版，如此往复。这就是活字印刷，相当了不起的发明。活字印刷术产生以后，中国文化有了更为迅猛的发展，因为印刷方便，书籍数量有了一个飞跃。

毕昇的活字印刷术首先是传到了朝鲜，后来又从朝鲜传到了日本、越南、菲律宾。到了 15 世纪才传到欧洲。1456 年，德国的戈登堡用活字印出了《戈登堡圣经》，这是欧洲第一部活字印刷品，这个版本的《圣经》现在可是无价之宝了。活字印刷术传遍整个欧洲以后，促进了文艺复兴。19 世纪，活字印刷术又传入澳洲，进而传遍了全世界。

那么毕昇是怎么发明活字印刷术的呢？民间的传说是这样的：有一天，毕昇回家看到自己两个儿子在过家家，用泥捏了好多小猪、小羊、小狗、小房子玩。毕昇想，为什么不能用泥来捏字呢？捏一些字，摆来摆去，不就是文章吗？这是一个很有意思的灵感来源。还有个关于毕昇的传说，和毕昇家族后来的发展有关。活字印刷术刚发明时，宋朝已经开始流通纸币了，当时只有毕家的人会做胶泥印字，会排字印版，结果毕昇的家人就动了歪心思，居然拿这方法去印伪钞了。后来这事被朝廷发现了，按律当株连九族的。所以很多毕姓族人为了避祸，索性就改了姓，有的姓田，有的姓万。这个传说也不是一点根据都没有，因为在毕昇的老家毕家堡村，村民要么姓田，要么姓万，没一个姓毕的。

毕氏在今天中国姓氏排行榜上排在第 138 位，人口 121.8 万，约占全国总人数的 0.076%。

第二十一讲

郝邬安常

郝姓名人郝廉，真的是"好廉"，他廉洁到出门喝人家口井水还要往井里投钱付款。现在人口不多的邬姓，原本与"鄢"是同一个字，但是现在已经完全没有关系了。在唐朝大放异彩的安姓，更是有着胡人的血脉。常姓起源非常奇特，是由于官位而得的姓氏。凡此种种，为这四个姓氏添了不少情趣。

⊙ 难住诸葛亮的郝将军

在人们的印象里，郝姓人口不多，不算是大姓，但事实正相反，郝姓是一个人口众多的大姓。郝姓多贤人，汉朝的郝廉廉洁到出门喝人家一口井水还要付钱的地步。

和中华民族绝大多数姓氏一样，郝姓也是一个来源极其复杂的姓。

第一个来源，出于姜姓。炎帝神农氏有个大臣叫郝骨氏，这是一个复姓，后来简化了，就变成了郝氏。商朝晚期的时候，郝骨氏有个后裔叫郝骨期，被商王封在了郝邑（今山西太原附近）。无论是郝骨氏还是郝骨期，他们的后代都称郝氏。

第二个源流，源于子姓，据说是殷商帝王帝乙之子，叫子期，封在郝乡（今陕西周至一带）。有这样的说法，子期的爵位是伯，所以又叫郝伯。他的后代当然也姓郝，而且这一支是郝氏正宗。

第三个来源是古代其他民族融入汉族的，比如古代的党项族、鲜卑族、匈奴族、西南夷。《旧唐书·南蛮传》里边就讲："南蛮有郝、杨、刘三姓。"

还有匈奴族，陕西延长县就有很多郝姓匈奴族后裔，根据1986年的统计，当地郝氏人口接近2000人，是当地的大姓之一。为什么说这些人就是匈奴族后裔呢？因为在当地曾发现过一通隋大业九年（613年）的《郝伏愿墓志》。墓志上写道，郝伏愿属于匈奴铁弗部，子孙留在了陕西。这就是有力的证据。

此外还有兄弟民族的改姓，比如满族、土家族、回族、蒙古族，都有改姓郝的。

在历史上，郝姓一直是个典型的北方姓氏，往南迁移比较晚。秦汉之际，郝姓逐渐向山西、陕西、河南、河北这些地区迁徙。魏晋南北朝时，虽然社会动荡，战乱不断，但是山西因为多山，当地郝姓受到的波及不大，所以外迁较多的是河北郝姓。晋朝末年，有支郝姓从太原迁到了润州丹阳（今安徽省当涂县东北小丹阳），传到第七代有个叫郝回的，在南朝的梁朝担任过江夏太守，所以这支郝姓又迁到了湖北安陆，这是一条比较清楚的迁徙路线。隋唐之际，郝姓在陕西、山西一带繁衍壮大，形成望族。北宋末年，山西汾阳有个叫郝章的画家，为了躲避战乱，全家迁居到了四川。元末，郝姓的大规模南迁也开始了。明初的大槐树移民，郝姓也位列其中，被迁往河北、北京、山东、天津一带。明清之际，郝姓的分布渐广。在今天，郝姓以河南、山西、河北三省居多，这三个省的郝姓占了全国郝姓人口的60%，可见还是个明显的北方姓氏。

郝姓出的名人也很多，我在这里简单介绍几个。

在中国的民间传说中，能跟诸葛亮较劲的人不多，能让诸葛亮拿他没办法的人就更不多了，但是有个人恰恰就做到了。谁呢？郝昭，字伯道，是魏国的一个将军，山西太原人。"为人雄壮，身长九尺，猿臂善射"，射箭的人胳膊越长越厉害，他的手臂像猿猴一样，所以特别善于射箭。郝昭深有谋略，后来经曹真推荐，镇守陈仓，就是"明修栈道，暗度陈仓"的那个地方。让他守陈仓算是找对人了。当时，诸葛亮的北伐大军逼近陈仓，先派魏延攻打。但打了半天，魏延根本拿不下来，诸葛亮大怒，要把魏延给斩了，幸亏被人拦住了。后来诸葛亮派郝昭的一个旧友去游说，希望他能投降蜀国，被郝昭严词拒绝。诸葛亮只好亲自上阵，用了非常多的攻城器械，多次强攻。郝昭只用三千兵丁，对抗诸葛亮几十万人马，居然相持了二十余日，诸葛亮还是无计可破。过了一段时间，曹真派遣的救兵来了，只好撤兵。这样一来，郝昭立了大功，曹睿曾下诏嘉许郝昭，赐爵列侯。

郝姓的祠堂里边经常有一副对联，上联是"储书栖腹"，或者叫"储书晒腹"，下联叫"饮水投钱"。这是个什么典故呢？上联讲的是：东晋时期，有个人叫郝隆，这个人很有意思。当时有个风俗，农历七月初七，家家都要晒东西的，要把家里的被褥和不穿的衣服都拿出来晒一晒，因为这个时候阳光最强烈，消毒功能最好。而这个郝隆呢，什么都不晒，只把衣服敞开，躺在院子里。别人就觉得奇怪呀，问："你这干吗呢？"他说："在晒我满腹的诗书啊，我的书都在肚子里，书也是要晒的嘛。"这就是上联的典故。下联是说：汉朝有个人叫郝廉（还有一说叫郝子廉）。这个人是真廉洁，廉洁到什么地步呢？他出个远门，喝人家一口井水，喝完后还要付钱，但碰巧主人不在，他就把钱扔在井里。这是两个能勉励郝姓后人的楷模式人物，因此被写进了祠堂的对联里。

郝姓在今天中国姓氏排行榜上排名第 82 位，人口 232.3 万，约占全国人口的 0.21%。

⊙ 因"换妻"丑闻获罪的邬藏

春秋时的晋国，曾经发生过一次"换妻"丑闻。这一事件甚至导致了一个豪门望族的破灭，具体详情是怎样的呢？

接着郝姓的是一个特别的姓氏——邬姓。这是一个极其少见的、典型的汉族姓氏，别的民族的血统不太多。邬姓有这样几个来源：

第一，出自于妘姓，是颛顼帝的后裔陆终第四子妘求言的后代。妘求言的某支后人被封在了邬邑（今河南鄢陵县），所以就姓了邬。在古代，"邬"和"鄢"通假，所以按道理讲这个地方应该叫邬陵，但是后来就写成了鄢陵。鄢陵这个地方太有名了，周简王十一年（前575年），晋、楚两国爆发了著名的"鄢陵之战"。周赧王三十六年（前279年），秦国大将白起和楚国又在这里打了一仗。可见鄢陵是一个军事要冲，战争频繁。

第二，源于祁姓，出自春秋时期的晋国人邬藏。邬藏是当时晋国重臣祁盈的家臣，本来叫祁藏，后来因为被封在邬邑，所以改叫邬藏，他的后人一向被认为是邬氏正宗。关于邬藏，有一个曲折、惨烈的故事。《左传·昭公二十八年》有一句话："晋祁胜与邬藏通室。"祁胜也是祁盈的家臣，"通室"二字按照西晋著名学者杜预的注解，就是"换妻"，想不到吧，当时贵族之间还有这种陋习。祁盈发现祁胜与邬藏做出这样的苟且之事，就把他俩给关进了牢房。二人的家人不服气，就去晋顷公那里告状。晋顷公正想找个借口除掉尾大不掉的祁盈家族呢，就把祁盈抓了起来，说"通室"不算什么大事。祁盈的家人也很倔强，一不做二不休，索性就把祁胜与邬藏杀掉了。这彻底激怒了晋顷公，就诛杀了祁盈全族。

源流三，源于姬姓。晋顷公灭了祁盈家族之后，就把祁盈的土地分了，其中的郇邑就分给了大夫司马弥牟，所以司马弥牟的后人就有姓郇的。

至于郇姓有没有兄弟民族的血统，到现在尚没有明确发现，不排除有的可能性，但是我看到的资料里面没有，照此说这是一个相当典型的汉族姓氏。

根据《姓氏考略》记载，郇氏后来主要是繁衍在南昌、抚州、崇仁这三个地方，都在江西境内。可见春秋时代发源于山西的郇氏，到了汉代已经主体上搬到了南方的江西各地，并且在那里繁荣滋长。

历史上，郇姓名人不太多，但也有几个。比如孔门七十二弟子中就有一个姓郇的——郇单，配祀孔庙的，这可是很荣耀的待遇。还有一个唐朝的大书法家郇彤，擅长草书，号称"寒林栖鸦"。一说草书，一般人都会提起怀素，但是有记载，郇彤曾和怀素讨论草书，怀素自叹不如，甚至还有记载说，怀素曾拜郇彤为师。

郇姓在今天的中国姓氏中排在第 194 位，人口 64 万，约占全国人口总数的 0.04%。

⊙ 安禄山本名应为"安光明"

安姓源远流长，尤其是在唐朝，多姿多彩。唐朝的安禄山本是胡人，怎么会以安为姓呢？这就体现出安姓的复杂了，在安姓的姓氏来源中，几乎没有汉族的血统。

郇姓以后又是一个很奇怪的姓氏，安姓。安姓和郇姓正相反，几乎没有汉族血统。看下面几个源流就知道了：

第一，今天很多安姓人都说自己是安清的后代。安清是古代安息国（即帕提亚帝国，今伊朗）的一位太子。东汉的时候，大汉威名远扬，一直传到了安息国。安息国太子安清，不愿意当国王，喜欢研究佛学，想出家。所以他就把王位让给了叔叔，自己出家为僧了。公元 148 年，安清来到河南洛阳定居，全身心致力于宣传佛教，为中国早期佛教的发展做出了重大贡献。要知道，最早将佛教传入中国的基本上不是印度人，而是很多西域人，安清就是其中之一。安清以及当时随他一起来中国的侍从留下的后代就都姓安，世代相传至今，称安氏正宗。但是现在安氏的家谱上，都把安清附会成黄帝的孙子，认为自己也是姬姓之后。按这种说法，黄帝有个儿子叫昌意，昌意的长子颛顼继承了帝位，还有第二个儿子叫安，后来被封在安息国那边。从中外交通史的角度来看，这种说法不一定可信，毕竟很多人都希望跟黄帝接上血脉。这一支就是从今天伊朗那边过来的，跟汉族没多大关联，只是后来融入了汉族而已。

源流二，出于昭武九姓。唐朝的时候，西域曾出现过一个月氏人的政权——康国。康国建立以后，原来的那些小国，像米国、史国、曹国、何国、安国、小安国、那色波、乌那昌、穆国等等，都依附在了康国之下，这就是有名的"昭武九姓"。这些小国大致位于今天中亚的阿姆河、锡尔河那一带。后来他们当中的很多人来到唐朝当官，其中的安国人取汉姓时便以国名为姓。

其他的就是出自各个民族了，像满族、回族、蒙古族、达斡尔族、锡伯族等等。

明朝的时候，菲律宾还叫苏禄国。有一个叫巴都噶·叭喀剌的苏禄王和他的儿子巴都噶·安都鲁一起来到了中国。这个苏禄王后来死在了中国，就葬在了山东德州，墓地今天还在。而他的儿子安都鲁就留在了中国，后代就都姓安，后来都成了回族。现在山东德州、天津两个地方的安姓，基本上都是安都鲁的后代。

还有一支安姓更有意思，是俄罗斯人。这是怎么回事呢？清朝的时候，17世纪中叶开始，沙俄的殖民侵略者，特别是沙俄的哥萨克族士兵，曾经一度占领中国黑龙江流域有几十年之久。康熙皇帝在平定三藩之乱以后，就能抽出空来对付这些侵略者了，与之打了一仗。当时的记载很清楚，四五十个哥萨克人被清朝的军队给抓住了，而且没再放回去，康熙下令他们一律姓安，取"安卫大清"之意。后来，这四五十个哥萨克战俘就慢慢地融入了满族，世代相传，但他们一直都没忘记自己其实是俄罗斯的哥萨克人。很多年以后，有个俄罗斯的使节到了北京，这些战俘就找到这个使节，请求把他们带回祖国。结果使节却说："把你们带回去？除非把你们当作叛国者，押赴边界绞死，才能把你们的尸体带回去。"所以这些人就只好一直留在了中国，民族成分归在了满族里。在俄罗斯史料当中，这些人被称作阿尔巴津人。

先秦时期，安姓很少为人所知。东汉以后，安姓的活动开始变得频繁。安息国的安姓进入中原以后，分居在河南的洛阳、甘肃的民勤和武威，主要是在河西走廊。还有的很早就到了湖南溆浦和常德。后来甘肃和湖南两省的安姓繁衍迅速，形成了三大郡望：凉州、姑臧、武陵。唐朝是安姓发展非常快的时期。宋以后，全国形成了以四川、河南、河北、山西为中心的安姓聚居区。明初，安姓人口开始往西南和东南迁移。现在的安姓第一大省是河北，大概占全国安姓人口的13%。

安姓的名人大都出在唐朝以后，尤其是唐朝，是安姓最多姿多彩的一个历史时期。比如安禄山，他本来不姓安，而是姓康。后来因为母亲改嫁，他才随继父的姓改姓安。至于他的名字"禄山"则根本就是个译音，原义在粟特语里是"光明"。安史之乱被平定后，安禄山的有些子孙，甚至与他没血缘关系的安姓，为了避难，纷纷改姓，很多改姓了李，可能是觉得对不起李唐吧。《唐书》上就有记载："李抱玉，本姓安氏，以禄山构祸，耻与同姓，去至德二年五月，蒙恩赐姓李氏。"所以后来好多姓李的，其实原来姓安。

在唐朝将近三百年的历史当中，安姓人表现得非常出色。安庭坚、安敬忠、安金藏，都是鼎鼎大名的人物。比如安金藏，是唐睿宗李旦的救命恩人。唐睿宗还是太子的时候，有人向武则天告发，说太子要谋反。武则天就命天下第一酷吏来俊臣去审太子。直接审太子当然不方便，就审安金藏，因为安金藏和太子来往比较密切。落在来俊臣手里，安金藏被打得皮开肉绽，但他打死也不承认太子谋反，说："公既不信金藏之言，请剖心明皇嗣不反。"我怎么说你都不相信我，那我把心剖出来吧，表明太子没有谋反。他不只是说说而已，居然当场就拿出一把刀，剖开了自己的胸腹，肠子流出，血流满地。这惊天动地的一举，终于使专横的武后都信了他的话，说："吾有子不能自明，使汝至此。"我的儿子，他不能自己辩白，把你给连累了。安金藏就这样名垂千古了。

五代时期，天下大乱。当时三个最有实力的节度使都姓安，分别是西川节度使安潜、永兴军节度使安光邺、成德军节度使安重荣。到了北宋，山西太原出了一位大将叫安俊，他在边关的时候，把经常骚扰边境的羌族治理得服服帖帖。羌族人讲："仅畏安太保。"我们就怕安俊安太保。到了最为衰微的宋徽宗年间，安氏也还出过一位名臣，叫安尧臣，他曾向徽宗力陈唇亡齿寒的道理，说万万不可与金国结盟，可惜徽宗没能听进去。可见，安姓在唐宋时期是非常了不起的姓氏，出了很多名人。

安氏在今天的中国姓氏中，排在第110位，人口170万，约占全国总人口的0.13%，虽在100名以外，但也不是一个很小的姓。安姓的特别，在于其血统的复杂，是各个民族汇聚起来的一个姓氏。

☉ 知足者，常乐也！

常姓也是一个特殊的姓氏，它有一个起源是来自于官位"常侍"，常侍具体都做哪些工作呢？此外，我们熟知的苏武牧羊背后，原来还有常姓人的身影，是怎么回事呢？

常姓是一个很怪的姓，它的来源和历代官职有莫大的联系。

还是先介绍几种常规的来源吧。

第一支，出自姬姓，是周武王的弟弟卫国康叔之后，康叔有一个儿子就封在常（今山东滕州附近）。这一支被称为山东常氏，是常氏的正宗。

第二支，还是源于姬姓，是黄帝的大臣常仪和大司空常先之后。这个就要比前面的山东常氏古老得多，是黄帝的大臣，带有明显的传说色彩。这一支叫河南常氏。

第三支，仍是出于姬姓，是春秋时期吴国君主之后。吴王曾把他的支庶子孙封在常（今江苏常州一带），被称为江苏常氏。

第四，源于芈姓，是楚国公族恒思公之后。到了北宋，恒思公的子孙为避宋真宗赵恒的讳，考虑到"恒"和"常"都有永远的意思，都改成了常。这一支常氏主要分布在江苏沿海一带。

还有一支源于地名，春秋时期鲁国有个地方叫常，所以当地便有以居邑名为姓者，称常氏，世代相传至今。

接下来就说一说源于官位的常姓。中国历代都有这样一种官，是皇帝的贴身秘书、贴身警卫、贴身办公人员，叫"常侍"。这些人的子孙，很多就改姓了常。比如唐朝有常平署令，相当于今天的物价局局长，专管出纳，管粮食、布帛、盐的价格。元朝的时候，有一个署叫常和署，是管理回族音乐家的。这个官位并不高，只有正九品，但是担任这个位置的，基本都是尊贵的穆斯林，现在很多常氏回民，多半就是常和署令的后代。

说到回族，就要提两支非常重要的常姓。第一支是源于常遇春，这可是朱元璋手下的大将，回族人。今天北京的牛街、花市这两个地方，都是回族朋友的聚居地，尤其牛街那儿的常氏都说自己是常遇春的后代。你去问："你贵姓啊？""我姓常。""谁的后代？"十个有十个都回答："常遇春。"还有一支是源于常志美。常志美是谁呢？明末清初著名的伊斯兰教学者，撒马耳罕（中亚）人。由此可见，常姓也是由很多民族融合而来的，是一个非常复杂的姓氏。

山东和江苏是常姓最早的发源地，这个地跨南北的格局，决定了常姓一开始就分布在大江南北。战国的时候，北方的河南、河北和南方的湖北、江浙，都有常姓。西汉时，有个太原人叫常惠，跟随苏武出使匈奴，结果苏武被发配到北海（今贝加尔湖）牧羊，常惠则沦为匈奴人的奴隶，被拘十余年。后来，他终于返回汉朝，被封为长罗（今山西太原）侯，由此太原常姓就非常显赫。同时，山东的常姓也形成望族——平原常姓。汉末三国之际，四川一带的常氏非常显赫，比如常播、常骞。属于魏国管辖的河南温县一带，常姓当官的也很多，而这一支后来有个人叫常珍，还迁到了甘肃凉州一带。

隋唐时期，常姓名人多出在长安（今陕西西安市）和新丰（今陕西临潼东北）两个地方。后来有新丰人常衮迁居福建，所以今天闽越一地的常氏，都说自己是新丰常氏常衮的后代。明代大槐树移民里，也有常姓。常姓也是在清朝开始进入台湾，继而漂洋过海到海外的。常姓在今天以河南、山西、黑龙江、吉林、河北这几个省最多，这五个省的常姓，占了全国常姓人口的 65% 左右，相对来说，南方还是比较少。

常姓是大姓，比一般人想象的都要大，名人非常多。刚才讲到了追随苏武出使匈奴的常惠。苏武现在仍被我们视为民族气节的象征，今天讲的"外交使节"这个词就是从他身上来的，因为当时出使的时候，苏武要带一个节，上面有动物的尾巴，作为出使的象征，所以叫使节。苏武在匈奴十几年，那根使节上的毛都脱掉了，他却一直保存着。他的助手常惠，在《汉书》里也有传，可见当时常惠的地位很高，大家都非常肯定他的气节。

还有常璩，东晋时期著名的史学家，蜀郡江原（今四川崇州）人。他写的《华阳国志》，记载了从上古到公元347年巴蜀的历史，四川最古老、最可靠的历史记载就是常璩留下来的，这个非常重要。

还有常遇春，很多人以为常遇春是汉族，其实恐怕是回族。常遇春是朱元璋手下的大将，元大都就是他打下来的。在朱元璋的将领中，常遇春是为数不多的没有打过败仗的，是个常胜将军。他曾说，给他十万军马，他能横行天下，所以他有个外号叫"常十万"，人称"天下奇男子"。常遇春家族里面很多人后来就留在了北京，住在牛街一带。

我还想给大家讲一个成语。今天咱们都很在乎幸福感，对吧？那么幸福有没有标准呢？这个很难讲。老辈人经常讲，要知足常乐，你才能感到幸福。知足常乐的类似意思，出自《道德经》第四十四章，叫作"知足不辱，知止不殆，可以长久"。只有知道满足了，不再去争去抢了，才不会受辱。最早是这个意思。

那么，"知足"是怎么开始对应起"常乐"的呢？这里有个民间故事。古代有个书生，名字叫常乐，年过三十也没结婚，孤身一人，就靠卖点字画谋生。有一年冬天，天非常冷，常乐身无御寒之衣，家无隔夜之粮，没办法，只能冒雪出去卖画。大冬天的，谁买画啊？结果一幅也没卖出去，他只好沿街乞讨。当时漫天大雪，经过一座石桥的时候，他发现桥洞里边居然有一堆剩火，大概刚才有谁在桥洞里边烤火来着。他非常高兴，赶紧凑上去，想去烤火。其实也没火，就一点点热气，他随口说道："知足了，

知足了，有点热气就知足了。"当时桥上正好有个告老还乡的官员经过，听到桥下边有个人在说"知足了，知足了"，就很奇怪。他刚从官场上下来，深深感慨人心之不足。按理说现在天底下都是不知足的人，怎么在这里有人喊知足呢？他就下来看，见里边有个人，就把他叫出来，说："你是读书人？"常乐点头称是，还吟了一首诗："十年寒窗苦读书，家境贫寒亲友无，学生心中无奢望，冷天见灰也满足。"大冷的天，见了一堆热灰就很满足了，有点苦中作乐的意思。这个官员大为感动，说："你这个人真不容易，读过书，还很知足，那么请你到我家里去教私塾吧，教教我的子女。你一年需要多少钱，我就给你多少钱。"结果常乐回答："我有温饱足矣，愿为大人教育公子。"这位官员不由赞叹道："知足者，常乐也！"知足常乐就是这么来的。当然，这是一个民间故事。

常姓在今天中国姓氏中排在第 87 位，人口 295.3 万，约占全国人口的 0.18%。